应用文写作
——供医学院校使用

刘春梅　马谊平　主编

中国科学技术出版社
·北　京·

图书在版编目(CIP)数据

应用文写作—供医学院校使用/刘春梅,马谊平主编.
—北京:中国科学技术出版社,2006.1 (2016.3 重印)
ISBN 978-7-5046-4259-2

Ⅰ.应…　Ⅱ.①刘…②马…　Ⅲ.汉语-应用文
写作-医学院校-教材　Ⅳ.H152.3

中国版本图书馆 CIP 数据核字(2005)第 159968 号

中国科学技术出版社出版

北京市海淀区中关村南大街 16 号　邮政编码:100081
电话:010—62173865　传真:010—62179148
http://www.kjpbooks.com.cn
科学普及出版社发行部发行
北京长宁印刷有限公司印制

＊

开本:787 毫米×1092 毫米　1/16　印张:16.75　字数:390 千字
2010 年 11 月第 2 版　2016 年 3 月第 5 次印刷
印数:10001—13000 册　定价:36.00 元
ISBN 978-7-5046-4259-2/G・402

────────────────────

(凡购买本社的图书,如有缺页、倒页、
脱页者,本社发行部负责调换)

前　言

随着现代社会各方面交流的增多,应用文作为一种工具,在我们日常的工作和生活中起着越来越重要的作用,也越来越受到重视。掌握应用写作知识,提高应用写作水平是现代社会公民必备的知识和技能,也是客观实际的需要。

不同专业对文体写作的要求是不同的。各个专业都有适合自己专业需要的专业文体。医学专业有着与其他专业不同的特点,在应用写作方面也有相应的具体要求。本课程的目的在于,经过应用写作课的训练,使医学生具有本专业所需各种文体写作的能力,成为适应本专业工作和科研需要的专门人才。

2006 年,我们结合医学专业大学本科及成人高等教育的教学实践,编写了《应用文写作》教材。因为开课时间短,授课时间少,在写作基础理论和文体写作方面都有自己的特点,不能按部就班地讲授。课堂上只能有选择地讲,通过文体的写作训练,使学生掌握使用频率高、实用性强的文体,其他文体则通过自学解决。

经过 5 年的教学实践,我们对很多内容有了重新认识,在原来的基础上,对很多内容做了重新修订,力图使内容更科学,例文更恰当。本书共分九章。第一章是写作基础知识,必须认真学习和掌握。第二至第六章是一般文体写作,可根据专业及工作、学习、生活的需要,有选择地学习。第七至第九章是医学专业写作,是必须掌握的内容。

本书由首都医科大学刘春梅、马谊平、谢晖、杜长林、陈志宏、张旭平、张大萍、田刚、张克君、卢景国,空军指挥学院许福臣,唐山市中医医院郑云霞共同编写。刘春梅、马谊平担任主编,谢晖担任执行主编,陈志宏、杜长林、许福臣任副主编,参加编写的有:张旭平、张大萍、田刚、郑云霞、张克君、卢景国。具体分工如下:马谊平:绪论;刘春梅、卢景国:第一章;谢　晖:第二章;许福臣:第三章;陈志宏:第四章;张旭平:第五章;田　刚:第六章;郑云霞:第七章;张大萍:第八章;杜长林:第九章;张克君:附录。

　　在编写过程中,我们参阅了有关教材及近年来出版的相关专著,选取了若干书籍、报刊和网络上的例文,在此谨致以诚挚的谢意!

　　由于水平有限,缺点错误及疏漏之处在所难免,恳请各位读者多提宝贵意见,以便我们进一步修订完善。

编　者

2010 年 10 月

编 委 会

责任编辑　鲍黎钧

封面设计　萌　萌

责任校对　林　华

责任印制　张建农

目　　录

绪　论

一、应用文的概念

应用文是指行政机关、社会团体、企事业单位处理公共事务,以及人民群众处理私人事务、传播信息、表述思想时所使用的实用性文章。它都有一定的实用目的,为解决实际问题而撰写。

应用文在我国已有三千多年的历史。现存最早的应用文应是殷商甲骨文,尽管殷商时期并未确立文种,但当时的甲骨文书记事已经比较完整,内容也涉及社会生活的许多方面,记载了当时奴隶主治理国家过程中政治、经济、军事等方面的活动。所以,现存最早的应用文应该是殷商甲骨文书。

但"应用文"一词的出现,则比应用文的出现晚得多。最早应出现于宋。北宋苏轼在《答刘巨济书》中说:"向在科场时,不得已作应用文,不幸为人传写,深为羞愧。"但北宋时期并未对其内涵和外延作出科学的界定。

最早阐述应用文注重实效特点的是清代学者刘熙载。刘熙载在《艺概·文概》中指出:"辞命体,推之可为一切应用之文。应用文有上行,有平行,有下行,中其辞乃所以重其实也。"这里,刘熙载虽未阐述应用文的涵义,但指出了应用文"重其实"的特点。

随着社会经济的发展和国家的产生,生产和生活的需要越来越多,应用文的使用范围日趋扩大,文种也不断增多,行文方式逐步走向规范化。

在内容方面,实用性文章是为解决某个具体问题或处理某项具体工作而撰写,其内容同现实生活密切相关,是现实生活内容的反映;在形式方面,实用性文章大都有着固定的体式,带有一定的程式化特点。应用写作是以应用文的文体及其写作活动为研究对象、探讨应用文写作规律的实用科学。应用写作总结了应用文的特点和写作规律,用于指导应用文的写作实践,体现了理论与实践相统一的特点。

二、应用文的特点

应用文是实用性很强的文体,在长期的历史发展过程中,形成了区别于文学作品的个性特征。不了解和掌握应用文的特点,就很难写好应用文,甚至会出错和闹笑话。只有把握应用文的个性特征,才能增强写作的自觉性,满足工作和生活的需要。

(一)实用性

所谓实用性即能解决实际问题,这是应用文与文学作品的显著区别。文学作品是社会生活的反映,它以文学手段塑造典型形象,借以反映社会生活和表达作者思想感情,当然是有其价值的,但文学作品是对现实生活的集中和概括,是用艺术手段创造出来的现实生活的典型图画,因而,它只能通过艺术形象去感染和熏陶读者,其作用主要是给读者以审美的享受,陶冶情操,它不能直接起到社会交际工具的作用,更不能直接解决具体问题,推动具体工作。而无论哪种类型的应用文都必须从实际需要出发,为解决实际问题而写,有明确的实用性。如,写一份通知,就是为了要很多人甚至成千上万的人知晓,并遵照执行,制约人们的行动;写一份函,就是为了沟通信息,联系工作;写一份报告,就是为了向上级机关汇报工作,反映情况;制定一份合同,就是为了维护和保障合同双方或多方的权利,使合同内容得以全面履行,具有法律的约束力。这些应用文都是直接地用于实际工作。

从写作的角度看,应用文并非为了"创作",从阅读的角度看,应用文并非为了欣赏,而是有直接的实用目的。

（二）真实性

应用文品种繁多,在社会生活的各个环节上,起着连接和沟通的作用。应用文的实用性决定了它用于解决实际问题,所反映的内容必须符合客观实际。具有真实的内容,是应用文的生命,也是应用文不同于文学作品的又一特征。

文学作品可以进行艺术虚构,可以进行合理想象,"上下几千年,纵横数万里",驰骋想象,自由发挥,任意选材,"杂取种种,合成一个"。鲁迅小说中的人物,"没有专用过一个人,往往嘴在浙江,脸在北京,衣服在山西",是一个拼凑起来的角色,不能与现实生活对号入座。

应用文绝对排斥虚构和杜撰,所涉及的人物、事件、时间、地点、数据都必须准确无误,写事必有据,议事有分寸,写人有来历,写数务实。如果失实,就会造成负面影响,甚至会造成非常严重的后果。比如,一份虚假的报告可能会使上级领导由于了解不到真实的情况而作出错误的决策;一份虚假的广告会使消费者受到欺骗,并进而使企业名誉扫地;一份虚假的调查报告,可能会得出错误的结论。所以,广泛真实的内容是应用文显著的特点。

（三）明确性

应用写作使用广泛,但对于某一个特定的文体,其适用对象、范围却非常明确具体,针对性很强。

文学作品的作者和读者都是不确定的,随意性较大。而应用文的作者和读者都是明确的,如:公文中的请示,作者必须是某一单位的具体负责人,而读者必须是上级主管部门的具体负责人,如果是批复,其作者和读者则反之。再如,合同只对签约的各方有约束力,任何一种书信,也都有特定的作者和读者。可以说,应用文的每一个文种,都有一定的使用范围,不论是行政公文中的请示、报告、命令、通报,或专用公文中的照会、判决书、经济合同,还是日常应用文中的书信、遗嘱、证书等,都是写给具体的机关、单位、组织、个人,或针对某个具体问题、具体事项的,对象和范围都非常明确和具体。

（四）模式性

指应用文具有惯用格式和习惯用语。每一种应用文体,在长期的使用过程中,为了清晰醒目、实用简便和提高效率,形成了相对固定的格式和习惯用语。其中,有的是由于约定俗成,有的是硬性规定。对此,人们必须共同遵守,写作时决不能随意更改,当然也允许创新,但不能随意杜撰,否则,就会不得体,易出差错,甚至闹笑话。

如:公文的格式一定要按国务院的规定来行文,这是非常严格的。又如,书信的称谓、问候语、落款的写法,都有规范化的要求。再如,电报要严格按照电报局的电报用纸规定的项目来写。即使是总结、调查报告之类的应用文章，写法比较自由，但也有一定的写作要求。

应用文之所以有这样的特点，其目的是为了清晰醒目，便于使用，便于及时处理，提高效率，充分发挥应用文的社会功能。

（五）时效性

应用文是针对实际工作中的具体事务而写的，有着明确的目的性。一切事物都是随着时间的变化而变化，应用写作一般都讲究时效，要求作者在一定的时间内完成写作任务，只有讲究时效性才能发挥其实用性的功能。如对某些重大事情作出的决策，对某一会议参会人员的通知，对急待解决处理的问题作出的决定，急需上传下达的文件，以及疏通渠道、交流信息的往来函件等等，这些都要求在时间上给予保证，快写、快办、快发，否则，拖拖拉拉、慢慢吞吞，就会失去其存在的价值，甚至会造成严重后果。文学创作一般不强调时效性，作者可以精雕细刻，慢慢琢磨，一部长篇小说，可以写 5 年、10 年，甚至可能会穷尽作者毕生的精力和时间，而其价值，却可以穿越时空，给后人留下一笔精神财富，得到艺术的享受。

（六）简明性

作为一种工具，应用文尚简约、忌浮华，目的是为了快捷地传递信息。为了提高效率，要求用语准确精练，简洁明了，干净利落，不能模棱两可，含糊其辞。否则，用语不当或词不达意，就容易引起异议，产生差错，甚至正意反解。行文应富有条理性，文风朴素平实。应用文以叙述、说明、议论为主要表达方式，很少使用抒情和描写。其叙述、说明、议论也与文学作品不同，叙述不求曲折生动，但求明白晓畅；说明要求客观、平实、精确；议论多为画龙点睛式的就事论理，不做理论上的复杂论证。

三、应用文的作用

应用文的本质特征就是实用性，其作用也就是实用功能，在长期的发展过程中，应用文对推动社会进步起到了不可替代的作用。随着时代的进步，社会的发展，其作用也将越来越大。具体而言，应用文具有以下四个方面的作用：

（一）联系协调作用

现代社会是一个非常复杂的社会，存在着各种千丝万缕的联系，更存在着互相交往的必要，应用文已成为部门之间、组织之间、个人与组织之间、个人之间沟通关系、商量事情、协调行动、联络感情的重要桥梁和途径。比如，上级机关要向下级机关发布政令、布置工作、提出要求，或者下级机关要向上级机关汇报工作、反映情况，都需要通过适当的公文文种，及时地沟通情况，推动工作的顺利开展。而简报、调查报告、礼仪文书等则在传递信息、交流思想、联络感情等方面发挥作用。其他各类应用文都在各自的实用范围内发挥着联系和协调的功能，成为现代社会不可或缺的工具。

（二）规范约束作用

应用文的使用范围非常广，有相当一部分是用来制定政策、发布法规、指导工作的应用文，作为法规和规章的载体，在特定范围内对机关、组织以及个人起着规范和约束的作用。比如《宪法》和依照《宪法》制定的刑法、民法、刑事诉讼法等国家基本法律和大量的条例、规定、办法等行政法规，一经有关权力机关通过并发布施行，就具备了国家宪法所赋予的行政权力，对所涉及的单位和个人具有规范和限定的作用,任何人都要自觉遵守,不得违反。

另外,来自于上级领导机关的命令、指令、指示、决议、决定、批复等,虽然不属于法规性公文,但同样具有规范和约束作用,要求下级机关和相关人员遵照执行。再如,财经应用文中的协议、合同,工作中的计划、安排等,也都具有规范和约束作用。尤其是经济合同,就是用合同的形式,强制性地规定合同双方或多方必须履行的义务和享有的权利,一旦违反,就要强制承担违约责任,从而规范社会经济活动有序地进行。

(三)宣传教育作用

应用文是政治宣传、思想教育的载体,特别是行政公文和法规规章类文体。要使各项方针政策得以较好地贯彻落实,首先必须通过宣传和教育工作,提高执行者的思想认识水平,增强执行政策的自觉性。党和国家的方针、政策、决策、举措,通常是利用各种应用文(尤其是公文),层层传达,广泛宣传,才得以贯彻和实施。广义上来讲,无论是上行文还是下行文,都是在做宣传,即通过摆事实、讲道理,阐明政策法规制定的理论基础和现实依据,指出实施开展的重要意义。

特别是在社会主义市场经济条件下,应用文的宣传作用得到了更为充分的体现。众多企事业单位通过广告、商品说明书、礼仪文书等文体,传播信息,打造品牌,提高知名度,宣传组织形象。为了在激烈的竞争中立稳脚跟,必须宣传和推销自己,以求得职位或得以晋升,自荐信、应聘书、竞聘讲演等不同类型的应用文就可以大展身手了。

(四)凭证依据作用

"口说无凭,有书为证",正是对应用文凭证依据作用的最恰当表达。应用文作为一种以记录实事为主的文体,是适应实际需要产生的,充当着帮助记录、辅助交际的工具。

这种作用,在不同文种中都有不同程度的表现。在公文中,上级机关的"命令"、"决定"、"批复"、"通知"等文体,是体现上级领导机关意图的依据,也是下级机关安排工作、处理问题的依据;下级机关的"报告"、"请示"、"意见"等文体,是上级机关作决策、下指示的参考依据;平行机关的"函"是沟通信息、联系工作的依据。在契据类文书中,协议书、合同、各种条据、公证书等,是确定双方或多方权利和义务以及履行情况的依据和凭证。其他如介绍信、证明信、会议记录、书信等,也都具有凭证作用。应用文反映了国家机关、企事业单位和个人的种种活动,记载、实录了各个时期的各种情况,除了提供现实效用外,还为我们提供未来工作的历史档案资料,以备随时查用。

四、应用文的种类

历经三千多年的发展,我国应用文种类繁多,分类复杂。随着时间的推移,文体又在不断演变。应用写作学界,有的按功能划分,有的按行文关系划分,至今没有统一的、权威的分类体系。本着宜粗不宜细的原则,我们从功能、写作目的、写作者的角度,大致可以把应用文分为以下几种类型:

(一)通用公务文书

通用公务文书指一切国家机关、社会团体和企事业单位在公务活动中共同使用的应用文章。其中包括《国家行政机关公文处理办法》规定的13种行政公文,包括对行政公文起补充作用的事务文书,如,计划、总结、调查报告、简报等;还包括用于公务活动的其他应用文,如社交礼仪类应用文、契据类应用文、告启类应用文等。

(二)专用公务文书

由于分工的不同,逐渐形成了专业性很强的公务文书。专用公务文书是指具有专门职能的机关、团体、部门为某种特定的目的而写作的公文。例如,财经部门常用的预决算报告、市场调查报告、市场预测报告、项目可行性报告、经济合同、经济广告、经济论文等,司法部门常用的立案报告、起诉书、公诉词、刑事判决书等,医务部门常用的处方、病历、会诊记录、诊断证明书等。

(三)私务文书

私务文书是指个人处理自身日常事务,表达个人意愿、主张和情感,为实现个人特定目的而写的应用文。由于个人活动的多样化,私务应用文使用范围广泛。主要指个人的计划、总结、条据、书信、电报、启事、请柬、日记、读书笔记、演讲稿等。某些私务文书与公务文书名称相同,如计划、总结等,只是使用者和使用范围不同而已。

五、作者的素养

当今人才竞争异常激烈,社会要求大专院校的毕业生不仅是本专业的行家里手,而且要求具有较好的口头和文字表达能力,然而,当前的大专院校毕业生的应用写作水平与社会、工作、生活的需求相去甚远。但是,一些人对此并没有必要的认识,对待应用文写作,反而有一种不正确的态度,认为应用文呆板枯燥,只要掌握了它的固定格式,就能写好应用文,所以没什么可学的。实际上,应用文写作是综合性很强的工作,需要作者具有多方面良好的修养,具备较高的素质和水平。写好应用文,这是社会的需求,更是每个人参与竞争、立足社会的需要。

(一)政策理论素养

任何文章的写作,都离不开正确的思想指导。否则,就会迷失方向。应用文是政策性很强的文体,尤其是行政公文,更是国家方针、政策的载体,更要强调正确思想的指导。理论素养的高低,直接影响到应用文的质量。没有思想理论素养,或者理论素养低下,很难写出高质量的应用文。写作者的理论素养越高,认识和分析问题、理解和执行政策的能力就越强,文章作品的质量也就越高。

而提高理论素养,重要的是要掌握分析和认识问题的武器,认真学习马列主义基本原理,学习唯物主义辩证法,还要认真学习和掌握党的路线、方针、政策和法律,领会上级部门有关的指示精神,时刻关心和了解社会主义现代化建设的大局,了解国内外形势的发展变化,并用相关理论去分析新情况,解决新问题。

(二)专业知识素养

应用文写作不只是格式的问题,它具有很强的实用性,总是用来解决工作中的实际问题,由于社会分工的不同,专业性越来越强,在写作应用文时,不能不熟悉本部门、本系统、本专业的知识。没有相关的修养,难以写出高质量的应用文。专用文书具有较强的专业性,比如,如果不熟悉法律专业知识,就无法写出准确规范的法律文书;不懂得基本经济理论和客观经济规律,就无法写出高质量的财经文书;没有医学专业知识背景,不熟悉临床业务,是无法写好医用文书的,甚至还会出现原则性的错误,给工作带来不可估量的损害。只有具备深牢的专业知识,才能够使应用文真实准确地反映本专业的客观实际。

(三)写作知识素养

应用写作,不仅语言规范严谨,而且要具有逻辑性,要求作者具有较好的文字修养。写作知识素养包括语言、修辞、逻辑、写作技能等多方面,是写作者必备的知识。同时,还必须具备相当的写作能力。写作基本理论知识能够解决如何确立主题、如何选材、如何安排结构、运用何种表达方式、如何运用语言等问题,是从事应用写作不可或缺的知识。不同文体有各不相同的写作格式和语言要求,要求作者必须有体裁意识,做到"因体制宜",这是应用文作者必须掌握的写作规范。

第一章　应用写作基础

任何写作都需要掌握写作基本知识,应用文是一个有内容、有形式的完整的有机整体,结构、语言、表达方式是其外在形式,主题和材料是其基本内容。本章介绍应用文的主题、材料、结构、表达方式和语言。

第一节　应用文的主题

一、主题的涵义

主题是作者通过文章的内容所表达出来的基本观点或中心思想。任何应用文的作者,都有他的写作目的,或者是发布会议通知,或者是为某一重大会议写简报,或者是宣布自己调查的结果,或者普及某一领域的科技知识,总之,都是要用文章去影响读者,要求读者接受。所以,不论选用何种体裁,总是要通过文章去说明一个问题,宣传一个观点,表示自己赞成什么,反对什么,承认什么,否定什么的鲜明倾向,这就是文章的主题,或者叫中心论点,基本观点。

主题是文章的灵魂和统帅。衡量一篇应用文的质量高低、价值大小、作用强弱,关键在于它的主题是否正确鲜明。主题是影响或左右文章全局的主要因素,在应用文诸要素中起着支配一切的核心作用。也就是说,从取舍材料、安排布局、遣词造句、确定标题,直到修改润色,都要依主题的要求而定。清代王夫之说:"无论诗歌与长行文字,俱以意为主。意犹帅也。无帅之兵,谓之乌合"。主题是文章的统帅,离开了主题,文章的其他因素就失去了依据。

应用文主题的产生和确定与其他类文章主题的产生和确定不尽相同,文学创作是一种创造性的精神劳动,创作动机极其复杂,具有明显的偶发性。所以,文学作品主题的产生和确定具有自由灵活的特点,多属于随意性的,写什么,什么时间写,由作者的灵感决定。而应用写作具有实用性,是为完成指定任务而写,多属于奉命性的,一般受上级或群众之命,因而主题的产生和确立受命题的限制,写什么,怎么写,往往不是取决于作者自身的需要,而是取决于工作和生活的需要,所以,应用写作的命题往往是实际工作中要解决的具体问题,因而其主题只能在所指定的要解决的具体问题中产生和确定。作者如何认识问题、解决问题的思想观点就是应用文的主题。当然,这些观点,最终来源于作者的社会实践和生活需要。主要是作者通过社会调查和工作实践,从所获得的材料中分析归纳而产生的。一般是由领导提出观点,限定内容和文种,然后由作者进行必要的调查研究,查阅有关资料,最后成文。

二、应用文主题的特征

1. 直露性

应用文与文学作品主题的表现有很大的不同,应用文的主题是直露的,而文学作品的主题是含蓄的。

作者在进行文学创作时,不直接说明自己的思想、感情倾向,而是寓于对人物的刻画,情节的描写之中,从场面和情节中自然而然地流露出来,而不是特意指出来。正像法国著名作家福楼拜说过的那样,"如果可能的话,至少看不见主旨。"别林斯基也说过:"在真正诗的作品里,思想不是以教条方式表现出来的抽象概念,而是构成充溢在作品里的作品灵魂,像光充溢在水晶体里一般。"作者在拟写应用文时,则是直截了当、明白无误地表明自己的观点,明确告诉读者赞成什么、反对什么,应该怎样做,读者一看便知,不必费尽心力去揣摩作者的意图。之所以如此,是为了达到实用的目的。

文学作品强调主题表达的艺术性,从读者的角度讲,欣赏文学作品的过程,就是一个艺术再创造过程,读者对文学作品的理解存在个体差异,往往是仁者见仁,智者见智。所以,"有一千个读者,就有一千个哈姆雷特",说的就是这个道理。然而,应用文的阅读,应杜绝读者理解与文章表意上的差异,这是由应用文的实用性决定的。如果应用文的读者对主题的理解产生歧义,无疑是作者表达的失败,也就不成其为应用文了。

2. 完整性

应用文与文学作品的主题形式不同,应用文的主题必须是完整的,而文学作品的主题则可以是不完整的。

所谓完整,就是不但要提出问题,分析问题,还要解决问题,即拿出解决问题的意见和方法。比如,一篇揭露问题的调查报告,仅仅反映调查中的情况和问题,而若不指出出现这些问题的原因和症结,那么,这篇应用文的主题就是不完整的。又如,一篇要求上级处理某问题的请示,如果不拿出本级处理的具体意见,那么,这篇请示的主题就是不完整的。

与应用文主题的完整性相比较,文学作品的主题可以是不完整的,表现在常常给读者留下许多问号,由读者自己去回答,这往往是艺术成功的一种手段,但在应用文中却是大忌。

三、对应用文主题的要求

(一)正确

这是对主题的最基本要求。主题正确,在应用写作中有两个方面的表现,第一,要符合党和国家的路线、方针、政策和法律法规。按照《国家行政机关公文处理办法》的规定,草拟公文应"符合国家的法律法规和方针政策及有关规定",这同样是写作其他类公务文书和私务文书的要求。违反国家法律和方针政策的文书,会产生消极甚至是破坏性的作用。第二,要具有科学性,能够如实地反映客观事物及其规律,要经得起实践的检验,能够解决实际问题。经过实践的检验,证明是符合实际或有价值的,就是正确的,反之,就是错误的。在应用写作中,体现客观真实性特别重要,忽略了这一点,不但不能发挥实用性的作用,还会使决策出现失误,造成负面的影响。

为此,应用文的作者必须认真学习和领会党和国家的方针政策精神,学习有关法律法规,做好深入细致的调查研究工作,全面、深入了解和掌握本单位及所属单位的实际情况,才能在写作中确立正确的主题。

(二)鲜明

指应用文的基本思想、作者的基本观点、态度要明确,能够明确地表示赞成什么,反对什么,肯定什么,否定什么,哪些成绩应该表扬,哪些缺点应该克服和解决,态度都十分明朗,不似是而非,模棱两可,褒贬抑扬,泾渭分明,而且要运用逻辑思维去很好地表达。主题鲜明是文章作品具有说服、感染力的前提。文学作品则大多讲究含蓄,一般不直截了当地提出作者的观点,而是寓于写人、记事、状物之中,给读者留下思索回味的余地。

(三)集中

所谓集中,指作者的行文目的单纯明确,主题单一,重点突出,不能分散、杂乱,更不能有两个或两个以上的主题。清代刘熙载在《艺概·经义概》中说:"凡作一篇文章,其用意俱要可以一言蔽之。扩之则为千万言,约之则为一言,所谓主脑是也。"清人魏际端在《伯子论文》中也说:"文主于意,而意多乱文;议论主于事,而事杂乱议。"

所以,应用文只能表达一个主要意图,一个基本观点,全篇内容要围绕一个中心说深,说透,不能像蜻蜓点水那样,面面俱到,全篇文章的展开要围绕一个观点,不枝不蔓,不散不乱,千万不要试图在一篇文章中解决几个问题。那么,怎样才能使应用文的主题集中呢? 首先,要坚持一文一事的原则,在动笔之前就要确立好主题,明确写作意图,主题不集中往往是作者动笔之前没有想清楚,思想混乱,写出的文章自然就不能集中;其次,安排材料时要紧紧围绕主题,与主题关系不大或可有可无的材料,要舍得割爱,做到目标始终如一,方寸一丝不乱,把材料所蕴涵的力量全部用到主题上。

(四)深刻

指主体对写作对象的认识接近或迫近材料的深层蕴意,能够透过现象,抓住本质,洞察到事物的内在联系,不能仅仅停留在一些零碎的表面现象,或轻描淡写,就事论事,而应"见人所未见,发人所未发",这是写作主体思想理论素养的表现,正像刘熙载所说的:"文以识为主。认题立意,非识之高卓精深,无以中要。才、学、识三者,识为尤重,岂独作史然耶。"

要使应用文的主题深刻,就不能停留在简单地描述现象,堆砌材料,和盘托出实验或观测、统计数据的阶段上,就必须对原始资料进行认真分析和进行必要的综合归纳,以寻找事物之间的相互联系,总结事物发展变化的规律性的东西。

(五)新颖

主题新颖,就是本着创新精神,根据客观事物的发展变化,及时反映新情况,研究新问题,提出新观点和新思路。这是现实生活和工作的需要,也是作者创造性思维、敏锐洞察力的表现。要立意新颖,提炼主题时必须解放思想,从新的角度去探索,认真分析研究新情况和新问题,得出新的见解和观点;选材时必须体现时代性,及时反映新情况、新问题和新经验。

第二节　应用文的材料

一、材料的概念

材料是作者为了某种写作目的,从工作、生活中收集以及写入到文章中的一系列事实、情况、数据和理论。为了写文章,作者首先要广泛而深入地搜集和占有资料,再经过精心的整理、选取,有的写进了文章,有的割舍在文章之外。在写作过程中,凡是收集到的,都统称材料。

材料是写作的第一要素,是文章的物质基础,它构成文章的基本内容。主题与材料的关系,是灵魂与血肉的关系,是统帅与被统帅的关系。

巧妇难为无米之炊,材料不充分,写作水平再高,也写不出好文章,犹如没有钢筋、水泥、木料和砖瓦等建筑材料,再好的建筑师,也盖不出高楼大厦。如,写一份工作总结,就要事先把所做的工作回忆清楚,在充分占有材料的基础上,分析概括、探究出具有规律性的东西来,才能写出有分量的总结。所以,收集资料、占有资料,是应用写作的第一步。

二、材料的作用

(一)写作动机的形成来源于客观材料的催动

写作动机导引和制约着整个写作过程。任何写作动机都不会凭空产生,有所见,才有所感,有所思,才会有话想说,正是客观材料的催动才有写作动机的形成。应用写作的动机往往来源于工作和生活的需要,即客观现实的需要,作者有问题要解决,有信息要交流,有意见要表达,而这些需要恰恰是由材料的积累形成的,客观材料的积累形成某种写作动机。

(二)主题、观点的形成来源于对材料的概括

毛泽东曾经说过,"不要凭主观想象,不凭一时的热情,不凭死的书本,而凭客观存在的事实,详细地占有材料,在马克思主义一般原理的指导下,从这些材料中引出正确的结论。"对于应用写作来说,这段话充分说明了客观材料对于主题形成的作用。应用文的主题是对全部材料思想内涵的概括和提炼,写作中如无详尽的材料,难以形成正确的观点、意向。

(三)主题的展开依靠材料的支撑

章学诚在《文章通义·文理》中指出:"夫立言之要在于物。"所谓"物",就是客观存在的事实,就是材料。材料是说明主题、表明观点的依据。没有丰富、具体、典型的材料支撑,主题就无法确立。即使勉强成文,也会使主题成为抽象、空洞的概念,缺乏说服力。必须用充分的材料证明和论证,主题才能立得稳,站得牢。在应用写作中,为了表现和证明主题,除了运用工作和生活中的事实材料外,还需要运用一些具体的数据,并需要引用有关文件的内容等等。

三、材料的来源

从收集和占有的方式划分,材料一般可分为两类:直接材料和间接材料。

(一)直接材料的收集和占有

直接材料就是作者在社会生活、工作实践中亲自经历、观察、调查、亲身体验、感受而直接获得的材料,又称第一手材料。直接材料真实、可靠,最新鲜,最富有活力,当然也最有价值,最有说服力。具体来讲,收集和占有直接材料有以下途径:

1. 工作实践中积累

宋代苏轼说:厚积而薄发,大致说清了积累和写作的关系。积累丰厚,写出的东西才丰厚。创作文学作品,要体验生活,体验生活就是收集和占有资料。记者写新闻和通讯,要采访,也是收集和占有资料。应用文的作者一般是各部门、各单位担负一定实际工作任务的人员,应用文是我们在工作实践中传递信息、沟通关系、处理事物、解决问题的工具。应用文的作者,在工作实践中,务必高度重视随时积累各种实际材料。

2. 观察

观察是一种有目的、有计划的感知活动，是人们直接认识客观事物的基础，是获取材料的重要途径。观察以视觉活动为主，又可根据客观对象的情况，同时启动眼、耳、鼻、舌、身全面地观察和体验。鲁迅曾经说过："如要创作，第一须观察。"这同样适用于应用写作。通过观察，能够获得大量感性的、具体的材料。很多应用文的写作都离不开对写作对象的观察。在医学研究领域，观察尤其重要，主要用于临床研究，如，在住院条件下观察某种药物治疗某种疾病的疗效及不良反应等。

观察法要求准确、细致、透彻、全面。为此，常需反复多次，长期积累，全面系统地收集材料，才能对写作对象有更深入细致的了解。要想做出创造性的观察，就不能只是消极地注视，还要积极思维，要尊重客观事物的本来面目，不能夹杂主观的臆测和推断。同时，观察时应注意培养多疑善思的思维方法，注意搜寻值得追踪的线索，并把总揽全貌与捕捉细节结合起来。

3. 调查

调查，是作者为了了解、熟悉情况，探询客观事物各种现象的本质及其规律，通过一定的方式，深入实际进行考察的实践过程。调查和观察既有联系又有区别，观察是凭借感官直接感知，有明显的直接性，调查是一种走访活动，向有关人员了解客观事物的真实性，有明显的间接性，二者互相配合，互相补充。

调查研究，对于应用写作意义重大。首先，通过调研，获得大量的直接材料，为写作创造必要的条件。其次，通过调研，能够发现问题、解决问题，有利于确立正确、鲜明、集中的主题。第三，在深入调查的过程中，随着认识的深化，增强对生活的感受，可激发写作冲动，把文章写得深刻具体，富有说服力。

（二）间接材料的收集和占有

应用写作应用第一手材料最为可贵，但一个人的精力是有限的，不可能事必躬亲，写作时适当使用间接材料是必要的。间接材料就是作者从已有的各种文字资料中收集和占有的现成资料。由于这类资料不是作者直接感受到的，所以，又称第二手材料。

收集和占有间接材料，要靠广泛阅读。书籍、报刊、档案等一切文字资料，是人们记载知识、总结经验、传播信息的工具，也是人们积累和保存巨大精神财富的宝库。应用写作所需要的大量间接材料，主要是通过广泛阅读获取的。通过文献阅读，可获得大量的数据、史实、理论和文件材料。

以收集和占有资料为目的而进行的阅读属于研究性阅读，要围绕一定的问题，即围绕自己研究、写作的对象阅读，要特别注意和自己写作的问题有关的作者的观点、新颖的论据和写作的方法。

四、材料的选择

收集和占有材料应本着"韩信将兵，多多益善"的原则，尽可能占有各方面的材料。但要把材料安排到文章作品中去，一定要像鲁迅先生说的，"选材要严，开掘要深"。因为选材是否得当，直接关系到应用文的质量。选择材料的标准如下：

（一）选择真实的材料

应用文的特点之一就是真实性，真实性是应用文书的生命，材料的绝对真实则是其物质保证。所谓真实,就是要求选用的材料要准确无误,完全符合客观实际。应用文书,如一件公文、一篇总结、一则新闻、一份诉状、一份病历等选用的材料,必须做到绝对真实,绝对不能凭空捏造材料,否则将失去其存在的价值。要做到这一点,作者就必须尽可能多地收集和占有第一手材料,并对所获材料进行去伪存真的选择,才能获得翔实可靠的材料。

(二)围绕主题选材

"要知道在大理石上刻出人脸来,无非是把这块石头上不是脸的地方都剔掉罢了"。俄国作家契诃夫的这句话形象地说明了选择材料要围绕主题的原则。材料是用来说明观点、为观点服务的,主题的需要,永远是选材的第一依据。因此,选择的材料要符合观点的要求,而且要说明观点有力。凡是有益于说明、烘托、突出观点的,都可保留。不能很好地表现主题的材料,要毫不犹豫地剔除。

(三)要选择典型材料

收集到的材料,大致与观点相关,同时也是真实的,但是否选用到文章中去,要看其是否具有典型性。典型的材料就是能够深刻揭示事物的本质,反映客观事物的发展规律,具有广泛代表性和强大说服力的材料。要很好地表现主题,材料不在多,而在精。典型材料是既能代表一般又比一般突出的个别事物。典型材料能够起到以一当十的作用,有助于使主题深化。作者要根据表现主题的需要,对材料进行反复比较与鉴别,经过去粗取精,抓住典型材料,更生动更深刻地表现主题。

(四)要选择新颖的材料

文贵创新。创新的文章,来源于新颖的材料。所谓新颖的材料,一是指新鲜的,即新出现的,或虽出现一段时间,别人还没有用过的。二是虽然别人用过,但事物有了新的发展,或者作者有了新的认识和感受。新颖的材料,可使文章内容富有时代特色,能给读者以新鲜感,具有吸引力。否则,选那些重复多次、陈旧、老掉牙的材料,就会给人以老生常谈的感觉。因而写作应用文,应该尽量用新人、新事、新成果、新经验、新思想、新情况去反映新面貌,讲述新道理,使之具有时代特色。

第三节　应用文的结构

一、什么是结构

结构是文章的组织方式和内部构造,就是根据表现主题的需要,对材料的处理和安排。有人把一篇文章比作是一个人体,主题是灵魂,材料是血肉,而结构就是骨骼。

作者在写作过程中,可能会拥有各种各样的材料,这些材料是不能胡乱地堆放在一起的。因为,杂乱无章的一堆材料,是表达不出一个鲜明集中的主题思想的,不仅如此,堆积材料反而伤害主题的表达,使人不知所云。所以,决定了材料的取舍之后,就要合理地安排材料。要根据表现主题的需要确定哪些材料在前,哪些材料在后,把先后顺序安排得当,使选取的材料,以最佳的组合接受主题的驾驭,为表现主题服务。为了达到材料和观点的统一,使材料更鲜明地突出观点,取舍材料还要详略适宜。这些都是结构要解决的问题。在一篇文章的写作过程中,安排结构是一个重要步骤,有其重要的意义和作用。

二、结构的特点

应用文具有模式性特点,主要体现在结构上,即应用文章,都有相对固定的格式,不能随意而写。比如公文的格式是国务院规定的,任何人不得更改,文头、文尾都有惯用写作格式,正文结构也有一定的惯例。事务文书、契约类文书、礼仪文书的模式性,与行政公文略有不同,虽不属于硬性规定,但却是约定俗成的。比如书信,在约定俗成的基础上,也形成了由称谓、正文、祝颂语、具名、日期几部分组成的格式,其顺序是不能颠倒的。在医学领域,病历、论文也都有特定的写作格式。

三、安排结构的原则

(一)服从表现主题的需要

应用文书采用什么样的结构方式,必须服从主题的需要,根据表现主题的需要,确定选用什么材料,并确定哪些材料先写,哪些材料后写,详写、略写,无论是文章的开头、结尾、层次和段落,都要服从表现主题的需要。主题不同,材料的取舍和结构的安排当然也不会相同。比如,同是调查报告,主题可能是调查基本情况,也可能是揭露问题,或者是推广典型经验,不同主题的调查报告,结构安排会各有特点。再如,同是医学论文,主题可能是疗效观察,可能是病理讨论,可能是病例报告,主题不同,结构也各不相同。

(二)反映客观事物的规律

应用文书是客观事物的反映,其结构就要通过合理组织材料,反映客观事物的规律,做到完整连贯,自然和谐。例如,写调查报告,一般是先提出问题,接着分析问题,最后解决问题。提出问题—分析问题—解决问题,恰恰体现了客观事物的内在联系,顺应了人们认识、理解问题的思维逻辑规律。医学研究也有自己的规律,医学论文的结构也要反映这种规律。

(三)适应不同体裁的特点

应用文的结构具有模式性的特点,但不是一种模式,不同类的应用文书各有自己的特点。例如,行政公文的正文一般由缘由、事项、结尾三部分构成,规章类文书一般分条列项来写,新闻稿的结构,由标题、导语、主体、背景、结尾五个部分组成,起诉状的结构由标题、原被告的身份事项、请求事项、事实和理由、结尾、具名和日期、附项等七个部分组成。由于文书的种类不同,因此它们的结构方式也就各异。我们在学习中要善于掌握应用文各类文体的结构特征,因体制宜。

四、结构的内容

应用文结构的内容主要指文章的开头和结尾、层次和段落、过渡和照应,与文学作品大致相同,但具体安排上又有其自身的特点和要求。对于各文种结构形式的特殊性,在后面的章节里讲述,这里着重谈谈普遍性的特点。

(一)开头和结尾

开头和结尾是一篇文章结构的有机组成部分,在文章中具有特殊的地位,有着极其重要的作用,历来都为人所看重。

1. 开头

唐彪在《读书作文谱》中说:"通篇的纲领在首一段,首段得势,通篇皆佳"。高尔基对开头有个形象的比喻,他说,开头第一句是最困难的,好像在音乐里定调一样,往往要费很长时间才能找到它。开头居文章之首,位置重要,因此有"龙头"之说,具有为全篇文章定基调,并引导读者阅读的特殊作用,是全文思路展开的起点。所以,要格外重视开头的写作。

应用文的开头朴素、平实,不像文学作品那样追求新奇、生动。应用文的开头没有统一的格式,写法千变万化,但有规律可循,对开头的两个基本要求是:首先要开门见山,直接触及主题或主要内容,不要绕圈子,不要设置悬念;其次,要简洁,要求在文章的开头就要把问题明确集中地提出来,言简意赅,简洁能使读者很快理解文章的意图。常用的开头方式有以下几种:

(1)概述式:这种开头方式,先从整体概述工作的基本情况,概括介绍取得的成绩或主要事迹,使之起到统领全文的作用,使读者尽快了解写作意图或先有一个总的印象,然后再分别进行分析。如《××市邮电局关于 2001 年财务收支情况的报告》正文开头:"我局全体职工在党的正确路线指引下,团结一致,努力工作,改善了邮局服务,提高了邮电通信质量,加强了企业管理,因而提前十天超额完成了 2001 年的财务计划。"这就是从整体上进行说明。这种开头方式常见于总结、报告、计划、简报等类文体。

(2)引用式:直接引用上级指示精神或有关国家法律法令作为开头。这种开头方式有明显的外部标志,比如,常用"根据、遵照、按照……"等词语,转发、批转或批复有关文件,或回复有关来文,一般用"现将……"或"贵(你)单位……"等词语,正文有针对性地答复对方。通知、通告、批复、复函等文种往往使用这种写法。

(3)结论式:把事情的结论或主要问题写在文章开头,揭示事件的意义和作者对问题的认识、评价及对策,然后分别予以阐述。总结、调查报告等多使用这种方式。如,总结,一般先从总体上肯定成绩,然后分别具体地加以阐述。

(4)说明式:就是直接地阐明行文的原因、目的、对工作的意义、背景情况,说明写作目的或陈述写作原因。说明写作目的的外部标志是使用"为"、"为了"所组成的介词词组,陈述原因的开头,一般冠以"由于"、"鉴于"等介词所组成的介词词组。也有的直接说明原因,没有明显的标志。一些行政公文、事务文书、规章制度等多使用这种方式。

(5)提问式:开头用提问的方式提出将要论述或叙述的问题,使读者对主题有一个大概的了解,并引起读者的注意与思考,然后围绕问题逐渐展开。一般多用设问句式。如:《高投入才有高产出——旺利乡在山坡地种蕉的调查》的开头就是提问式:

高州县长坡区旺利乡有 1850 亩香蕉,其中大部分种植在山地、荒坡上,去年平均亩产达 2850 公斤,亩产比全县高出 1350 公斤。山坡地种的香蕉产量这么高,奥妙何在?

以上五种开头方式,并非规定的公式,是仅就一般情况而言的。除此以外,还有各种方式的开头。不论采用什么方式,都要根据内容的需要,只要能服从主题,引出主题,吸引读者,就是好的开头。

2. 结尾

古人称"收笔",是全篇内容的必然结果,起着突出和深化主题的作用,直接影响文章的价值,好的结尾会给人留下深刻的印象。文学作品的结尾,要像百川归海,含蓄、有韵味,能够引起不尽的深思,余音绕梁。应用文的结尾要当行即行,当止即止。既不要拖泥带水,画蛇添足,也不必像文学作品那样,力求来一个绕梁三日的余音做结尾。要当断则断,态度明确,避免画蛇添足,狗尾续貂。

常用的结尾方式有以下几种:

(1)请求式:提出期望、请求或要求,请示、函常用这种结尾方式。如,请示的结尾常用"以上是否妥当,请批示","以上意见,如无不妥,请批转各地区、各部门执行"等作结尾。指示和决定的结尾,一般用"望各地各部门按照执行","把落实情况尽快上报"等作结尾,提出落实的要求。

(2)总结式:对文章主题作简要的概括和总结,使读者对全文有一个完整的印象,揭示主题和深化主题。

(3)号召式:在结尾处向有关单位和人员提出希望,发出号召,指明努力方向。

例如,《中共中央关于加强党的执政能力建设的决定》在结尾处号召:

提高党的执政能力,完成执政兴国的历史重任,必须加强全党的团结,加强党同人民的团结,加强全国各族人民的团结。全党同志一定要自觉维护大局,倍加珍视团结,在以胡锦涛同志为总书记的党中央领导下,高举马克思列宁主义、毛泽东思想、邓小平理论和"三个代表"重要思想伟大旗帜,全面贯彻十六大精神,同心同德,艰苦奋斗,扎实工作,开拓进取,带领全国各族人民为全面建设小康社会、实现中华民族的伟大复兴而不懈奋斗!

(4)说明式:在结尾处提出需要补充说明的有关事项,以引起重视或注意。通告、规章制度、合同等常用说明式结尾。如,有的通告的结尾处写明:"本通告自发布之日起施行"。规章类文书的附则便是说明式结尾,合同的结尾常说明合同的效力、有效期、保存者、附件等。

(5)展望式:结尾处写明今后的打算、工作的设想,或展望前景、预测未来。常用于总结、预测报告、讲话稿等。

(6)强调式:结尾处强调说明主要问题和行文的意义,以引起读者的注意与重视。

以上是六种常用的结尾方式,可以单独使用,也可根据需要综合使用,也有的应用文自然结束,不再另设结尾部分。总之,应用文究竟用什么方式结尾,要根据内容的需要灵活使用。

(二)层次和段落

1. 层次

层次是指应用文安排内容、表达思想的层第和次序,是作者根据事物发展的阶段性和客观事物的各个侧面,以及作者认识问题和表达思想的过程,对文章进行的组织划分。文章的每一层,都是一个相对完整的意思。层与层之间有一定的逻辑顺序,在表达形式上,层次一般由几个自然段组成一个大的意义层或逻辑层,因此,层次也称为"意义段"、"结构段"、"逻辑段"或"部分"。

安排层次着眼于事物的内部联系。层次和段落之间有时是一致的,一个段落正好反映一个层次;有时由几个段落组成一个层次,表达一个完整的思想内容;有时在一个自然段中表达两个或两个以上的意思,比如在行政公文中,礼仪文体中常有这种情况,往往出现篇章、层次、段落合一的形式。一篇文章的内容是否具有逻辑性,是否能恰当地表现主题,主要看层次的安排如何。

应用文的层次安排,常见的有并列式、递进式、总分式。

(1)并列式：各层次之间按平等、并列关系横向展开，又叫横式结构。这种结构形式最常见。并列式，多是按事物的构成部分、按材料的性质安排层次，每个层次集中说明一个性质。此外，也可按主题的几个侧面来安排层次，从不同角度分别提炼分论点。采用并列式安排材料，以条文式居多：几项任务、几条措施、几点体会……。它不仅可以用于整篇文章，也可以在一篇文章的某一部分中使用。规章制度类、契约类、法律类文体常采用这种结构形式。

(2)递进式：所谓递进式，就是围绕一个事物或问题，由表及里、由浅入深，层层递进，环环相扣，一层层一步步地进行说明和论述，每一步即为一个层次。具体操作时，往往是按照提出问题、分析问题、解决问题的方式安排层次。

(3)总分式：层次之间是总说与分说的关系，或是总分式，先总说，后分说；或是分总式，先分说，后总说；或是采用"总—分—总"的结构形式，即先总说，后分说，最后又总说。分说部分，是文章的主体部分，这一部分要使用详细而具体的材料，写出文章的中心内容，要根据需要安排若干层次，层次之间仍然有并列、递进、总分关系。

具体写作时，可以根据行文需要选用某一种或几种结合使用。总之，要做到层次分明、条理清晰、逻辑严密，让人一看就清楚明白。

2. 段落

又叫"自然段"，是文章中具有相对完整内容的独立的基本单位，是文章思想内容表述时由于转折、间歇、强调等情况造成的文字停顿。段落侧重于文字表达的需要，在形式上有明显的标志，开头空两格，另起一段要换行。

安排段落时应注意单一性，即一个段落，只表现一个中心内容，不能把几层意思写在同一个段落里；要注意保持完整性，多数的段落，要完整地表达一个意思，不能把一个完整的意思割裂到几段当中，否则会给人支离破碎、残缺的感觉；还要注意段落之间的内在联系，以便有机地构成层次，"分之为一段，合则为全篇"，也就是要使每一个段落都成为全篇的一个有机组成部分。

（三）过渡和照应

1. 过渡

文章是由层次和段落组成的有机整体，过渡是指文章的层次之间、段落之间的衔接、转换的方式。它起着承上启下的作用，能使文章衔接自然、前后连贯、逻辑严密，成为一个严谨的整体。

文章的层次、段落之间不一定都要过渡，需要过渡的有如下情况：

第一，论述问题"由总到分"或"由分到总"的层次之间需要过渡。这种过渡往往在大型的工作报告、总结中出现。

第二，段落之间的对比转折处，往往需要过渡。常常通过"但是"这个关联词来表示。一般来说，当两层意思相隔比较远，常用过渡段或过渡句来承前启后，较短的应用文中，常用过渡句或关联词过渡。

第三，内容转换时，由一层意思转到另一层意思，需要过渡。如，"不仅如此，我们还要做好……工作"。

第四，叙述手法、表达方式变换时，需要过渡。如，由顺叙转为插叙、由记叙转为议论时，需要过渡。

常用的过渡方式有：

(1)关联词过渡：如，表示顺接的："因此"、"总而言之"、"综上所述"、"由此可见"、"众所周知"等；表示逆接的："然而"、"但是"、"不过"等。

(2)句子过渡：在需要转换的层次或段落之间，用总结前文、提示下文或设问句等表示承上启下的句子过渡，既可放在前段的段尾，也可放在后段的段首。如，"现将有关事项通知如下"、"为此，特作如下决定……"、"现将调查结果报告如下"、"经研究，函复如下"。

(3)段落过渡：在层次和段落之间转折、跳跃性较大的情况下，需要用一段文字过渡。

2. 照应

照应是指文章前后内容的关照和呼应。前面提到的，后面要有着落，后面写到的，前面要有交代。其作用是加强文章前后内容的联系，使文章结构严密，增强整体感。

照应的方法很多，没有固定的模式。常用的照应方式，主要有以下几种：

(1)首尾照应：就是文章开头提出的问题，结尾应对这个问题做出结论，做到首尾呼应，能使所表述的事物或问题互相补充、加深。

(2)题文照应：标题与正文互相照应，就是为了使文章主题鲜明突出，在行文的恰当之处，重点阐明、强调标题中揭示主题的字句，起到画龙点睛的作用。

(3)前后呼应：有时把重要的环节或细节有意安排在后面写，前面要预先埋下伏笔，使后面重要环节或细节的出现得以铺垫，使前伏和后垫相呼应。

过渡和照应是使应用文精神贯通、脉络分明的一个重要手段。过渡像是"桥梁"，照应像是"草蛇灰线"，伏笔千里。有了过渡和照应，才能使层次和段落之间衔接自然，前后连贯，使文章成为一个有机的整体。

第四节　应用文的表达方式

一、什么是表达方式

表达方式是指运用语言表现文章内容的方法和手段。表达方式是由表达的内容和目的决定的，在进行表达时，或叙事明理，或塑造形象，或抒发感情，或表明观点，或说明情况，目的不同，便形成了叙述、描写、抒情、议论和说明等五种不同的表达方式。写作过程中，常常把不同的表达方式结合起来使用，只是在不同的文体中有不同的侧重而已。在文学作品中，由于表达的需要，往往以叙述、描写、抒情为主，而在应用文中，追求朴素、平实，所以，以叙述、说明、议论为主，很少使用描写和抒情笔法。

二、应用写作中的叙述

(一)概念

所谓叙述，就是交代和陈述人物经历和事件发生发展变化或事物发展变化过程的一种表达方式。它是在写作中运用得最为广泛的一种表达方式。通过介绍人物，使读者能对人物有全面的了解，通过交代事物，使读者能对事物有完整的认识。

在应用写作中，叙述这种表达方式应用得非常广泛。如在通报、总结中介绍人物的事迹，在个人简历中介绍人物经历,在调查报告中叙述事件发生发展的过程等等。医学作品中的各种文体都可以运用叙述方式,或用来介绍基本情况,或用来概括某些事实,或提供典型病例,或以事实为根据来论证论点。

(二)特点

应用文中的叙述与文学作品中的叙述,有着明显的区别。应用文叙述的特点主要有两点:

1. 概括、简明

应用文对人物经历和事件经过的叙述,不像文学作品那样详尽、细致,而是强调整体勾画,较为概括、简明,不做具体、详尽叙述。要在写作实践中把握好详略尺度,必须对写作对象有清晰、完整的认识。

2. 以直叙为主

应用文的叙述,不像文学作品那样广泛使用顺叙、倒叙、插叙、总叙、分叙等表现手法,而是以顺叙为主,要求按时间顺序平铺直叙,不设悬念,不绕圈子。

(三)叙述要求

叙述是一种"易学难工"的表达手段。应用文由于表达主题的需要,对叙述的要求是:交代明白、头绪清楚、详略得当、文字简要。

1. 交代明白

所谓交代明白,就是要把叙述的六个要素(时间、地点、人物、事件、原因、结果)交代明白,否则,会影响表达效果。中共中央在《关于纠正电报、报告、指示、决定等文字缺点的指示》中指出:"每件事都要交代六个'什么',即什么事、什么人、什么时候、什么地方、什么样子、什么缘故。仅在绝对明了时,始有所省略。"这是对交代明白提出的具体要求。依照行文目的的要求,叙述时会有所侧重,有些要素可以省略。

2. 线索清晰

线索是作者组织材料的思路在文章中的反映,在叙述某件事时,要贯穿一条线索,不能中断。按线索叙述,才能头绪清楚,条理分明,层次井然。

3. 详略得当

应用文由于文体形式的特殊性,叙述时不能像文学作品那样详细,应有所侧重,抓住主要方面,繁简适当。

4. 文字简要

这是由应用文的写作目的决定的。应用文的叙述宜粗不易细,宜概括不宜具体,所以,应用文的叙述是概括的、粗线条的,只要叙述清楚,能表现主题就行。

(四)叙述方法

叙述方法很多,在现代文章写作中,常用的有顺叙、倒叙、插叙、补叙、详叙、略叙、总叙、分叙、概叙、直叙、婉叙等,在应用写作中,最常用的叙述方法有:顺叙、直叙、概叙。

1. 顺叙

即按照事件发生、发展的时间先后顺序叙述。这是应用文最基本的叙事方式。用这种方法写出的文章,层次段落与客观事物发展的过程一致,事件的来龙去脉清楚,脉络分明,层次清晰,首尾连贯,便于读者把握。运用此方法时,应处理好主次关系,要注意剪裁得当,注意材料的详略,重点突出,不可平均用力。否则,容易出现罗列现象,犯平铺直叙的毛病,像一本流水账,使人读了索然无味。

2. 直叙

即对所记叙的人物、事件的态度及所表现的涵义毫不隐讳、直截了当地叙述。因为应用文的主题具有直露性,所以,在表达主题时,叙述应多用直笔,不用曲笔。

3. 概叙

即用简洁的语言对写作对象作概括的介绍,不具体叙述事物发展变化过程。通过概叙,把最能够说明全貌,最富有代表性的内容简明扼要地概括出来,但不是对事物内容的简单压缩。有时候,为了更好地表现主题,也需要必要的详叙,以加深对事物的了解和认识。

三、应用写作中的说明

(一)涵义

说明是用准确、简明的文字,清晰、明白地解说事物、剖析事理,把事物的形状、构造、性质、种类、特征、成因、功能等解释清楚,回答"是什么"、"怎么样"的问题。在应用写作中,说明应用的范围广,使用的频率高,如,产品说明书、证明信、公证书、法规性文件等,都是以说明为主要表达方式的。

(二)要求

1. 态度客观

所谓客观,就是要不带主观色彩,不带个人的偏见和好恶,客观冷静,实事求是,通过对说明对象做公正的介绍或解说,公正地反映客观事物的本来面目和本质特征。说明文是以介绍知识性内容为主的,只有如实反映被说明内容的客观情况,才能保证知识的科学性。

2. 语言准确

任何事物都具有质的规定性,这是一个事物区别于其他事物的标志。写说明文只有抓住事物的特征,说明得清楚明白,鲜明透彻,才能把被说明的事物准确清晰地介绍给读者,让人们对事物有确切的了解。要抓住事物的特征,作者必须在写作前对被说明的事物作深入细致的研究,才能抓住说明对象和与它相似事物的细微差别。

3. 条理清楚

是指对说明对象的解说或阐释要有条不紊,逻辑严密,说明的时候,要根据事物的特征科学地安排顺序,便于读者对文章内容的把握和理解。

(三)方法

在写作实践中,形成了多种多样的说明方法。常用的有以下几种:

1. 定义说明

即用下定义的办法,概括出被说明事物的本质属性或对某一概念的内涵和外延做出确切说明,教科书中用得比较多。比如,在医学领域,对"动脉"和"静脉"的说明,就是定义说明:"动脉是把血由心脏送到身体各部去的血管","静脉是把血从身体各部运回心脏来的血管",这两个定义分别说明了"动脉"、"静脉"的性质特点、概念和内涵,由此把两种血管区别开。

2. 诠释说明

所谓诠释说明,就是指对事物的性质、特点等进行进一步较详细的说明、解释、解说、阐释的方法。诠释说明,经常使用一些带提示性的词语,如:"……有"、"……是……"或"……有以下几个方面:"、"……有下列几种:"等等。

3. 分类说明

就是按照统一的标准,把复杂的说明对象划分成不同的类别,然后分别加以介绍的方法。分类说明能达到化繁为简、眉目清楚、系统严密的效果。熟悉和了解事物的特征和本质,是正确分类的前提和基础。值得注意的是,在作分类说明时,所用标准应该一致,在一次分类中不能同时使用两个或两个以上的标准。

4. 举例说明

用具体的事例、数据来说明事物,能够把抽象、复杂的事物和事理说得更加具体、明晰,引起读者的阅读兴趣。运用举例说明,关键是要选择和运用真实可靠、具体、典型的例子,这是举例说明的核心。

5. 比较说明

比较说明是将两种或两种以上的事物作比较,通过相互对比来说明事物的现象、本质、特征和规律的说明方法。只有在对各个事物的内部矛盾和各个方面进行比较后,才能认识事物的本质,才可能把不易觉察的区别或容易混淆的事物的本质特征说明清楚。运用比较说明应注意,作比较的事物之间要有某些联系,有可比性。

6. 引用说明

引用一些与被说明对象有关的资料来说明,可以为论事说理提供理论基础和客观依据,使说明的内容更充实,更有力,增强说理的权威性和可靠性。引用说明针对性要强,对所引材料事先应认真核对,并注明援引资料的出处。

7. 图表说明

即运用图画、照片和表格来介绍和解说事物的形状、性质、特征、效果、作用等。采用图表说明比较直观、具体、简洁、清晰,可把复杂的内容简单化,抽象的内容具体化、直观化,使读者容易理解,便于比较,这些往往是用文字符号难以达到的效果。

四、应用写作中的议论

(一)涵义

议论是作者对事物进行分析和评论,发表自己的看法,表明自己的观点和态度的一种表达方式。目的是用来分析事理,判断是非,发表见解,讲述道理。议论的表达方式主要用于论文,某些事物文书和专用文书也使用,在行政公文中用得较少。应用文中的议论说理一般是抓住要害,直截了当,据事论理。

议论一般由论点、论据和论证三部分组成,也称之为议论的"三要素"。

(二)议论的要求

1. 论点要正确、鲜明

论点是作者对所论述的问题提出的看法和主张,即作者对问题所持的基本观点、基本态度。所谓正确,是指作者提出的论点必须实事求是,客观;鲜明,是指作者赞成什么、反对什么,应当明确地表示出来,表述清楚明白,不似是而非,模棱两可,所以,不用"大概"、"可能"之类属于不肯定判断的句式,否则会使论点不鲜明。

2. 论据要确凿、有力

论据是用来论证论点的理由和根据。有理论论据和事实论据两种类型。理论论据包括一般的科学原理,还包括古今中外那些从生活实践中概括出来的格言、警句、人生哲理等等。事实论据主要指客观事实,包括现实材料、历史材料。论据必须确切,并能充分说明论点。要做到这一点,需要下工夫去收集和选择那些最能证明论点的典型材料。

3. 论证要周到、严密

所谓论证,是用论据阐明论点的过程和方法,论证是论点与论据之间的桥梁。论证要做到周到、严密,符合逻辑,使论据和论点能够严丝合缝地吻合在一起。

4. 议论要简明、精要

这是应用写作使用议论的一个显著特点。在应用文写作中,为了说明目的、意义,阐明主题,并不一定需要完整的论证过程,有时只进行必要的议论;有时在说明、叙述基础上,仅用一两句带启示性或结论性的语句,表达某些见解和主张;有时说明、叙述、议论等表达方式综合使用,表现为夹叙夹议、边说边议的形式。

(三)论证方法

应用写作中采用议论的表达方式,常跟叙述连用,其使用方法,常见的有以下几种:

1. 举例论证

以具体事例直接论证论点的方法。运用举例论证要注意所选用的论据要真实、典型,举例要适度,不能太少,也不可过多,还要防止以偏概全。否则,都会影响论点的表达。

2. 分析论证

通过分析事理,揭示论点和论据之间的因果关系来证明论点的方法。采用这种论证方法,便于说明原因、阐明道理。使用时要注意有否必然的因果关系。分析论证主要用于调查报告和学术论文。

3. 对比论证

通过对某一事物与类似事物进行比较得出结论的方法。有比较才有鉴别,事物的特征和本质在对比中最容易显露出来。经过对比,论点更加稳固,能给人留下深刻的印象。具体运用时,可以纵向比较,也可以横向比较,但要注意事物之间是否具有可比性。

第五节　应用文的语言

在文章中,如果说主题是灵魂,材料是血肉,结构是骨骼,表达是形体,那么,语言就是细胞。文章的写作技巧,最重要的就是能够正确、熟练地运用语言。

一、语言的意义

语言是表达思想的工具。思想是内容,语言是外衣,思想内容决定着语言是否明确、深刻、新颖,反过来,思想最终要靠语言来表达,离开语言的思想是不存在的。正像斯大林指出的:"不论人的头脑中会产生什么样的思想,以及这些思想什么时候产生,它们只有在语言材料的基础上、在语言的词和句的基础上才能产生和存在。没有语言材料、没有语言的'自然物质'的赤裸裸的思想,是不存在的。"(《论语言学的几个问题》)老舍先生也说过:"最好的思想,最深厚的感情,只能被最美妙的语言表达出来。"学习写作,要充分认识语言与思想的内在联系,既注重思想的内涵,又注重语言的表达。

二、应用文语言的基本要求

应用写作有别于文学创作,在语言运用上也有所反映。应用文具有实用性、工具性,应用文的语言,具有自己的特点,虽然不同体式和不同内容的应用文种有不同的语言要求,语言上存在差异,但可以说这种差异只是"大同小异"。应用写作对语言的要求主要有如下几个方面:

(一)准确规范

准确,就是要求选取最恰当的语言,确切地叙事、状物、表情和达意,准确无误地表达作者要表达的理论、观点和主张,这是应用文对语言的基本要求。应用文具有很强的政策性和实践性,只有语言准确贴切,才能对客观事物做出正确的反映,所以,应用文中所写的事实、数字甚至细节都必须确实可靠,每句话、每个词都是至关重要的。语言不准确、不贴切,就可能造成认识、行动的不一致,甚至会贻误工作。要使语言准确,必须要在选词上下工夫,弄清词义,辨析同义词词义之间存在的微差,在词义范围、轻重、搭配功能等方面都要反复琢磨、推敲,使措辞严密,无懈可击。否则,难以把内容表达准确。

规范,指在写作中,语言形式要合乎语法规范,遵守语言习惯,不随意打破语言常规,语句顺畅,句子成分完整,使用的事物名称、时间、数量等都要规范。如,在公文写作中,机关名称要用全称或规范的简称,不随便使用缩略语;不随意造新词,不任意更换成语、固定词组中的词素。只有规范的语言表达,才能使内容条理,容易理解。

语言运用中最常见毛病就是:用词不当、句子残缺、语序紊乱、不合逻辑等。

应用文语言的特征当然以准确为主,但另一方面,应用写作时也常用到一些模糊词语,我们常见的"必要时"、"一般"、"有关单位"、"某些领导"、"适当的时候"都是模糊语言。这些语言的使用,实际上不是使语言增加了不确定性,而是在相当程度上,使语言更趋于准确、严谨。模糊词语的存在,是为了表现客观存在的很多模糊事物,这类事物的界限是模糊的,不易界定。应用写作使用模糊语言正是对客观事物另外一种形式的准确反映,而且使表述有余地,更具灵活性。实际上有些事情不可能说得十分具体,具体反而不准确。

(二)简练明快

应用文要求语言不仅能使人准确理解、掌握,还要讲究简练明快。简练,就是尽量用最少的文字表现尽可能多的内容,含金量要高,不说废话、空话、套话。刘勰在《文心雕龙》中提出,应用文语言应以"文约为美"。鲁迅先生也说过:"竭力把可有可无的字、句、段删去,毫不可惜。"我们在评价好的应用文时,也常常说"文约事丰"、"言简意深"。明快,指语言运用要鲜明,明白晓畅,不拐弯抹角,让人一看就明白,一听就领会,不产生疑虑。

应用文写作中,要达到简练明快的境界,是非常不容易的。要做到这一点,一定要对内容有深透的理解和把握,才能概括提炼,才能为合适的内容找到合适的语言外衣。这需要在遣词造句的基本功上、在文字习惯和文风磨炼上,经过相当艰苦的实践过程,逐步体验,逐步调整,才能达到。

（三）通俗平实

应用写作不能像文学作品那样运用大量描绘性和抒情性的生动语言来为塑造形象、抒发感情服务，它所要求的是"通俗平实"，自然晓畅。

通俗的语言是质朴自然、明白易懂的语言。应用文具有实用性，它宣传政策、负载信息是为了让人们去实践，传播知识是为了让人们了解和掌握客观事物。如果应用文的语言晦涩难懂，人们可能受文化水平等因素的限制无法全都明白，就无法引导人们去了解、去实践、去行动，只有通俗易懂的文章才能发挥出它应有的作用。因此，要求应用文的语言朴素一些、实在一些，不能为了某种"效果"而刻意追求华丽的辞藻、复杂多变的句式，滥用修辞方法。通俗的语言看似平淡，实际上寓意深远，概括力很强。

我们讲的通俗平实，就是要用平易、自然、大众化的语言如实地表现事物的本来面目，但并不排斥应用写作语言的生动、活泼，因而，在写作中正确恰当运用比喻、拟人等修辞方法，运用俗语、格言等，既能使文章增添文采，同时也能使应用文的语言表达更丰润，更好地为表现主题服务，我们反对的是哗众取宠、词不达意。

（四）恰当得体

所谓得体，就是言行得当，恰如其分。不同的文体决定了写作语言的不同特点，不同的文体对写作语言有不同的要求。在写作中，语言得体就是要适合特定的文体的需要，要有体裁意识。应用写作是为了实用，追求常规化、程式化，正是得体的表现。应用文由于种类繁多，各个文种的对象和内容不同，其语言风格也就各不相同。

公文的语言，总的说来要求庄重、文雅，但也要根据行文关系使用相应的语言。就用词而言，强制性的公文用"必须"，指示性的公文用"应该"就得体，如果用"请、烦请"就不得体；报请性的公文一般用"拟定"，商洽性的公文用"烦请"，就得体，如果用"决定"、"必须"就不得体。

就语气而言，上行文要体现组织观念，尊重上级而不阿谀奉承；平行文要以诚相见、顾全大局、互相尊重、谦虚有礼；下行文要郑重严肃、关怀爱护，既要坚持原则又不简单粗率。另外，经济合同和法律文体的语言讲究郑重、严密；经济论文的语言应当质朴、严谨；商业广告的语言则要求生动活泼、灵活多变……因此，运用语言要因体而异，合理选择，做到恰当得体。

从以上部分可以看出，语言表达对应用写作是十分重要的，而提高语言表达能力却非一日之功。我们在日常的生活、工作、学习中要做有心人，时时注意吸收词语，丰富"词语库"，词语丰富了，才能从容不迫地以意遣词，才能文从字顺。同时，还应注意语法、修辞、标点的学习和使用，更重要的是要多练，在实践中提高自己运用语言的能力。

第二章　行政公文写作

第一节　行政公文概述

一、行政公文的含义

广义公文即所有公务文书的简称。一切机关、单位、团体在处理公务时所使用的应用文章都属于公文的范畴。它既包括各单位、部门在公务活动中普遍使用的通用公文，也包括司法、外交、卫生、财经、科技、军事等具有专业职能的部门为实现某种特定目的、根据特殊公务需要而使用的专用公文。

狭义公文，即法定行政公文①。是指通用公文中，那些经有关法规确定下来的公务文书，其使用范围、写作格式、处理程序等方面有严格的规定和要求，各机关、单位、部门在使用中必须认真遵守，不得自行其是。国务院 2000 年 8 月 24 日发布，2001 年 1 月 1 日起施行的《国家行政机关公文处理办法》（以下简称《办法》）中规定行政机关法定公文有 13 种。

二、行政公文的特点

《办法》规定：行政公文是"行政机关在行政管理过程中形成的具有法定效力和规范体式的文书"。和其他应用文体相比，行政公文具有如下特点：

（一）鲜明的政治性和法定的权威性

各级行政机关在各自的职权范围之内，进行相应的公务活动。从事公务活动，是法律赋予行政机关的权利。每一项公务活动的展开，都体现着党和国家鲜明的政治意图和政治目标。行政公文作为依法行政和进行公务活动的重要工具，颁布法规和规章、传递方针和政策、沟通信息和情况、部署工作和任务，体现了行政机关的管理职权，直接反映国家、政党、最广大人民群众的根本利益，代表了各级发文机关在法定职权范围内的意志和主张。因此，在它身上除了与生俱来的政治性以外，还具有极强的行政约束力和法定的权威性。行政公文一经发布，有关单位和个人必须认真遵照执行，做到"有令必行"、"有禁必止"，不得任意曲解或违背、抵制，否则，就会受到行政处理或者法律的制裁。

（二）较强的时限性

行政公文是进行行政管理、开展公务活动的产物。每一份公文，都是为了解决公务活动中

---

① 本书本章主要介绍国家行政机关法定公文。对于党、军、人大机关的法定公文内容暂且略去。

现实存在的实际问题而制发的,不论是指导工作、布置任务,还是反映情况、请求批准,都有其现实的效用。有的行政公文效用的时限很长,如法规性公文;有的时限相对较短,如通知、请示,事项知晓了或工作完成了,也就失去它的实效了。

行政公文较强的时限性还表现在公文的撰写、制发和处理上。每一个环节都要及时,要快写、快发、快处理,尽可能提高办公效率。否则事过境迁,不仅会影响公文的实用价值,严重的还会延误工作,使问题无法得到解决。

(三)法定的作者和明确的阅者

行政公文必须由法定的作者在法定权限范围内制作和颁发。所谓法定的作者是指依法成立并能以自己的名义行使权力和承担义务的组织及其领导人。法定作者制发公文的权利受法律的保护。《中华人民共和国刑法》第 167 条规定:伪造、变造国家机关、企业、事业、人民团体的公文,"处三年以下有期徒刑、拘役、管制或者剥夺政治权力;情节严重的,处三年以上十年以下有期徒刑"。公文的撰稿人并非是公文的作者。

行政公文的阅读者也是特定的、明确的,并非任何人都可以随意阅读各级各类公文。在行政公文中,一般都标明"主送机关"、"抄送机关",甚至规定了"阅读范围"、"传达范围",用以明确限定阅读对象,不在阅文范围之内的人员都没有权利和资格阅读公文。特别是涉及国家机密,标有密级的公文,读者的限定就更加严格。擅自阅读保密期限内的密级公文属于窃密行为,严重者也要受到法律的制裁。

(四)体式和程序的规范性

行政公文的规范性主要体现在以下三个方面:

1. 格式的规范性

行政公文是行政机关发挥管理职能、开展公务活动的书面工具,为了维护公文的权威性和庄重性,确保公文的准确、统一、便于处理,以提高办公效率,相关法规和标准不仅对行政公文的文种、行文规则提出明确要求,还对公文用纸、排版、文本格式各要素等方面作出了详细说明和规定。《国家机关公文格式》是拟制行政公文必须遵循的标准规范,各级机关不能随意更改变动。

2. 语言的规范性

行政公文的语言不同于文学作品,不追求遣词造句上的华丽铺排或诙谐幽默,而是力求用准确、简朴、平实、得体的文字明确指示精神,部署工作任务,传递情况信息,体现公文的实用价值。

行政公文在长期的写作实践中,形成了一些惯用语。这些惯用语,严谨规范、言简意赅,在行文中,恰当运用这些词语,可以大大增强公文的严肃性和庄重性。常见的惯用语如下表所示:

行政公文在写作时,还要特别注意语言的得体性,严格区别上下级关系。比如上级称呼下级可用"你单位"、"你部门"这样的词语,但是下级在称呼上级时则不能如法炮制,用"你"、"贵"作称谓指代语均不恰当,而应当用"上级"、"领导"或上级部门的规范化简称作为称谓,如"鉴于上述情况,请市政府增拨救灾款××万元"。此外,下级机关在使用祈请性上行文时,使用"请批复"、"恳请批转"这样的词语,表达希望上级机关给予批准、办理、帮助的意愿,充分体现了下级对上级的尊重和恭敬,但是如果使用"望"、"希"、"务必"、"尽快"等告诫、要挟性的词语就违背了语言的规范性。

行政公文惯用语简表

用语名称	作　用	惯　用　语
开端用语	主要用于文章开头,表示发语、引据	为、为了、为着、查、接、顷接、根据、据、遵照、依照、按、鉴于、关于、兹、兹定于、今、随着、由于。
称谓用语	用于表示人称或对单位的称谓	第一人称:我、我单位、本人、本公司、我们。 第二人称:你、你局、贵公司。 第三人称:他、该公司、该项目
递送用语	用于表示文、物递送方向	上行:报、呈。 平行:送。 下行:发、颁发、颁布、印发、发布、下达。
引叙用语	用于复文引据	悉、收悉、接、顷接、据、据了解。
拟办用语	用于审批拟办	拟办:责成、交办、试办、办理、执行。 审批:同意、照办、批准、可行、原则同意。
经办用语	用于表明进程	经、业经、已经、兹经。
过渡用语	用于承上启下	鉴于、为此、对此、据此、为使、对于、关于、综上所述。
期请用语	用于表示期望请求	上行:请、恳请、拟请、特请。 平行:请、拟请、特请、务请、如蒙。 下行:希、望、尚望、请、希予、勿误、盼。
征询用语	用于征求询问	当否、妥否、可否、是否妥当、如无不当、如无不妥。
表态用语	用于表明立场态度	可行、同意、拟于同意、不同意、不可、不宜。
判断用语	用于逻辑肯定	系、确系、均系。
时限用语	用于表示时间界限	即、立即、即予、届时、按时、准时。
批转用语	用于上级对下级来文的批转处理	批转、转发。
谦敬用语	用于表示礼貌客套	谨请、恭请、蒙、承蒙、惠、惠允、惠临、惠顾。
结尾用语	用于文章的收束	上行:当否,请批示;可否,请批复;如无不当,请批转;如无不妥,请批准;特此报告;以上报告,请审核。 平行:此致敬礼;为盼;为要;为荷;特此函达;特此证明;尚望函复。 下行:为要;为宜;为妥;希遵照执行;特此通知;特此通告;此令;此复;为……而努力;……现予公布。

3. 程序的规范性

　　为了保证行政公文的严肃性和效用性,行政公文有一套严格的发文办理程序和收文办理程序。发文的办理,要经过草拟、审核、签发、复核、缮印、用印、登记、分发等程序;收文的办理,要经过签收、登记、审核、拟办、批办、承办、催办等程序;办结公文的处理,要包括暂存、立卷、归档、清退、销毁等程序。各行政机关在使用公文时,必须认真遵循以上程序,严格把关,确保公文能及时、准确、安全地得到处理。公文从一开始的撰写到最后的归档,任何人不能掉以轻心,一个环节出了问题,就会影响到整个公文效用性的发挥。

三、行政公文的作用

《办法》中明确指出,行政公文是"依法行政和进行公务活动的重要工具"。刘勰在《文心雕龙》中用"政事之先务"概括评价了公文的作用,具体说来可分为以下几个方面:

（一）领导和指导作用

行政公文是上级机关对下级机关的工作进行领导与指导的重要工具。上级机关通过公文向下级机关发布命令,传达指示精神,指导业务,布置具体工作,下级机关以此作为公务活动的依据,在工作中认真贯彻执行。

（二）联系和沟通作用

行政公文是各级机关、部门之间相互交流思想,联系业务,沟通情况的桥梁和纽带。上情下达,上级部门将有关事项知照给下级部门;下情上传,下级机关把工作中出现的问题、情况、意见、要求反映给上级机关;同级机关和不相隶属各单位之间互通信息,商洽问题,协调工作等;都需要依靠公文作为桥梁和纽带,来保证公务活动正常而有序地展开。

（三）宣传和教育作用

行政公文是宣传、贯彻党和国家及各单位部门的方针政策、规定要求的有力武器。大到国家、小到部门,各项方针政策、规定要求等主要靠公文来传达到、宣传给每一个应该知晓的人。在传达的同时,不仅告诉人们要做什么,还往往说明为什么要做,怎样去做,教育人们掌握方向、明辨事理、统一认识、自觉行动,从而使各项路线、方针、政策得到贯彻和落实。

（四）依据和凭证作用

行政公文是各级机关开展各项工作,处理各类问题的依据。下级部门可以根据公文把握上级机关的意图,做好本职工作,遇有疑难或分歧时,以文为据,解决问题。上级机关可以根据上报公文了解下级机关的工作进展、困难要求,为下一步的决策打好基础。公文在完成其现实作用外,立卷归档,还可以作为历史的记录和凭证,供日后查考或研究。

四、行政公文的种类

行政公文从不同的角度、按照不同的标准,可划分为不同的种类。

（1）按其载体的不同,从古至今可分为甲骨公文、金文公文、玉石公文、简册公文、缣帛公文、纸质公文、电子公文等。

（2）按其性质、作用的不同,《办法》中规定现行行政公文分为 13 种,分别是:命令(令)、决定、公告、通告、通知、通报、议案、报告、请示、批复、意见、函、会议纪要。

（3）按其行文方向的不同,可分为上行文、下行文和平行文。上行文是下级机关向隶属的上级机关呈送的公文,如报告、请示等;下行文是上级机关向所属下级机关发送的公文,如命令、决定、通知等;平行文是同级或不相隶属的机关之间的行文,如函等。

（4）按其紧急程度的不同,可分为特急公文、急件公文和普通公文。特急公文应当在收到来文的 24 小时内办理完毕,急件公文应当在 72 小时内办理完毕。

（5）按其秘密等级的不同,可分为绝密公文、机密公文、秘密公文和普通公文。带有密级的公文,涉及党和国家的秘密与安全,需要严格限定阅读范围,一旦泄露,会使国家的安全和利益遭受损害。

（6）按其来源的不同，可分为收文、发文和内部公文。收文就是指本机关收到的其他单位的公文。发文就是本单位拟制向外单位送出的公文。内部公文就是本单位自己制作并在单位内部使用的公文。

五、行政公文的处理程序

一份公文，在发文机关和收文机关之间运行，为了保证公文能切实解决公务中的实际问题，得到及时、高效地处理，发挥其应用的作用，行政公文有一整套严格规范的法定程序，它包括发文处理程序、收文处理程序，整个过程环环相扣，每个环节缺一不可。

（一）发文处理

发文处理指以本机关名义制发公文的过程，包括草拟、审核、签发、复核、缮印、用印、登记、分发等程序。

1. 草拟

草拟即公文起草，撰写初稿的阶段。行政公文属于"遵命写作"，拟稿之前应做好充足的准备，认真理解领导意图，明确写作任务，深思熟虑、集思广益、深入实践、广泛搜集、占有资料，确定公文主旨，规范选用文种；写作过程中应围绕主旨，选择材料、安排结构，做到内容符合政策、法规，篇幅力求简短，观点鲜明，情况确实，结构严谨，语言规范。初稿写作完毕之后，在送交部门领导人审核前还要认真地修改、加工和润色。

2. 审核

公文送主要领导人签发前，应当由办公厅（室）进行审核。审核的重点是：是否需要行文，行为方式是否妥当，是否符合行文规则和拟制公文的有关要求，公文格式是否符合规定。对涉及其他部门职权范围内的事，主办部门应当主动与有关部门会商、会审。

3. 签发

签发是指发文机关负责人对已审核的文稿进行审定、核准，明确签署意见的过程，它是机关负责人对公文行使职权履行职责、严把政策关质量关的具体表现。以本机关名义制发的上行文，由主要负责人或者主持工作的负责人签发；以本机关名义制发的下行文和平行文，由主要负责人或者由主要负责人授权的其他负责人签发。

4. 复核

公文正式印制之前，文秘部门应当进行复核。复核的重点是：审批、签发手续是否完备，附件材料是否齐全，格式是否统一、规范等。经复核需要对文稿进行实质性修改的，应按程序复审。

5. 缮印、用印

签发复核定稿后的公文要按规定格式进行打印，做到字迹清楚，文面整齐美观。打印好的公文要以原稿为基础仔细校对，防止出现打字或排版错误，确保准确无误。打印过程中还要做好保密工作。缮印好的公文要加盖印章，这是公文生效的标志。印章应由专人进行管理，印章要盖得端正、清晰。

6. 登记、分发

公文分发前要对公文的有关信息进行登记，如公文的份数、份号、密级、发文字号、标题、发送对象、发文日期、签收人等，以便对公文进行管理和查考。登记后，再次清点公文份数，根据需要进行分装，并通过适当的方式传递给收文单位。

（二）收文处理

收文办理是指本机关对收到的外机关、部门的公文进行处置和管理的过程，包括签收、登记、审核、拟办、批办、承办、催办等程序。

1. 签收、登记、审核

收件人员在收到外来公文时，应该逐件清点、核查，看有无破损、错投，如发现问题，应及时向发文机关查询。确认无误后收文人员在发文机关的回执或送交簿上签名或盖章，以表示文件收到明确责任。收文后，文书人员对写明由本机关、部门收启的公文进行拆封，对封内文件进行清点，查看有无错发、缺页等情况，清点无误后统一进行登记。收文数量大的单位可进行分类登记，收文数量较少的单位可按收文时间顺序编号登记。

收到下级机关上报的需要办理的公文，文秘部门应当审核。审核的重点是：是否应由本机关办理；是否符合行文规则；内容是否符合规定；涉及其他部门或地区职权的事项是否已协商、会签；文种使用、公文格式是否规范等。对不符合规定的公文，经办公厅（室）负责人批准后，可以退回原发文机关并说明理由。

2. 拟办、批办

经审核，对符合规定的公文，文秘部门应当及时、有针对性地提出具体拟办意见。对于下级机关上报的需要办理的公文，可直接交有关部门办理；需要两个以上部门办理的应当明确主办部门；紧急公文，应当明确办理时限。对于一些上报的重要公文或上级机关下发或交办的公文，文秘部门提出拟办意见后，送负责人批示。批办是机关负责人结合拟办意见，就公文应如何办理签批具体处理意见，如指定具体负责办理的部门或人员、提出办理要求、办理时限等。批办意见对工作能否顺利发挥重要作用，直接反映领导的管理水平。

3. 承办、催办

相关部门或人员根据领导的批办意见或文秘部门的分办意见具体办理公文的过程就是承办。承办是收文处理程序的核心，直接体现公文在公务活动中的重要效用。承办方法可以有传阅、开展具体活动、复文等。承办部门收到交办的公文后应当及时办理，不得延误、推诿。紧急公文应当按时限要求办理，确有困难的，应当及时予以说明。对不属于职权范围或者不适宜办理的，应当及时退回交办的文秘部门并说明理由。为了提高承办效率，避免公文积压延误，文秘部门对负责人批示或者交有关部门办理的公文，应随时对公文办理情况进行检查、督促，负责催办，应做到紧急公文跟踪催办，重要公文重点催办，一般公文定期催办。

公文办理完毕后，具有保存价值的公文应当根据《中华人民共和国档案法》和其他有关规定，及时整理（立卷）、归档。个人不得保存应当归档的公文。归档公文应齐全、完整，确定保管期限，定期向档案部门移交，以便于管理和利用。不具备归档和存查价值的公文，经过鉴别并经过办公厅（室）负责人批准，可以销毁。

第二节 行政公文的格式

行政公文的格式是指公文的外在表现形式，它包括公文的用纸规格、排版印刷装订要求及公文各要素标识规则等方面。国家质量技术监督局 1999 年 12 月 27 日批准发布，2000 年 1 月 1 日正式实施的《国家行政机关公文格式》（GB/T9704－1999）和《办法》详细规定了行政公文的格式，各机关在制发各类行政公文时应该严格遵守。行政公文格式的规范性，是在公文活动中长期实践不断摸索形成的，是行政公文权威性和约束力的具体表现，是提高公文质量及办公效率的有力保证。

一、行政公文的用纸规格

行政公文用纸一般使用纸张定量为 60 克/平方米～80 克/平方米的胶版印刷纸或复印纸,采用国际标准 A4 型(210 毫米×297 毫米),张贴的公文用纸大小,根据实际需要确定。公文用纸天头(上白边)为 37 毫米±1 毫米,地脚(下白边)为 35 毫米±1 毫米,订口(左白边)为 28 毫米±1 毫米,翻口(右白边)为 26 毫米±1 毫米。版心尺寸为 156 毫米×225 毫米(不含页码)。

二、行政公文的排版、印刷、装订要求

行政公文的正文用 3 号仿宋体字,文中如有小标题,可用 3 号小标宋体字或黑体字,一般每面排 22 行,每行排 28 个字。文字符号一律从左到右横写、横排。在少数民族自治地方,可并用汉字和通用的少数民族文字(按其习惯书写、排版)。

公文页码用 4 号半角白体阿拉伯数码标志,置于版心下边缘之下一行,数码左右各放一条 4 号一字线,一字线距版心下边缘 7 毫米。单页码居右空 1 字,双页码居左空 1 字。空白页和空白页以后不标志页码。

行政公文一般采用双面印刷;页码套正,两面误差不得超过 2 毫米。印品应着墨实、均匀;字面不花、不白、无断画。

行政公文规定为左侧装订,要求封面与书心不脱落,后背平整、不空;两页页码之间误差不超过 4 毫米。骑马钉或平钉的订位为两钉钉距,外订眼距书心上下各 1/4 处,允许误差 4 毫米。平订钉距与书脊间的距离为 3～5 毫米;无坏钉、漏订、重订,订脚平伏牢固;公文四角成 90°,无毛茬或破损。

三、行政公文的一般书面格式

行政公文的一般书面格式是指公文的各要素在公文文面上所处的位置和书写要求。《办法》规定:"公文一般由秘密等级和保密期限、紧急程度、发文机关标志、发文字号、签发人、标题、主送机关、正文、附件说明、成文日期、印章、附注、附件、主题词、抄送机关、印发机关和印发日期等部分组成。"《格式》又将组成公文的这些要素划分为眉首、主体、版记三个部分。下面结合《办法》和《格式》的具体规定,依次介绍公文的各要素。

(一)眉首

置于公文首页红色反线(宽度同版心,即 156 毫米)以上的各要素统称为公文的眉首,又称为文头部分。它包括份数序号、秘密等级、紧急程度、发文机关标志、发文字号、签发人等内容。眉首位于公文首页上端,上行文的眉首约占公文首页篇幅的 1/2,下行文的眉首约占首页篇幅的 1/3。

1. 公文份数序号

简称"份号",它是指将同一文稿印制若干份时每份公文的顺序编号。其作用是掌握每一份公文的去向,便于登记、分发、存档和查找。一般公文可不印份号,"绝密"、"机密"级公文必须标明份数序号。标注方法为用阿拉伯数码顶格标志在版心左上角第一行。份号一般由公文的印制份数来决定编几位,但不得少于两位,即"1"编为"01"。

2. 秘密等级和保密期限

涉及国家秘密的公文都应当标明密级和保密期限。行政公文的密级分为"绝密"、"机密"和"秘密"三级。保密期限根据《国家秘密保密期限的规定》的要求，"国家秘密的保密期限，除有特殊规定外，绝密级事项不超过 30 年，机密级事项不超过 20 年，秘密级事项不超过 10 年"。秘密等级和保密期限，用 3 号黑体字，顶格标志在版心右上角第一行。如只需标志秘密等级，两字之间空 1 字；如需同时标志秘密等级和保密期限，之间用"★"隔开，秘密等级的两字间不空 1 字。如"绝密★10 年"。

3. 紧急程度

紧急程度是对公文送到和办理的时间要求。行政公文的紧急程度分为"特急"和"急件"两种，其中电报又分为"特提"、"特急"、"加急"、"平急"四种。如需标志紧急程度，用 3 号黑体字，顶格标志在版心右上角第一行，两字之间空 1 字。如需同时标志秘密等级和紧急程度，则秘密等级顶格标志在版心右上角第一行，紧急程度顶格标志在版心右上角第二行。

4. 发文机关标志

又称"文件名"，是由发文机关全称或规范化简称后加"文件"组成。它一般采用红色小标宋体字印刷，居中排列，字号由各单位根据单位名称字数及醒目、美观的原则酌定，除国务院文件外，一般应小于 22 毫米×15 毫米。对于平行文和下行文，发文机关标志上边缘距版心上边缘为 25 毫米；对于上行文，发文机关标志上边缘距版心上边缘为 80 毫米。联合行文时应使主办机关名称在前，协办机关名称在后，"文件"二字置于发文机关名称右侧，上下居中排列。如联合行文机关过多，可适当调整，必须保证公文首页显示正文。

5. 发文字号

又称"文号"、"文件号"，是由发文机关代字、年份和该年度的发文顺序号构成，如"国发〔2010〕1 号"。"国"是发文机关代字，它是选取发文机关名称中最具代表性的字，精练概括而成，如"国"代表国务院，"国办"代表国务院办公厅，"卫"代表卫生部，"京卫"则是北京市卫生局的发文机关代字。"国发"中的"发"字，有"下发"的意思，标明行文方向，用于级别较高的机关下发文件，低级别机关不可随意使用。"2010"是发文年份，"1 号"是该年度的发文顺序号，代表此份公文是国务院在 2010 年发的第 1 个文件。

发文字号用 3 号仿宋体字标志，年份、序号用阿拉伯数码标志。年份应该写全称，用六角括号"〔〕"括入，后面不加"年"字。发文顺序号不编虚位（即"1 号"不编为"001 号"），前不加"第"字。发文字号排列在发文机关标志下空 2 行，下行公文和平行公文，居中排布；上行公文，居左空 1 字排布，与"签发人"要素并列。

编排发文字号是为了便于公文的管理，一份公文只有一个发文字号。几个机关联合行文，只标主办机关发文字号。

6. 签发人

签发人是指代表发文机关审核、批准发出公文的负责人。上行公文需标识签发人姓名，其目的是为了督促各级领导履行职责，让上级机关了解该公文由谁负责，便于联系工作。签发人要素与"发文字号"平行排列，"签发人"三字用 3 号仿宋体字，后加全角冒号，冒号后用 3 号楷体字标志签发人姓名，居右空 1 字。

如有多个签发人，主办单位签发人姓名置于第一行，其他签发人姓名从第二行起在主办单位签发人姓名之下按发文机关顺序依次排列，下移红色反线，应使发文字号与最后一个签发人姓名处在同一行，并使红色反线与之距离为 4 毫米。

7. 红色反线

公文的眉首与主体部分之间有一条较粗的红色反线,又称"间隔线",印在发文字号下 4 毫米处,与版心同宽。党内文件的红色反线正中印一颗红色"★"作标志,行政机关公文则不印。

(二)主体

置于红色反线以下至"主题词"以上的各要素都称为主体,它是公文的行文部分,包括标题、主送机关、正文、附件、成文时间、印章、附注等要素。

1. 公文标题

公文标题即公文的名称,应当准确简要地概括公文的主要内容并标明公文种类。公文标题一般由发文机关名称、事由和文种三部分组成。发文机关要写全称或规范化简称;发文事由常由"关于+准确概括的公文主要内容"构成的介词短语组成,如《国务院关于进一步加强企业安全生产工作的通知》;文种则应根据行文目的、行文内容、发文机关的职权和与主送机关的行文关系来确定。标题中除法规、规章名称加书名号外,一般不用标点符号。公文标题有时也可省略发文机关或事由。如《关于开展 2010 年夏季全市统一灭蚊蝇活动的通知》、《国务院公告》等。联合行文时应将主办机关排列在前。

公文标题在红色反线之下,空 2 行,用 2 号小标宋体字,分一行或多行居中排布;回行时要做到词义完整,排列对称,间距恰当。

2. 主送机关

主送机关是指公文的主要受理机关,又称"抬头"。主送机关应当使用全称或者规范化简称、统称。上行公文的主送机关一般只能有一个,下行公文主送机关较多时,应按机关性质、级别或惯例依次排列,同一性质、级别的机关之间用顿号隔开,不同性质或不同级别的机关之间用逗号隔开。如:"各省、自治区、直辖市人民政府,国务院各部委、各直属机构"。如果主送机关名称过多而使公文首页不能显示正文时,应将主送机关名称移至版记中的主题词之下、抄送之上,标志方法同抄送。通过广播、电视播出或者采用登报、张贴等形式发出的公文,一般不写主送机关,如"公告"、"通告"等。

主送机关在正文之前,标题之下空 1 行,左侧顶格用 3 号仿宋体字标志,回行时仍顶格,最后一个主送机关名称后标全角冒号。

3. 正文

正文是公文的主体、核心部分,一般由开头、主体、结尾三部分组成。开头部分一般写明发文的原因、目的、依据等,要求开门见山,简洁明了。主体是公文中最主要的部分,用来阐明公文的主要内容,如传达、贯彻的具体指示精神,部署、办理的具体活动事项,报告、请示的具体情况问题,沟通、商洽的具体工作意见等。写作过程中,要做到情况确实,观点明确,表述准确,结构严谨,条理清楚,直述不曲,字词规范,标点正确,篇幅力求简短。如果事项较多,可分条列项来写。结尾是公文正文的收束部分,或者总结全文,提出希望或要求;或者根据不同的文种使用惯用结语;或者公文内容在主体部分已表达清楚完整,自然收束,不再单独使用结尾。

草拟公文时还应当做到人名、地名、数字、引文准确,引用公文应当先引标题,后引发文字号,引用外文应当注明中文含义,日期应当写明具体的年、月、日;结构层次序数,第一层为"一",第二层为"(一)",第三层为"1.",第四层为"(1)";使用国家法定计量单位;文内使用非规范化简称,应当先用全称并注明简称,使用国际组织外文名称或其缩写形式,应当在第一次出现时注明准确的中文译名;公文中的数字,除成文日期、部分结构层次序数和在词、词组、惯用语、缩略词、具有修辞色彩语句中作为词素的数字必须使用汉字外,一律使用阿拉伯数字。

正文置于主送机关下一行,每个自然段左空 2 字,回行顶格。数字、年份不能回行。正文用 3 号仿宋体字,一般每面排 22 行,每行排 28 个字。

4. 附件

附件是对公文正文内容作补充、说明的其他文字或图表材料,它是公文的重要组成部分,同公文正文具有同等效力。公文如有附件,在正文下一行左空 2 字用 3 号仿宋体字标志"附件",后标全角冒号和附件名称。附件如有序号使用阿拉伯数码(如"附件:1. ×××××"),附件名称后不加标点符号。附件应与公文正文一起装订,并在附件左上角第一行顶格标志"附件",有序号时标志序号;附件的序号和名称前后标志应一致。如附件与正文不能一起装订,应在附件左上角第一行顶格标志公文的发文字号并在其后标志附件(或带序号)。

5. 成文日期

成文日期是公文生效的时间。成文时间以负责人签发的日期为准,联合行文以最后签发机关负责人的签发日期为准。电报以发出日期为准。成文时间应用汉字将年、月、日标全;"零"写成"〇"。如"二〇一〇年六月十日"。成文日期的位置随加盖印章的情况而定。

6. 印章

印章是公文生效的标识,根据印章可以辨别公文的真伪。行政公文除"会议纪要"和以电报形式发出的以外,都应当加盖印章,否则视为无效。联合上报的公文,由主办机关加盖印章;联合下发的公文,发文机关都应该加盖印章。

单一机关制发的公文在落款处不署发文机关名称,只标志成文时间。成文时间右空 4 字;加盖印章应上距正文 2 毫米至 4 毫米,端正、居中下压成文时间,印章用红色。当印章下弧无文字时,采用下套方式,即仅以下弧压在成文时间上;当印章下弧有文字时,采用中套方式,即印章中心线压在正文时间上。

当联合行文需加盖两印章时,应将成文时间拉开,左右各空 7 字;主办印章在前;两个印章均压成文时间,印章用红色。只能采用同种加盖印章方式,以保证印章排列整齐。两印章之间不相交或相切,相距不超过 3 毫米。

当联合行文需加盖 3 个以上印章时,为防止出现空白印章,应将各发文机关名称(可用简称)排在发文时间和正文之间。主办机关印章在前,每排最多排 3 个印章,两端不得超出版心;最后一排如与一个或两个印章,均居中排布;印章之间互不相交或相切,最后一排印章之下右空 2 字标志成文时间。

当公文排版后所剩空白处不能容下印章位置时,应采取调整行距、字距的措施加以解决,务必使印章与正文同处一面,不得采取标志"此页无正文"的方法解决。

7. 附注

行政公文中如还有需要说明的其他相关事项,如发送范围等,应当加括号标注。这就是附注。《办法》规定,请示应当在附注处注明联系人的姓名和电话。

公文如有标注,用 3 号仿宋体字,居左空 2 字加圆括号标志在成文日期下一行。

(三)版记

置于主题词(包括主题词)以下的部分,都叫做公文的版记,它是公文的文尾部分,包括主题词、抄送机关、印发机关、印发时间等要素。版记中各要素之间用一条与版心同宽的黑色反线隔开。版记的位置在公文的最后一页,版记的最后一个要素应置于公文的最后一行。

1. 主题词

主题词由标引公文主要内容及文种的规范化词语构成,其目的是为了适应办公现代化的要求,便于计算机检索和管理公文。

国务院办公厅秘书局 1997 年 12 月修订的《国务院公文主题词表》由 15 类 1049 个主题词组成,国务院、国务院办公厅印发的文件和各地区、各部门上报国务院及其办公厅的文件需按照此词表标引主题词。其他行政公文也应按照本系统、本单位统一编制的主题词表或上级机关的要求规范标引。

主题词的标引顺序是先标类别词,再标类属词。在标类属词时,先标反映文件内容的词,最后标反映文件形式的词。一份文件的标引,除类别词外最多不超过 5 个主题词。主题词置于文件的抄送机关之上,先用 3 号黑体字居左顶格标志"主题词"三个字,后标全角冒号,然后用 3 号小标宋体字标注词目,每个词目之间空 1 字。如:《国务院办公厅关于江西省上栗县"3.11"特大爆炸事故情况的通报》,主题词为:经济管理 安全 事故 通报。

2. 抄送机关

抄送机关指除主送机关以外需要执行或知晓公文的机关。《办法》规定,"向下级机关或本系统的重要行文,应当同时抄送直接上级机关";"受双重领导的机关向上级机关行文,应写明主送机关和抄送机关。上级机关向受双重领导的下级机关行文,必要时应当抄送其另一上级机关"。抄送机关的名称应当使用全称或者规范化简称、统称。公文如有抄送,在主题词下一行,左空 1 字用三号仿宋体字标志"抄送"二字,后标全角冒号,抄送机关名称间用逗号隔开,最后一个抄送机关名称之后加上句号。如抄送机关有多个时,应按照上级、同级、下级、不相隶属机关的顺序排列,回行时的位置应与冒号后的抄送机关对齐。

3. 印发机关和印发时间

印发机关和印发时间位于抄送机关之下(无抄送机关在主题词之下),占 1 行位置;用 3 号仿宋体字标志。印发机关左空 1 字,印发时间右空 1 字。印发时间以公文付印的日期为准,用阿拉伯数码标志。

四、行政公文的特定格式

除行政公文一般书面格式外,有些行政公文在使用中还有特定的格式要求。

(一)信函式格式

信函式公文一般用于处理日常事务的平行文和下行文,如"函"等,它使用灵活、方便。和一般书面格式不同,信函式公文的发文机关名称上边缘距上页边的距离为 30 毫米(一般书面格式中,平行文和下行文,发文机关标志上边缘距上页边为 62 毫米;上行文为 117 毫米);发文机关标志只标发文机关名称,不加"文件"两字;在发文机关全称下 4 毫米处印一条武文线(上粗下细),距下页边 20 毫米处印一条文武线(上细下粗),两条线长均为 170 毫米;公文如有份数序号、秘密等级和紧急程度要素,标志在武文线下左上角顶格,发文字号标志在武文线下右上角顶格;首页不显示页码。

(二)命令格式

命令是所有行政公文中级别最高的文种,发布命令使用"命令格式"。命令标志由发文机关名称加"命令"或"令"组成。命令标志上边缘距版心上边缘 20 毫米(一般书面格式,下行文文件标志距版心上边缘为 25 毫米),下边缘空 2 行居中标志令号;令号下空两行标志正文;正文下空一行右空 4 字标志签发人签名章,签名章左空 2 字标志签发人职务;联合发布的命令或令的签发人职务应标志全称。签发人签名章下一行右空 2 字标志成文时间。命令没有"主送"、"抄送",而采用"分送"形式,分送机关标志方法同抄送机关。

（三）会议纪要格式

会议纪要格式主要用于国家行政机关的办公会议纪要。会议纪要标志由"×××××× 会议纪要"组成,用红色小标宋体字,字号由发文机关酌定,置于距版心上边缘25毫米处。会议纪要标志下空两行用3号仿宋体字居中标志编号"第×号",外加圆括号。编号下空一行左顶格标志发文机关,右顶格标志成文时间。发文机关和时间之下4毫米处印一条与版心同宽的红色反线。会议纪要的主送机关标志在主题词之下,抄送机关之上;不加盖印章。

第三节　命令(令)

一、命令的概念

命令也称令,它适用于依照有关法律公布行政法规和规章,宣布实行重大强制性行政措施,嘉奖有关单位和人员。命令属于下行文,是行政公文中级别最高的文种。

二、命令的特点

(一)法定权威性

命令是国家机关依据宪法、法律发出的文件,不论是公布行政法规和规章,还是宣布实行重大强制性行政措施,均内容重大,直接代表发文机关的权力和意志,具有极强的权威性。

(二)执行强制性

命令的权威性决定它的约束力最强,一旦下达就必须无条件地遵守和执行,"有令必从"、"令行禁止"。如果拒绝或延误执行必将受到严厉的惩处。

(三)使用限定性

《中华人民共和国宪法》及《地方各级人民代表大会组织法》规定,只有中华人民共和国主席、国务院总理、国务院各部委及部长或主任、县以上地方各级人民政府及其首脑才能发布命令。其他任何单位、团体和个人均不得使用命令。一般情况下,省级以下政府机关较少使用命令;党的机关不能单独使用命令,除非与同级政府联合行文。

三、命令的种类

按照发布命令的目的和内容,命令可以分为发布令、行政令、嘉奖令和任免令等。

四、命令的结构和写法

命令的结构一般由标题、编号、主送机关、正文、落款组成。

(一)标题

命令的标题一般有两种写法:一种是由发文机关、事由和文种构成,如《中华人民共和国关于发行新版人民币的命令》;一种是由发文机关或领导人职务和文种构成,如《中华人民共和国国务院令》、《中华人民共和国主席令》。

(二)编号

命令的编号比较特别，可以有两种：一种是与其他行政公文相同，使用发文字号，即写清发文机关代字、发文年份、年度顺序号；另一种以国家领导人发布的命令，使用序号代替发文字号，即以其任职开始到卸职为止，依次编排流水号，如《中华人民共和国主席令》（第 1 号）。

(三)主送机关

命令可以在正文之前标明主送机关，如嘉奖令；也可以不标明主送机关，如发布令和行政令。

(四)正文

不同种类的命令正文写法各有不同。

1. 发布令

发布令的正文由三部分组成：一是发布对象，即通过命令所要发布的法规和规章全称；二是发布依据，即发布的法规和规章通过、批准的时间及机关、会议名称；三是执行要求，即所发布的法规和规章开始生效施行的具体时间。发布令的正文内容简短明了，一般一段成文即可。发布的法规、规章同命令一起发出，是发布令的重要组成部分，和发布令具有同等权威性和约束力。

2. 行政令

行政令的正文由两部分组成：一是发布命令的原因、目的或依据；二是具体命令事项和执行要求。两个部分之间往往用"为此，发布命令如下"作为过渡进行衔接。

3. 嘉奖令

嘉奖令的正文由三部分组成：一是嘉奖对象的情况，即主要事迹和性质、意义；二是嘉奖的决定和具体内容，即由何机关授予何种奖励；三是提出希望或要求，即勉励嘉奖对象再接再厉，向有关人员提出学习希望和要求。嘉奖令的正文内容一般较多，篇幅较长，可分段写作。

嘉奖令由国家最高行政机关发出，嘉奖的对象都是贡献特别突出、影响力较大的单位或人员，其他机关、部门不得随意使用，如需表彰有关人员，可采用"决定"或"通报"行文。

4. 任免令

任免令只用于任免部级以上的干部，其他人员的任免不得使用命令，而用"通知"。任免令的正文内容简短，只要写明任免依据和被任免人员的姓名和职务即可，有时也可省略任免依据。

(五)落款

落款即正文之后的公文生效标志和成文日期。命令必须加盖发文机关印章以示生效，如以机关负责人名义发布的命令，必须在负责人姓名前标明职务。

例文一

中华人民共和国主席令

第六十二 号

《中华人民共和国物权法》已由中华人民共和国第十届全国人民代表大会第五次会议于 2007 年 3 月 16 日通过，现予公布，自 2007 年 10 月 1 日起施行。

中华人民共和国主席 胡锦涛

二〇〇七年三月十六日

例文二

国务院 中央军委关于给
郑静晨同志记一等功的命令
国函〔2006〕35 号

公安部、中国人民武装警察部队：

郑静晨，男，汉族，1959 年 9 月出生，陕西省户县人，中共党员，1983 年 8 月入伍，武警部队总医院副院长，专业技术 6 级，武警大校警衔。2001 年 4 月，郑静晨同志被任命为中国国际救援队副总队长兼首席医疗官。5 年多来，他先后率队执行赴新疆伽师和阿尔及利亚等 5 次国内外紧急医疗救援任务，救治伤病员 1500 多人。特别是 2004 年 12 月，他率队赴印度尼西亚执行海啸医疗救援任务期间，带领医护人员克服环境恶劣、条件艰苦等困难，坚持 24 小时为灾民服务，先后为 1.1 万多名伤病员提供各种医疗救助，施行手术 284 例，成功救治危重病人440 余例，受到印度尼西亚政府和当地人民的称赞，为祖国和军队赢得了荣誉。

为表彰先进，国务院、中央军委决定，给郑静晨同志记一等功。

国务院总理 温家宝
中央军委主席 胡锦涛
二○○六年五月十七日

例文三

中华人民共和国国务院令
第 558 号

依照《中华人民共和国澳门特别行政区基本法》的有关规定，根据澳门特别行政区第三任行政长官选举委员会选举产生的人选，任命崔世安为中华人民共和国澳门特别行政区第三任行政长官，于 2009 年 12 月 20 日就职。

总 理 温家宝
二○○九年八月十日

第四节 决 定

一、决定的概念

决定是对重要事项或者重大行动作出安排，奖惩有关单位及人员，变更或者撤销下级机关不适当的决定事项的公文。

二、决定的特点

（一）制约性

决定是下行文，由上级机关或主管部门制发。决定对下级机关的工作进行领导和指挥，就重要事项或重大行动作出安排,是上级机关权力和意志的体现,其强制力虽不如"命令"高,但也有较强的权威性和约束力,下级机关和个人必须贯彻执行。

（二）广泛性

决定的使用范围很广,它不同于"命令"有严格的使用限制,不仅国家各级党政机关可以使用,一般群众团体、基层企事业单位均可使用。

（三）具体性

决定所安排部署的事项或行动事关重大,牵涉全局,影响力强,执行贯彻时间长。因此为了便于贯彻执行,往往在布置工作之前,充分说明背景、目的和意义,阐明道理、以理服人;所作安排,充分具体,不抽象空洞。

三、决定的种类

根据决定的用途和内容,决定可分为指挥部署性决定、政策法规性和宣传知照性决定。

四、决定的结构和写法

决定的结构一般由标题、主送机关、正文、落款组成。

1. 标题

决定的标题一般由发文机关、事由和文种三部分构成,以示庄重、严肃,如《国务院关于2009年度国家科学技术奖励的决定》、《北京市人民政府关于实施北京市突发公共事件总体应急预案的决定》。如果是会议作出的决定,要在标题下方居中的位置标明通过该决定的时间和会议名称,外加圆括号。

2. 主送机关

决定的主送机关是其受文对象,名称要用规范化的全称或统称。它可以在正文之前标明,也可移至版记中抄送机关的上方标明。有些面向广大群众发布的决定还可省略主送机关。

3. 正文

决定的正文内容较多,篇幅较长,一般由开头、主体和结尾组成。

（1）开头:简要说明发布决定的缘由、目的、根据或意义等。开头交待完毕后通常用"特作如下决定"等过渡语与主体部分连接。

（2）主体:具体说明决定的事项,因决定的种类不同而写法各异。

指挥部署性决定,是对重大事项或行动作出的部署和安排。主体部分要写明指挥部署的具体任务、措施和方案、步骤和要求等,要条理分明,具有可操作性,便于下级机关理解和执行。内容过多时可采用添加小标题或分条列项式的写法,以显示层次。

政策法规性决定,是就某项工作制定出的政策性或法规性的安排。主体部分一般采用分条列项式的方法依次说明具体的规定和要求。因其规范性、约束性强,行文中态度要严肃、鲜明,语言要简练、准确,避免表述不清而引起歧义。

宣传知照性决定,是宣传告知某些重要的决定事项,如重要机构的设置或撤销、人员的任免或调整、下级机关不适当事项的变更或撤销、有关单位及人员的奖惩等。此种决定一般不是直接要求单位和人员具体做什么,只是让有关单位和人员知晓其内容,所以往往是直陈其事,传达说明具体的决定内容即可。

（3）结尾:一般发出号召或提出希望和要求。也可在主体之后自然收束全文。

4. 落款

在正文之后标明发文机关和成文时间,加盖印章。会议作出的决定如果在标题之下已说明批准的机关和时间,落款处无需再标志发文机关和成文时间。

例文一

国务院关于追授常香玉同志"人民艺术家"荣誉称号的决定

国发〔2004〕19 号

人事部、文化部、中国文学艺术界联合会:

常香玉同志是我国著名豫剧大师。在 70 多年的艺术实践中,她善于继承,勇于创新,创立了独树一帜的常派艺术。她先后在《花木兰》、《白蛇传》、《拷红》、《破洪洲》、《五世请缨》和《朝阳沟》等剧中,成功地塑造了一系列生动感人的艺术形象,深受广大人民群众的喜爱。常香玉同志对民族戏曲艺术充满着炽热的情感,始终履行自己提出的"戏比天大"的诺言,将毕生精力贡献给了我国民族戏曲事业。

常香玉同志对党、对人民怀有深厚的感情,凡是党的号召、人民的需要她都竭尽全力。在新中国成立初期为支援抗美援朝,她率剧社巡回各地义演半年,以演出收入捐赠"香玉剧社号"战斗机一架。随后,她又率团亲赴朝鲜,冒着战火硝烟慰问志愿军,在 175 天中演出了 180 场。此后在大庆油田初创期间和其他重大活动中,她都率团慰问演出。近年来,尽管她年事已高,但仍积极参与社会公益活动,在病重治疗期间还抱病参加慰问奥林匹克中心建筑工人的演出。她的一生是献身艺术的一生,是爱党、爱国、爱人民的一生。

常香玉同志是人民的艺术家,深受广大人民群众的尊敬和爱戴。她忠诚实践"三个代表"重要思想,为党的事业、为民族艺术的发展做出了杰出的贡献。为贯彻落实发展先进文化的时代要求,弘扬常香玉同志的崇高精神,国务院决定追授常香玉同志"人民艺术家"荣誉称号。

国务院号召全国广大艺术工作者以常香玉同志为榜样,热爱祖国,热爱中国共产党,热爱人民;学习她对艺术精益求精、勇于创新的艺术品格;学习她德艺双馨、无私奉献的品质和崇高精神,为繁荣和发展我国艺术事业做出更大的贡献。

国务院

二〇〇四年七月七日

例文二

国务院关于大力发展职业教育的决定

国发〔2005〕35 号

各省、自治区、直辖市人民政府,国务院各部委、各直属机构:

2002 年全国职业教育工作会议以来,各地区、各部门认真贯彻《国务院关于大力推进职业教育改革与发展的决定》(国发〔2002〕16 号),加强了对职业教育工作的领导和支持,以就业为导向改革与发展职业教育逐步成为社会共识,职业教育规模进一步扩大,服务经济社会的能力明显增强。但从总体上看,职业教育仍然是我国教育事业的薄弱环节,发展不平衡,投入不足,办学条件比较差,办学机制以及人才培养的规模、结构、质量还不能适应经济社会发展的需要。

为了进一步贯彻落实《中华人民共和国职业教育法》和《中华人民共和国劳动法》,适应全面建设小康社会对高素质劳动者和技能型人才的迫切要求,促进社会主义和谐社会建设,现就大力发展职业教育作出如下决定:

一、落实科学发展观,把发展职业教育作为经济社会发展的重要基础和教育工作的战略重点

(一)大力发展职业教育,加快人力资源开发,是落实科教兴国战略和人才强国战略,推进我国走新型工业化道路、解决"三农"问题、促进就业再就业的重大举措;是全面提高国民素质,把我国巨大人口压力转化为人力资源优势,提升我国综合国力、构建和谐社会的重要途径;是贯彻党的教育方针,遵循教育规律,实现教育事业全面协调可持续发展的必然要求。在新形势下,各级人民政府要以邓小平理论和"三个代表"重要思想为指导,落实科学发展观,把加快职业教育、特别是加快中等职业教育发展与繁荣经济、促进就业、消除贫困、维护稳定、建设先进文化紧密结合起来,增强紧迫感和使命感,采取强有力措施,大力推动职业教育快速健康发展。

(二)明确职业教育改革发展的目标。进一步建立和完善适应社会主义市场经济体制,满足人民群众终身学习需要,与市场需求和劳动就业紧密结合,校企合作、工学结合,结构合理、形式多样,灵活开放、自主发展,有中国特色的现代职业教育体系。

"十一五"期间,继续完善"政府主导、依靠企业、充分发挥行业作用、社会力量积极参与,公办与民办共同发展"的多元办学格局和"在国务院领导下,分级管理、地方为主、政府统筹、社会参与"的管理体制。

到2010年,中等职业教育招生规模达到800万人,与普通高中招生规模大体相当;高等职业教育招生规模占高等教育招生规模的一半以上。"十一五"期间,为社会输送2500多万名中等职业学校毕业生,1100多万名高等职业院校毕业生。各种形式的职业培训进一步发展,每年培训城乡劳动者上亿人次,使我国劳动者的素质得到明显提高。职业教育办学条件普遍改善,师资队伍建设进一步加强,质量效益明显提高。

二、以服务社会主义现代化建设为宗旨,培养数以亿计的高素质劳动者和数以千万计的高技能专门人才

(三)职业教育要为我国走新型工业化道路,调整经济结构和转变增长方式服务。(略)

(四)职业教育要为农村劳动力转移服务。(略)

(五)职业教育要为建设社会主义新农村服务。(略)

(六)职业教育要为提高劳动者素质特别是职业能力服务。(略)

三、坚持以就业为导向,深化职业教育教学改革

(七)推进职业教育办学思想的转变。(略)

(八)进一步深化教育教学改革。(略)

(九)加强职业院校学生实践能力和职业技能的培养。(略)

(十)大力推行工学结合、校企合作的培养模式。(略)

(十一)积极开展城市对农村、东部对西部职业教育对口支援工作。(略)

(十二)把德育工作放在首位,全面推进素质教育。(略)

四、加强基础能力建设,努力提高职业院校的办学水平和质量

(十三)建立和完善遍布城乡、灵活开放的职业教育和培训网络。(略)

(十四)加强县级职教中心建设。(略)

(十五)加强示范性职业院校建设。(略)

(十六)加强师资队伍建设。(略)

五、积极推进体制改革与创新,增强职业教育发展活力

(十七)推动公办职业学校办学体制改革与创新。(略)

(十八)深化公办职业学校以人事分配制度改革为重点的内部管理体制改革。(略)

(十九)大力发展民办职业教育。(略)

六、依靠行业企业发展职业教育,推动职业院校与企业的密切结合

(二十)企业要强化职工培训,提高职工素质。(略)

(二十一)要认真落实"一般企业按照职工工资总额的 1.5% 足额提取教育培训经费,从业人员技术要求高、培训任务重、经济效益较好的企业,可按 2.5% 提取"的规定,足额提取教育培训经费,主要用于企业职工特别是一线职工的教育和培训。企业新上项目都要安排员工技术培训经费。

(二十二)行业主管部门和行业协会要在国家教育方针和政策指导下,开展本行业人才需求预测,制订教育培训规划,组织和指导行业职业教育与培训工作;参与制订本行业特有工种职业资格标准、职业技能鉴定和证书颁发工作;参与制订培训机构资质标准和从业人员资格标准;参与国家对职业院校的教育教学评估和相关管理工作。

七、严格实行就业准入制度,完善职业资格证书制度

(二十三)用人单位招录职工必须严格执行"先培训、后就业"、"先培训、后上岗"的规定,从取得职业学校学历证书、职业资格证书和职业培训合格证书的人员中优先录用。(略)

(二十四)全面推进和规范职业资格证书制度。加强对职业技能鉴定、专业技术人员职业资格评价、职业资格证书颁发工作的指导与管理。(略)

八、多渠道增加经费投入,建立职业教育学生资助制度

(二十五)各级人民政府要加大对职业教育的支持力度,逐步增加公共财政对职业教育的投入。(略)

(二十六)要进一步落实城市教育费附加用于职业教育的政策。(略)

(二十七)建立职业教育贫困家庭学生助学制度。(略)

九、切实加强领导,动员全社会关心支持职业教育发展

(二十八)各级人民政府要加强对职业教育发展规划、资源配置、条件保障、政策措施的统筹管理,为职业教育提供强有力的公共服务和良好的发展环境。(略)

(二十九)各级人民政府要切实加强对职业教育工作的领导,把职业教育工作纳入目标管理,作为对主要领导干部进行行政绩考核的重要指标,并接受人大、政协的检查和指导。(略)

(三十)逐步提高生产服务一线技能人才、特别是高技能人才的社会地位和经济收入,实行优秀技能人才特殊奖励政策和激励办法。定期开展全国性的职业技能竞赛活动,对优胜者给予表彰奖励。大力表彰职业教育工作先进单位与先进个人。广泛宣传职业教育的重要地位和作用,宣传优秀技能人才和高素质劳动者在社会主义现代化建设中的重要贡献,提高全社会对职业教育的认识,形成全社会关心、重视和支持职业教育的良好氛围。

国务院

二〇〇五年十月二十八日

第五节　公　告

一、公告的概念

公告适用于向国内外宣布重要事项或者法定事项。

二、公告的特点

（一）发布内容重要

公告发布的必须是重要事项或法定事项，其内容往往事关全局、影响重大，不仅国内有关单位和人员需周知或遵守，而且需知照全世界各国，如国家主要领导人的任职、出访，国家重要的人事变动，重要法律、法规的公布或修正，涉及国内外的重要政治、经济、军事、科技、外交活动等。

（二）发布范围广泛

公告面向国内外发布，是行政文种中发布范围最广泛的一个。公告属于泛行兼类公文。

（三）发文机关限定

由于公告所涉及事项均为国家重要事项或法定事项，因此公告有严格的使用权限，只有高级别的国家行政机关或职能部门才可使用。全国人大、国务院及其部门、省级政府可以使用公告，其他地方主管部门、企事业单位、社会组织一律不可以使用公告。

公告是一个级别很高的行政文种，要防止滥用。有些人把公告简单理解为"广而告知"的意思，只要是公布、告知事项，如办理证件、迁址更名、宣传产品等，事无巨细，都用公告，与"通知"、"启事"、"广告"等文种混为一谈。这是一种极不严肃的错误理解和用法，必须予以纠正。只有高级别的、或经过授权的机关、单位向国内外告知重要事项或法定事项，才可发布公告。

（四）发布形式特殊

公告的发布范围广泛，为了使每个受文对象都能及时、迅速得了解告知内容，公告和其他文种相比，发布形式比较特殊，一般不采用文件的形式，而是授权新华社，通过广播、电视、报纸等媒体形式向国内外发布。

三、公告的种类

根据公告的性质和用途，公告可分为法规性公告和事项性公告。法规性公告，主要用于发布依法制定的重要法律、法规和规范，要求单位和人员严格遵照执行；事项性公告，主要用于发布政治、经济、军事、科技、卫生、外交等方面的重要事项，让全世界广泛周知。

四、公告的结构和写法

公告的结构一般由标题、编号、正文、落款组成。

（一）标题

公告的标题一般由发文机关、事由、文种构成，如《教育部关于2008－2009学年度国家奖学金获奖情况的公告》；也可由发文机关和文种组成，如《中华人民共和国卫生部公告》；也可以只写文种。

（二）编号

公告的编号不同于一般的发文字号，它往往由发文机关单独编排序号，常用"第×号"或"××××年第×号"的形式标于标题的正下方。

（三）正文

1. 开头

简明扼要地交待出发布公告的缘由、依据、目的等。有些公告也可省略此部分内容。开头和主体之间常用"现将有关事项公告如下"过渡衔接。

2. 主体

具体告知公告的事项，内容详略不同，可一段成文也可分条列项阐述。

公告影响大，牵涉广，面向国内外发布，行文务必庄重严肃，语言力求准确具体、规范简练，便于理解与执行。

3. 结尾

常用惯用结语"特此公告"或"现予公告"结束全文。也可不用结语，事项告知完毕，自然收束。

（四）落款

公告标题中有发文机关的，落款处可省略。由媒体发布的公告，无需加盖印章。发文时间置于正文之下，有的公告还在发文时间之后标明发布地点。

例文一

中华人民共和国全国人民代表大会公告

中华人民共和国宪法修正案已由中华人民共和国第十届人民代表大会第二次会议于2004年3月14日通过，现予公布施行。

中华人民共和国第十届全国人民代表大会第二会议主席团
二〇〇四年三月十四日

例文二

中华人民共和国卫生部公告

2009 年 第 17 号

为严厉打击标识"消字号"产品冒充药品的行为，近期，我部以药店为检查重点组织开展了"整治消毒产品违法宣传疗效和添加药物专项行动"，甘肃、广东、湖南、江苏和四川五省卫生行政部门在监督检查中发现，在药店销售的标志"消字号"的产品中有91种标签、说明书不符合《消毒产品标签说明书管理规范》的要求，部分产品存在宣传疗效，欺骗和误导消费者的问题（不合格产品名单见附件）。针对抽检发现的问题，我部已责成地方卫生行政部门按照《卫生部办公厅关于开展整治消毒产品违法宣传疗效和添加药物专项行动的通知》（卫办监督发〔2009〕42号）要求进行处理。药店等经营单位应立即停止销售不合格产品。

消毒产品与药品有严格的区别,消毒产品不是药品,没有治疗疾病的作用。根据有关法律法规规定,消毒产品标签、说明书不得有虚假夸大、明示或暗示对疾病治疗作用和效果的内容。目前,市场上有些非消毒产品擅自标志"消字号",以消毒产品名义宣传疗效,冒充药品,欺骗和误导消费者,请消费者勿轻信有关宣传,谨慎选择。

目前,专项整治行动正在进行中,我部将陆续公布专项整治中发现的不合格产品。

附件:不合格产品名单

二〇〇九年十一月五日

第六节　通　告

一、通告的概念

通告适用于公布社会各有关方面应当遵守或者周知的事项。

二、通告的特点

(一)使用广泛

通告在使用上非常广泛。一方面是指发文机关广泛,各级国家行政机关、企事业单位和社会团体都可使用;二是指发布内容广泛,大到重大政策法规,小到具体生活事项,都可使用。

(二)约束力大

通告的事项是由各级权力机关、行政机关根据各自职权发布的,带有较强的约束力,被告知范围内的单位、团体和个人在周知的基础上还必须遵照执行,如果违反有关规定,还将受到惩处。

(三)针对性强

通告宣传告知的内容限定在国内某一范围内,往往由业务主管部门针对某一方面的具体工作或专项业务发布行为规范或周知事项,具有很强的针对性。

三、通告的种类

通告根据内容,可分为行止性通告和周知性通告两种。行止性通告是在一定范围内向社会有关方面公布必须遵守或执行的事项,这种通告带有一定的法规性质,具有强制约束力,如果违背,将受到不同程度的惩处;周知性通告则是向社会各有关方面公布需要了解或应当周知的事项,一般强制性不大。

四、通告与公告的区别

通告与公告都属于泛行兼类公文,都可告知有关事项,但是也有明显地不同,主要表现在以下几个方面:

(一)发文机关不同

公告的发文机关有严格的限制,只有高级别的国家机关,如全国人大、国务院及其部门、省级政府才可使用,其他地方主管部门、企事业单位、社会组织一律不可使用;而通告的发文机关则比较广泛,没有级别的限制,任何机关、团体、企事业单位都可使用。

(二)发布范围不同

公告的发布范围要广于通告。公告面向国内外进行宣传告知;通告仅用于国内,且是在一定范围内要求周知或遵守。

(三)发布内容不同

公告用来发布重要事项和法定事项,牵涉全局,影响力广;而通告只用来告知一定范围内需遵守或周知的事项,专业性强,内容性质没有公告那么重大。

(四)发布方式不同

公告大都通过广播、电视等新闻媒体发布;而通告既可以在新闻媒体上播出或刊登,也可以用文件的形式下发或公开张贴。

五、通告的结构和写法

通告的结构由标题、正文和落款组成,一般不标明主送机关。

(一)标题

通告的标题写法比较灵活,可以有四种形式。一是由发文机关、事由和文种构成,如《中华人民共和国公安部关于收缴非法持有枪支弹药的通告》;二是由发文机关和文种构成,如《卫生部公安部通告》;三是由事由和文种构成,如《关于广泛开展爱国卫生活动的通告》;四是只用文种名称。

(二)正文

1. 开头

通常用"为了……"、"根据……"等开头,说明发布通告的目的、依据或缘由。然后用"现通告如下"或"特通告如下"等过渡语与主体部分衔接。

2. 主体

具体写明应遵守或周知的事项。内容要求一文一事,层次较多时,可采用分条列项的方式写作,使之条理清晰,便于阅读和理解。语言要求准确严密,具体可行,通俗易懂。

3. 结尾

周知性通告常用"特此通告"作为结语,或在主体部分自然收束全文;行止性通告可强调具体的执行要求、惩处办法,常用"本通告自发布之日起施行"作结。

(三)落款

通告的落款由发文机关加盖印章和成文日期构成,置于正文的右下方。

例文一

北京市安全生产监督管理局
关于地下有限空间作业现场监护人员
必须持证上岗的通告

京安监发〔2010〕68 号

为加强本市地下有限空间作业安全监管,提高地下有限空间作业人员的安全意识和操作

技能,防止和减少生产安全事故发生,根据《中华人民共和国安全生产法》及相关法律法规规定,通告如下:

一、自 2010 年 7 月 1 日起,在本市行政区域内,凡从事化粪池(井)、粪井、排水管道及其附属构筑物(含污水井、雨水井、提升井、闸井、格栅间、集水池等)运行、保养、维修、清理等地下有限空间作业活动的,作业现场必须安排监护人员。

二、现场监护人员必须经专门的安全技术培训,取得特种作业操作资格证书,方可上岗作业。

三、任何单位委托进行或自行进行上述地下有限空间作业活动的,必须使用持有特种作业操作资格证书的现场监护人员,否则不得进行作业活动。

四、对违反本通告从事地下有限空间作业活动的,依照安全生产法律法规规定给予行政处罚。

特此通告。

北京市安全生产监督管理局

二〇一〇年五月十七日

例文二

中华人民共和国卫生部通告

卫通〔2003〕2 号

根据《卫生部健康相关产品检验机构认定和管理办法》的规定,经审核,认定深圳市疾病预防控制中心二恶英检测实验室为卫生部二恶英检测实验室。

特此通告。

二〇〇三年二月九日

第七节 通 知

一、通知的概念

通知适用于批转下级机关的公文,转发上级机关和不相隶属机关的公文,传达要求下级机关办理和需要有关单位周知或者执行的事项,任免人员。

通知主要用于下行,具有指挥、指导的作用;也可用于平行,发挥周知、沟通的作用。

二、通知的特点

(一)使用范围广

通知是行政公文文种中使用频率最高的一个。从发布机关上看,各级各类国家机关、企事业单位和社会团体都可使用;从内容功能上看,大到传达党和国家的方针政策、发布重要法规和规章、部署开展重大工作,小到单位内部布置日常工作、告知一般事项、任免有关人员等,均可使用通知行文。

（二）行文时效强

通知所传递的内容一般时效性较强。不管是制作发布，还是办理执行，都要求及时、迅速，不容拖延，以免延误工作。有些通知只能在一段时间内产生效力，某项工作结束或事项处理完毕后，其现实效力自然消失。

（三）内容具体

无论是告知事项还是布置工作，通知不仅告知做什么，还说明为什么做，怎么做，何时做，做到何种程度，即明确阐述开展工作的目的意义、措施步骤、时间和要求等，以利具体贯彻执行。

三、通知的种类

通知按照内容和用途不同，可以分为以下几种：

（一）指示性通知

指示性通知主要用于上级机关为贯彻某一文件精神或就某项工作对下级机关提出的指挥性、政策性的要求和安排。这类通知不一定有特别具体的执行步骤，而是重在思想上、政策上、全局上的部署和安排，约束力强、指挥度大，为下级机关做好本职工作、开展具体工作提供政策性依据。

（二）发文性通知

发文性通知是发布法规和规章，传递其他机关重要文件的载体和工具。

1. 发布（印发）性通知

发布（印发）性通知用于向下级机关发布由发文机关自己制作的行政法规、规章和其他重要文件，具有很强的政策性和约束力。法规、规章性文件用"发布"，除此以外的其他文字材料，用"印发"。

2. 转发性通知

转发性通知用于发文机关转发上级机关、同级机关和不相隶属机关的公文给其下属单位周知执行。

3. 批转性通知

批转性通知用于上级机关批转某个下级机关制发的公文给其他各下属单位周知执行。

（三）办理性通知

办理性通知主要用于传达要求下级机关办理或执行的有关事项或工作。如布置会议、安排活动等。

（四）知照性通知

知照性通知主要用于传达要求下级机关了解或周知的有关事项或信息，如机构的设置、调整，人员的任免，印章的启用、废除等。

四、通知的结构和写法

通知的结构由标题、主送机关、正文、落款四部分构成。

（一）标题

通知的标题一般由发文机关、事由和文种构成，如《北京市人民政府关于撤销大兴县设立大兴区的通知》;也可以省略发文机关,由事由和文种构成,如《关于开展 2010 年全国"爱眼日"活动的通知》;正式的以文件形式下发的通知,一般不只用文种"通知"做标题,因为不够庄重、明确。

发文性的通知标题写作起来略为复杂。它的事由部分由"关于"、发文形式标志(根据被发送文件的性质选择不同种类,或"发布"或"印发"或"批转"或"转发")和被发送文件名称组成,如《国务院关于印发汶川地震灾后恢复重建总体规划的通知》。如果是批转、转发性通知,还可以在标题中注明被发送文件的原发文机关名称,以示清楚明了,如《国务院办公厅转发财政部关于加快发展我国注册会计师行业若干意见的通知》。如果被发送文件是法规、规章,应给文件名称加上书名号;法规、规章以外的其他文字材料,名称之外不加书名号。

(二)主送机关

通知的主送机关,即通知的受文对象,可以是一个也可以有多个,必须用全称或规范化简称标志在标题之下,正文之上。作为以文件形式下发的行政公文,即便是普发性的通知,也要写上主送机关,以示庄重、严肃。

(三)正文

1. 指示、办理性通知

正文一般由通知缘由和通知事项两部分组成。通知事项是全文的核心,要写明具体的方针政策、原则方法、措施步骤、执行或办理的时间和要求等。内容过多,可采用分条列项式写法,用序号标出。要求层次清晰,准确明白,利于理解和执行。通知缘由之后往往用"现通知如下"或"现将有关问题通知如下"等作为过渡,衔接具体通知事项。

2. 发文性通知

正文由被发送文件名称、发布态度及执行要求组成。内容可简可繁。简单的发文性通知内容非常简短,往往一段完成,常用"为××××××,现发布(印发)××××××,请遵照执行"或"××××××已经××××××同意(批准),现转发给你们,请××××××"格式。详写的发文通知正文还可在此基础上,就发文的背景目的、执行的意义要求等方面作充分的说明和论述。

3. 知照性通知

正文主要由通知缘由和通知事项两部分组成。缘由简单明了,不做大段阐述,事项部分告知有关事项,让受文者知道了解即可,不提执行要求。有的自然收束全文,有的用惯用语"特此通知"作为结尾。

(四)落款

通知的落款由发文机关加盖印章和发文时间组成。

例文一

关于做好暑期高温天气医疗服务工作的紧急通知

卫发明电〔2010〕61 号

各省、自治区、直辖市卫生厅局,新疆生产建设兵团卫生局:

近期,全国大部分地区持续出现高温天气,且正值暑运高峰期,中暑及高温天气相关疾病患者数量明显增加,医疗服务工作任务繁重。为有效应对当前医疗需求形势,维护正常医疗秩

序,保障人民群众健康和生命安全,现就做好暑期高温天气医疗服务工作提出如下要求:

一、各级卫生行政部门和各级各类医疗机构要高度重视暑期高温天气医疗服务工作,切实加强组织领导,认真部署,做好医务人员调配和门、急诊工作安排,抓好各项工作的落实。

二、各级各类医疗机构要做好应对高温天气医疗服务工作的组织、动员、部署和准备。要根据实际需要,有针对性地提供医疗服务,加强对中暑患者的医疗救治,保障患者安全;要强化门、急诊管理,加强技术力量,合理安排人员,严格执行首诊负责制,使中暑患者得到及时、有效救治;做好急救药品储备,确保急救设备和设施处于完好状态;加强门、急诊服务能力,优化服务流程,简化环节,提高效率,缩短患者各种等候时间;门、急诊量大的医疗机构要做好患者的疏导和管理;提供温度适宜的就诊、治疗和康复环境。

紧急医疗救援中心(急救中心)要做好院前急救工作,合理安排人员、设备、药品和车辆,保证急救电话畅通,及时接警,迅速出警,妥善处置和及时转运患者。

三、地方各级卫生行政部门和各级各类医疗机构要加大预防高温中暑的健康教育宣传力度,采取电视、广播、报刊、互联网、宣传折页等多种形式宣传防暑降温知识,强化自身防暑意识,提高公众自救和互救能力。

四、各级各类医疗机构要合理调整工作、值班安排,为医务人员提供温度适宜的工作环境,做好医务人员自身的防暑工作,保障医务人员健康。

卫生部办公厅

二〇一〇年七月六日

例文二

国务院办公厅关于印发 2010 年食品安全整顿工作安排的通知

国办发〔2010〕17 号

各省、自治区、直辖市人民政府,国务院各部委、各直属机构:

《2010 年食品安全整顿工作安排》已经国务院同意,现印发给你们,请认真贯彻执行。

国务院办公厅

二〇一〇年三月二日

例文三

国务院批转发展改革委关于 2010 年
深化经济体制改革重点工作意见的通知

国发〔2010〕15 号

各省、自治区、直辖市人民政府,国务院各部委、各直属机构:

国务院同意发展改革委《关于 2010 年深化经济体制改革重点工作的意见》,现转发给你们,请认真贯彻执行。

国务院

二〇一〇年五月二十七日

例文四

卫生部关于成立卫生部营养标准专业委员会的通知

卫政法发〔2010〕78 号

各省、自治区、直辖市卫生厅局,新疆生产建设兵团卫生局,中国疾病预防控制中心、卫生部卫生监督中心,部机关各司局,各卫生标准专业委员会:

为了加强营养改善工作,促进营养工作的规范化,健全卫生标准管理体系,决定组建卫生部营养标准专业委员会。该委员会负责的专业标准范围是:人群营养、膳食指南、食物成分、营养工作方法等卫生标准。

附件:卫生部营养标准专业委员会成员

卫生部

二〇一〇年八月三十日

例文五

××省卫生厅关于召开 2010 年全省医政工作会议的通知

×卫〔2010〕18 号

各省辖市卫生局,省直各医疗机构,各级血站:

为认真贯彻落实全省卫生工作会议和全国医政、医管、护理工作会议精神,经研究,决定召开 2010 年全省医政工作会议。现将有关事宜通知如下:

一、会议时间和地点

2010 年 2 月 6 日报到,2 月 7~8 日开会。××市××饭店(地址:××市××路××号)。

二、会议内容

(一)传达全省卫生工作会议和全国医政、医管、护理工作会议精神。

(二)总结 2009 年医政工作,安排部署 2010 年医政工作任务。

(三)表彰 2009 年全省医疗质量万里行活动中先进单位。

三、参加人员

(一)各省辖市卫生局主管局长、医政科长。

(二)省直医院院长或业务院长、医务科长、护理部主任各 1 人;省血液中心主任;省卫生监督所所长;省医学会、省医院协会、省医师协会、××市紧急医疗救援中心负责人。

(三)各省辖市三级医院院长,各省辖市中心血站站长。

(四)省新生儿重症救护网络中心、省烧伤治疗网络中心、省卫生厅临床检验中心、省血液净化治疗质量控制中心、省心血管疾病介入诊疗技术质量控制中心、省护理质量控制中心、省麻醉质量控制中心、省医院感染管理质量监控中心、省医院感染消毒供应质量控制中心、省血液质量监测中心、省肿瘤诊疗质控中心、省眼科中心等省级质量控制中心主任各 1 人。

(五)邀请省军区后勤部卫生处、省武警总队后勤部卫生处、××军区 33 分部卫生处负责人参加。

四、其他

(一)请会议代表将回执于 2 月 5 日前报厅医政处。

（二）请各省辖市卫生局医政科长于2月6日晚8:00准时参加预备会。血站站长于2月6日晚9:00准时参加预备会。

（三）请各地尽量以市为单位集中乘车。

（四）××市区与会代表原则上不安排住宿。

联系人：×××、×××、×××

电　话：×××××××××,×××××××××

传　真：×××××××

附件：会议代表回执

××省卫生厅

二〇一〇年二月二日

第八节　通　报

一、通报的概念

通报适用于表彰先进，批评错误，传达重要精神或者情况。它是各级机关、团体、企事业单位经常使用的一种具有知照性、教育性的下行公文。

二、通报的特点

（一）典型性

无论是表彰先进、批评错误，还是传达重要的精神或情况，都必须是有代表性的人物、事件或情况，具有普遍意义，这样才能给读者留下深刻印象，更好地发挥通报的指导和宣传作用。

（二）真实性

通报中出现的任何情况、事实和数据都必须准确无误，不得含有虚假成分。真实性是通报的生命。一旦失实，非但不能达到宣传教育的目的，还会造成恶劣的负面影响。

（三）教育性

通报通过表彰先进，树立先进典型，以弘扬正气，学习经验；通过批评错误，汲取教训，以引以为戒，改进工作；通过传达重要精神或情况，相互借鉴，以引起重视，受到启迪。通报具有较强的倾向性，在对事件或情况进行事实陈述之后，往往重点分析评价其意义，提出希望和要求，突出教育作用。

（四）时效性

通报的内容较具体，和现实工作联系密切，因此具有较强的时效性，必须及时制发，才能起到宣传、教育的作用。如果事过境迁，一方面人们难以引起兴趣，另一方面也易延误时机，影响工作，难以取得良好的教育效果。

三、通报的种类

通报按照用途不同，可以分为以下几种：

（一）表彰性通报

表彰性通报主要用来表彰、宣传先进个人和集体的典型事迹、典型经验，树立学习榜样，号召人们向先进学习，以调动积极因素，提高工作效率和水平。

（二）批评性通报

批评性通报主要用来批评处理有重大过失的事故、事件、集体或个人，公布其错误事实、处理决定，分析其错误原因、性质和危害，教育和引导人们吸取教训，引以为戒，防止类似错误再次发生。

（三）情况性通报

情况性通报主要用于上级机关向下级机关传达重要精神、沟通重要情况、发布重要信息，以便上情下达，统一认识，协调行动，指导工作。

四、通报与通知的区别

（一）内容不同

通报和通知都有周知事项、传递信息的作用，但通知的内容更为广泛、多样，发布行政法规和规章，批转和转发公文，告知需要办理或周知的事项都可使用；而通报只涉及表扬先进，批评错误，传达和交流交流重要情况，内容比较单一。

（二）目的不同

制发通知的目的在于告知事项，布置工作，并对有关事项或工作提出具体的规定，因此要求受文机关必须遵照执行；制发通报的目的在于通过周知、宣传典型事例或情况，表明发文机关的倾向态度，引导和影响受文机关加以重视，在今后的工作中引以为鉴或引以为戒。因此，我们常说，通知主要是"办件"，通报主要是"阅件"。

（三）表达方式不同

通知的表达方式以叙述和说明为主，告知人们怎样做，做什么，语言具体明白；而通报的表达方式则兼用叙述、说明和议论，在陈述事实的基础上，说明问题，分析评价，具有较强的感情色彩，以达到宣传教育的目的。

（四）制发时间不同

通知是在事前制发，通报则是在事后制发。

五、通报的结构和写法

通报一般由标题、主送机关、正文和落款四部分组成。

（一）标题

通报的标题一般由发文机关、事由和文种构成，如《卫生部办公厅关于 2008 年第四季度全国食物中毒情况的通报》；也可省略发文机关，只由事由和文种构成，如《关于 2009 年度全国碘缺乏病监测情况的通报》。

（二）主送机关

通报的主送机关及通报的受文单位，一般是发文机关的下属单位，有的普发性通报也可不写主送机关。

（三）正文

不同种类的通报，其正文的结构和写法有所不同。

1. 表彰性通报

正文一般由四个部分构成。第一部分开门见山地概括先进事迹，说明表彰缘由，包括时间、地点、人物、事项的经过和结果等；第二部分对先进事迹进行分析、评价，指出其主要经验、价值，重在揭示其精神实质和典型意义；第三部分提出表彰决定，写明经何组织决定给予何种奖励；第四部分提出希望和要求，鼓励受奖人员继续努力，号召人们向先进人物和事迹学习。

2. 批评性通报

正文一般由四个部分组成。第一部分概述事故或错误事实，包括事故或错误发生的时间、地点、经过，造成的后果和损失；第二部分分析事故或错误产生的原因，指出其危害性；第三部分根据有关规章制度，提出具体处理意见和决定；最后提出告诫和要求，希望受文单位能够认真重视，引以为戒，采取措施，杜绝再发生此类事故或错误。

3. 情况性通报

正文一般由三个部分组成。第一部分用具体的事实、翔实的数据说明所通报的基本情况；第二部分在此基础之上进行分析，总结经验教训或存在问题；第三部分，提出解决的方法、对策或希望等。如果是传达重要精神，也可先交代其来源或依据，然后具体表述精神内容，最后提出贯彻意见和要求。

（四）落款

通报的落款在正文的右下方，标明成文时间并加盖发文机关印章。

例文一

卫生部办公厅关于 2008 年全国食物中毒报告情况的通报

2008 年我部通过网络直报系统共收到全国食物中毒报告 431 起，中毒 13095 人，死亡 154 人，涉及 100 人以上的食物中毒 13 起。与 2007 年网络直报数据相比，食物中毒的报告起数减少 14.82％，中毒人数减少 1.39％，死亡人数减少 40.31％。现将有关情况通报如下：

一、全年食物中毒发生情况

（一）食物中毒报告季度分布。

时 间	报告起数	中毒人数	死亡人数
第一季度	57	1216	27
第二季度	96	3348	29
第三季度	174	5035	62
第四季度	104	3496	36
合 计	431	13095	154

第三季度是 2008 年食物中毒报告起数、中毒人数、死亡人数最多的季度，分别占全年总数的 40.37％、38.45％、40.26％。

（二）食物中毒报告月分布。（表略）

9月份是2008年食物中毒报告起数、中毒人数最多的月份,分别占全年总数的18.56%、15.47%;7月份是2008年食物中毒死亡人数最多的月份,占全年死亡总数的16.23%。

（三）按致病因素分类。（表略）

2008年度的食物中毒报告中,微生物性食物中毒的报告起数和中毒人数最多,分别占总数的39.91%和58.00%;有毒动植物食物中毒的死亡人数最多,占总数的51.95%。

与2007年相比,微生物性食物中毒的报告起数和中毒人数分别减少1.15%和2.83%,死亡人数相同;化学性食物中毒的报告起数、中毒人数和死亡人数分别减少11.24%、15.18%和22.97%;有毒动植物食物中毒的报告起数和死亡人数分别减少33.86%和52.10%,中毒人数增加1.22%;不明原因食物中毒的报告起数和中毒人数分别增加1.85%和19.61%,死亡人数相同。

（四）按就餐场所分类。（表略）

2008年度的食物中毒报告中,发生在集体食堂的食物中毒的报告起数和中毒人数最多,分别占总数的37.59%和40.49%;发生在家庭的食物中毒的死亡人数最多,占总数的85.71%。

与2007年相比,发生在集体食堂的食物中毒的报告起数和中毒人数分别增加14.08%和4.33%,死亡人数增加3人;发生在家庭的食物中毒的报告起数和死亡人数分别减少32.88%和42.11%,中毒人数增加17.05%;发生在饮食服务单位的食物中毒的报告起数和中毒人数分别增加4.92%和1.94%,死亡人数减少2人;发生在其他场所的食物中毒的报告起数、中毒人数和死亡人数分别减少30.95%、35.82%和36.00%。

学生食物中毒情况。（表略）

2008年度,共报告学生食物中毒146起,中毒4843人,死亡4人。其中108起发生于学校集体食堂,中毒3796人,死亡2人。

二、中毒情况分析

（一）2008年,有毒动植物引起的食物中毒的死亡人数最多,占死亡总数的51.95%;同时,中毒人数较2007年上升了1.22%。有毒动植物食物中毒原因主要以误食毒蘑菇等有毒植物和菜豆加热温度不够引起为主。其中,毒蘑菇中毒共发生40起,264人中毒,58人死亡,病死率达21.97%,其死亡人数占食物中毒总死亡人数的37.66%,多由于家庭自行采摘,同时缺乏鉴别毒蘑菇的能力,误食引起食物中毒;菜豆加热温度不够引起的食物中毒共发生38起,1474人中毒,且多发生在集体食堂。

（二）2008年,从食物中毒发生的场所来看,发生在集体食堂的食物中毒的报告起数和中毒人数最多,由副溶血性弧菌、蜡样芽孢杆菌和沙门氏菌引起的微生物性中毒和菜豆加热温度不够引起的有毒动植物中毒,是集体食堂发生食物中毒的主要原因;发生在家庭食物中毒的死亡人数最多,且死亡病例多发生在农村,原因主要在于部分居民缺乏食品安全知识和良好的卫生习惯,自我保护意识不强,加上农村医疗救治条件有限所致。

（三）2008年,第三季度食物中毒报告起数、中毒人数、死亡人数最多,主要是由副溶血性弧菌、沙门氏菌等细菌微生物引起。食物中毒事件的发生受季节影响比较明显,7~9月气温较高,适合细菌等微生物生长繁殖,人们在夏季又经常食用凉拌生鲜蔬菜等食品,一旦食物储存、加工不当,极易引起微生物性食物中毒,因而第三季度是全年食物中毒的高发季节。

（四）与 2007 年相比，2008 年学生食物中毒报告起数和中毒人数分别增加 24.79％和 28.36％。其中，微生物性食物中毒的报告起数和中毒人数最多，分别占学生食物中毒总数的 50％和 47.57％。学生食物中毒主要发生在学生食堂、学校周边的餐馆饭店和食品摊贩等场所，发生原因以食物污染或变质以及菜豆加热温度不够为主。

（五）与前三年相比，2008 年食物中毒事件的死亡人数明显减少，与 2007 年相比死亡人数减少 40.31％。2008 年食物中毒事件的死亡人数减少主要以有毒动植物引起的食物中毒死亡人数减少最为明显。

三、工作要求

（一）全力做好重大活动期间的食物中毒预防控制工作。第 24 届世界大学生冬季运动会、国庆 60 周年等重大体育赛事和重要庆典活动期间的卫生保障，是 2009 年食品安全工作的重中之重。各级卫生行政部门要开展重大活动期间食物中毒事件的风险评估，切实加强部门协调配合和区域联防联动，强化食品卫生执法监督职能，结合各地实际做好监测和应急准备，依据相关法律法规，有效防范和应对食物中毒事件，确保重大活动期间的食品卫生安全。

（二）有针对性地加强食物中毒监测和防控工作。地方各级卫生行政部门要认真组织分析本地区食物中毒发生情况，确定高发地区、高发季节以及高发食物中毒种类和原因，根据分析结果有针对性地制定、完善监测和防控方案，进行专业人员培训和演练，做好救治药品等的储备，开展预防食物中毒的知识宣传和健康教育；要重点加强学校等单位集体食堂的监督管理，特别要加强对实行承包制的集体食堂的卫生监督管理，对食堂的内外环境卫生、供水质量、食品加工设备和器具、餐具消毒、原料和加工过程及从业人员都要进行严格的监督检查，加强对其食品从业人员的卫生培训，避免操作不当，避免食物中毒事件的发生；要高度重视灾区的食物中毒预防控制工作，有效预防和控制灾害次生的食物中毒事件。

（三）继续加强预防食物中毒的宣传教育工作。食物中毒的发生与公众的生活、卫生习惯和食品安全意识密切相关。地方各级卫生行政部门要结合当地饮食结构、生活习惯及气候特点等，有针对性地通过多种形式继续加强食品安全宣传工作，提高公众鉴别有毒动植物的能力，增强公众的食品安全意识，提倡科学的生活方式和良好的饮食习惯，改善公众的卫生意识和卫生习惯，有效减少食物中毒的发生。

二〇〇九年二月九日

例文二

关于××××医院"10.08"道路交通事故的通报
×卫保安字〔2006〕34 号

局直属各单位：

2006 年 10 月 8 日早 6 时 15 分，××××医院司机×××在驾驶车辆号牌为××××××的京华大客车(班车)接本院职工上班途中，途经××区××路口(由西向东)西侧第一条人行横道是发生交通事故，造成一名 82 岁男性老人受伤，在送往××医院后经抢救无效死亡，目前××区交通支队正在对此事故进行处理之中。

×××身为驾驶班车多年的老司机，由于在驾驶车辆行驶中，思想麻痹大意，注意力不集中，导致发生了亡人道路交通事故。此事故的发生，反映了××××医院在交通安全管理方面存在宣传教育实效性差,驾驶员们没有将规章制度执行好、落实好的问题。

事故的发生,对××市道路交通安全工作和市卫生局系统安全工作带来不良影响。经××市卫生局研究决定:对发生此起道路交通事故的责任单位——××××医院给予通报批评。责成××××医院作出深刻检查。责成××××医院对司机×××严肃处理。

市卫生局系统专职、非专职驾驶员和全体干部职工要深刻吸取此事故教训,站在"人的生命高于一切"的高度,时刻树立"安全第一"的思想,严格遵守国家交通法规,认真执行本单位交通安全规章制度,按照《××市卫生局关于开展道路交通安全专项整治行动通知》的要求,逐条对照检查,如有问题,要立即改正。克服麻痹大意思想,严防类似道路交通事故再次发生。

特此通报。

××市卫生局
二〇〇六年十月十九日

第九节　议　案

一、议案的概念

议案适用于各级人民政府按照法律程序向同级人民代表大会或人民代表大会常务委员会提请审议事项。

议案有广义和狭义之分。广义的议案还包括全国人民代表大会主席团、全国人民代表大会常务委员会、全国人大各专门委员会、国务院、中央军事委员会、最高人民法院、最高人民检察院向全国人民代表大会提出的议案;一个代表团或30名以上的人大代表向全国人大提出的议案;地方各级人民代表大会举行会议时,主席团、常务委员会、各专门委员会、县级以上各级人民代表大会代表10人以上联名向本级人民代表大会提出的议案。狭义的议案指各级政府依法向同级人民代表大会或常务委员会提出的议案。本节讲述的议案,主要就是指狭义的议案,即政府议案。

政府的各职能部门和其他党群机关不可以使用这一文种。

二、议案的特点

(一)行文的法定性、定向性

议案只能用于各级人民政府依照法律程序向同级人民代表大会或人大常委会提请审议法定职权范围内的有关事项,其他机关和部门均不能使用,行文方向固定、单一。

(二)内容的重要性、单一性

日常工作中的一般问题可以由国家权利机构的执行机关去解决,只有重大事项或重要问题,才需要提交到人民代表大会上讨论、审议、表决通过。根据《宪法》规定,国务院和地方各级人民政府需要提请同级人民代表大会及其常务委员会审议的重大事项主要有:颁布行政法规和规章、采取重大行政举措、实施重要经济计划、重要行政机构变动、主要行政领导人任免、缔结国际条约和协定等。

议案的内容单一,一个议案只能提请审议一个事项。

(三)提出的时限性

议案必须在本级人民代表大会或常务委员会举行会议期间规定的时限内提出,否则不能列为议案。

三、议案的种类

议案按内容、作用可分为立法性议案、重大事项的议案、人员任免及机构设置议案等。

四、议案和提案的区别

议案和提案有相近之处,都是提交一定会议立案或讨论的书面文件,从内容含量上看,都要求一文一事。二者的区别主要表现在:

(一)作者不同

议案的法定作者必须是各级政府,其他机关和个人均都不能使用;提案的作者比较广泛,只要是会议出席人或有关法律、章程规定的机构或个人都可使用,如出席人民政治协商会议的各政协委员、各民主党派、人民团体,参加职代会的各位职工代表等。

(二)内容不同

议案的内容一般比提案的内容重大,提案的内容范围较宽泛、灵活。

(三)权限不同

议案经审议通过后,即具有法律效力,各级机关、单位、团体和个人必须遵照执行;提案经审定确立后,往往由会议交有关机关或部门酌情办理,不具备法律效力。

(四)性质不同

议案属于法定行政公文,提案是一般性的事务公文。

五、议案的结构和写法

议案一般由标题、主送机关、正文、附件和落款组成。

(一)标题

议案的标题一般由两种写法:一是由发文机关、事由和文种构成的完整式标题,如《国务院关于提请审议批准〈制止核恐怖主义行为国际公约〉的议案》;另一种是由事由和文种构成的省略式标题。

标题中常常用"关于提请审议"等词语引出事由。如果是立法性议案,标题在提请审议的法律、法规名称后常注明"草案"两字,并用圆括号括起,如《国务院关于提请审议〈中华人民共和国企业所得税法(草案)〉的议案》。

(二)主送机关

议案的主送机关是固定的,用全称或规范化简称标出同级人民代表大会或人民代表大会常务委员会的名称。

(三)正文

议案的正文由案由、事项和结语三部分组成。

1. 案由

即议案的缘由，主要对提出议案的原因、依据、意义和目的做简要说明。提请审议重大事项的议案，案由部分要写得特别详尽、充分，如目前存在的问题、解决问题的必要性和紧迫性、完成某项工作的效果和意义等；人事任命议案一般可以不写案由。

2. 事项

即议案中提出审议的具体事项，是正文的核心部分。如对所提问题采取的解决办法、途径和意见等。内容要实事求是、有理有据、切实可行。

3. 结语

主要用于提出审议请求，常用"请审议"、"现提请审议"、"请审议批准"或"请审议决定"等惯用语。

（四）附件

如果有对议案正文需要附加、补充的材料，可在正文之后通过附加进行阐述说明，如立法性议案中需审议的法律、法规的文本，重大事项议案的相关事实、政策规定及论证资料等。附件是议案的重要组成部分。

（五）落款

议案的落款包括签署和成文时间两个部分组成。国务院提请审议的议案由国务院总理签署，地方各级人民政府提出的议案由行政首长签署。签署人姓名前应冠以职务全称。成文时间以政府行政首长签发的日期为准，书写在签署人的下方。

例文一

国务院关于提请审议《中华人民共和国食品安全法（草案）》的议案

全国人民代表大会常务委员会：

为了防止、控制和消除食品污染以及食品中有害因素对人体的危害，预防和减少食源性疾病的发生，保证食品安全，保障人民群众生命安全和身体健康，增强人民群众体质，经过广泛征求意见，总结实践经验，并借鉴国外好的做法，国务院法制办会同有关部门起草了《中华人民共和国食品安全法（草案）》。这个草案已经国务院常务会议讨论通过，现提请审议。

国务院总理　温家宝

二〇〇七年十一月十三日

第十节　报　告

一、报告的概念

报告适用于向上级机关汇报工作、反映情况、答复上级机关询问。

报告属于禀报性上行文，主要用于下情上达，目的是为上级机关了解情况、处理问题、制定政策和指导工作提供依据。它是上下级进行沟通的重要工具。各级党政机关、人民团体、企事业单位都可使用。

二、报告的特点

(一)陈述性

报告无论是汇报工作、反映情况还是答复询问均以陈述事实为主,大多采用叙述说明的表达方式,把情况的来龙去脉、存在问题或打算安排等报告给上级机关,使上级机关能迅速、全面、准确地了解、掌握情况,并且能根据报告的情况制定出切合实际的方针政策,作出行之有效地科学指导。

(二)真实性

报告反映的情况、提供的信息,必须实事求是,客观准确。不能弄虚作假,无中生有,只报喜不报忧。对于使用的任何材料和数据,都应反复核实,保证准确无误,切忌任意夸大或缩小。如果报告的内容失真,不仅不能让上级机关了解、掌握真实的情况,还会给后边政策的制定、工作的安排等带来恶劣影响,甚至造成难以挽回的损失。

(三)概括性

报告在汇报工作、反映情况中要将有关事实进行归纳梳理,选取典型事例,分清主次地进行概括性的陈述,确保报告主题集中、重点突出,以便于上级机关能迅速把握报告的要领。行文中切忌记流水账,更不要眉毛胡子一把抓,事无巨细,理无轻重,杂乱罗列。

三、报告的种类

报告的种类较多,根据报告的内容和用途可分为以下几种:

(一)工作报告

主要用来定期向上级机关汇报本单位工作情况,如进展、做法、得失、今后安排等,让上级了解,以取得上级机关的支持与指导。

(二)情况报告

主要用来向上级机关汇报工作中出现的新情况、新问题、新动态等,特别是突发事件、特殊情况、意外事故的调查或处理,让上级机关能及时了解情况,作出决策。

(三)答复报告

主要用于答复上级机关的询问或交办事项。这种报告是被动行文,是上级机关要求下级机关作出的,因此必须实事求是有针对性地回答,不要答非所问或牵涉其他,答复前要做深入细致的调查。

(四)呈送报告

主要用于向上级机关递送文件、物件,如,计划、报表、调查报告等。被呈送的文件和物件作为该报告的附件。

报告按内容含量还可分为专题性报告和综合性报告。专题性报告,就是下级机关针对某一专项内容而向上级机关所写的报告,内容单一,行文迅速;综合性报告就是下级机关就一定时期全面的工作情况向上级机关所写的报告,内容全面,定期完成。

四、报告的结构和写法

报告一般由标题、主送机关、正文和落款四部分组成。

（一）标题

报告的标题一般由发文机关、事由、文种三部分组成，如《北京市西城区 2009 年工作报告》；也可省略发文机关，如《关于药品积压霉变的报告》。

（二）主送机关

报告的主送机关只能有一个，即直属上级机关。如果报告的内容需要其他上级机关了解时，可用抄送形式。除上级机关负责人直接交办的事项外，不得以机关名义向上级机关负责人送报告。

（三）正文

报告的正文，由于种类的不同写法也不一样，一般由开头、主体和结尾三部分组成。

1. 开头

主要写明报告的目的、根据或缘由，用简洁的语言交代为什么要写报告，并概述报告的基本事项。然后常用"现将有关情况报告如下"或"现将处理情况汇报如下"等过渡语转入下文。

2. 主体

主要写报告的具体内容。如果是工作报告，就要先概述工作的基本情况，然后介绍主要做法和经验，最后说明存在的问题和今后的设想和安排等；如果是情况报告，首先要概述所反映的问题和情况，然后分析问题产生的原因，最后提出解决问题的办法或报告处理结果等；如果是答复报告，首先要简要说明上级机关询问的事项或交办的任务，然后介绍处理的办法及结果，同时征求上级机关的意见；如果是呈送报告，只要写明报送的文件、物品的名称、数量即可。

报告的主体部分有繁有简，如果内容较多，可采用加小标题、分条列项等方式，由主到次排列。写作中要注意观点明确，真实可靠，重点突出，详略得当。

报告中不得夹带请示事项，一事一报。

3. 结尾

报告一般以"特此报告"、"现报上，请查收"、"以上报告，请审阅"、或"以上报告如有不当，请予指正"等惯用语作为结尾。

（四）落款

正文右下方写上成文日期，并加盖发文机关印章。

例文一

2009 年上半年北京市经济形势和下半年工作安排的报告

2009 年以来，面对极其严峻和复杂多变的国内外环境，全市上下坚决贯彻落实中央调控政策，快节奏、高强度、创新性地开展工作，一系列调控政策效果逐步显现，经济增速较快下滑的势头得到扭转，积极因素和有利条件不断增多，经济回升趋势更加明显，社会发展步伐加快，调结构、上水平、保增长、保民生、保稳定工作取得显著成效，但经济企稳回升的基础尚不稳固。

一、当前经济形势

（一）经济发展总体好于预期，保增长工作取得明显成效。及时密集出台了一系列政策措施，取得明显成效，上半年累计增长 7.8%，比一季度高 1.7 个百分点，来之不易。

（二）发展势头逐步向好，市场活跃程度进一步提高。投资增速显著回升，全市完成全社会固定资产投资1902.5亿元,同比增长19.3%,6月份当月完成投资600.9亿元,超过一季度总和。工业生产降势放缓,全市规模以上工业实现增加值1077.3亿元,同比下降1.2%,其中二季度增长0.5%。财政收入实现时间过半、任务过半,全市完成地方一般预算收入1033.3亿元,完成全年计划任务的51.1%。资金供给比较充裕,6月末人民币贷款余额2.46万亿元,比年初增加4430亿元。

(三)发展方式进一步转变,结构调整出现积极变化。在经济增长企稳向好的同时,结构不断优化,呈现出明显的服务业带动、高技术带动和消费带动的特点。服务业支撑作用更加突出,上半年增长10.5%,成为全市经济增长的稳定器。消费需求持续较旺,累计实现社会消费品零售额2502.4亿元,增长13.2%。区域发展协调推进,首都功能核心区和拓展区支撑增长的作用比较突出,城市发展新区和生态涵养区资源要素聚集效果不断显现,轨道交通、城市路网加快向南城推进和延伸。农村经济快速发展,农村消费和投资分别增长12.4%和73.3%。农民人均现金收入增长12.2%,增幅高于城市居民收入增速4.1个百分点。

(四)惠民政策效果显著,社会发展稳步推进。就业和社会保障力度加大,各项社会保险参保人数增长9%左右,城镇登记失业率为1.82%,同比降低0.07个百分点。住房保障工程加快,通过配租缓解了17370户家庭的住房困难。积极有效应对甲型H1N1流感疫情。重要敏感时期的维稳工作取得实效。生态环境持续改善,二级和好于二级天数占80.7%。新增19处免费郊野公园,开工建设三个新城滨河森林公园,生态惠民成效显著。

二、需要关注的主要问题

从上半年的发展走势看,部分经济领域冷热不均、基础不牢、发展不平衡的问题还比较突出,下半年经济发展还面临着一些挑战和隐忧需要高度关注。

一是经济调度压力较大。(略)

二是服务业滞后影响有所显现。(略)

三是企业经营仍然面临较大压力,效益下滑状况短期内难以扭转。(略)

四是民间投资跟进尚显不足,在一定程度上影响投资增长的可持续性。(略)

五是政府资金"一减一增",平衡难度加大。一方面财政减收因素很多;另一方面下半年扩内需保增长的任务很重,对政府投资、财政支出的资金需求大幅增加,"一减一增"的收支形势给政府调控提出更高的要求。

三、下半年工作重点

下半年,将迎来新中国成立六十周年,必须把握三季度的黄金时间,信心上不动摇,思想上不懈怠,工作上不松劲,政策落实上不打折扣,继续保增长、调结构、重效益、惠民生、保稳定,着力巩固和发展经济企稳回升势头,确保全年各项任务的完成。

(一)坚持扩大投资与优化结构并重,扎实抓好投资促进工作。(略)

(二)坚持扩大总量与促进升级并重,扎实做好消费促进工作。(略)

(三)坚持运营帮扶和发展帮扶并重,扎实做好各项企业帮扶工作。(略)

(四)坚持提增量与调存量并重,扎实做好调结构、上水平各项工作。(略)

(五)坚持保增长与保民生并重,扎实抓好攸关民生的各项工作。稳定和扩大就业。继续完善城乡一体的社会保障体系。切实抓好群众身边的惠民工程。多渠道增加城乡居民收入。

(六)坚持发展与改革并重,扎实推进各项改革。(略)

此外,加强对首都未来发展趋势的把握,及早研究下一步国内外经济发展格局变化、宏观调控政策取向以及给本市带来的影响。加强"十二五"发展规划前期研究,统筹谋划奥运后新的发展路径,扎实做好规划启动工作。

北京市发展改革委员会
二〇〇九年八月十二日

第十一节　请　示

一、请示的概念

请示适用于向上级机关请求指示、批准。请示属于呈请性上行文,凡下级机关遇到本机关职权范围内无权、无力、无法处理或解决的问题和事项时,都可通过请示反映给上级机关,上级机关必须予以回复。

请示的适用范围较广,应用频率很高。下级机关在工作中遇到以下情况都需请示:

一是根据规定本机关无权处理、必须审批的事项,需上级机关批准办理;

二是工作中出现新情况、新问题,无权处理或无章可循,需上级机关指示;

三是因条件限制,工作中遇到无法解决的困难与问题,需上级机关支持、帮助;

四是对现行方针政策、规章制度等,不理解或难以执行,需上级机关明确指示或批准变通;

五是本机关制定的规章、建议等,因事关全局,需上级机关批准或批转。

二、请示的特点

(一)时间超前

下级机关遇到本机关职权范围内无权、无力、无法处理或解决的问题和事项,需上级机关给予指示、批准或帮助的,必须在事前行文,待上级机关批复后方可实施。必须坚决杜绝"先斩后奏"或"边斩边奏"现象的发生。

(二)内容单一

请示必须是"一事一文"、"一事一请",不能在一篇请示中提及多件事项,以避免上级机关因其中某事项还需研究,影响了整个请示的批复,而延误工作。

(三)呈请求复

请示的目的是为了得到上级机关的指示、批准和帮助,所以行文内容和语气都带有祈请性。请示中的要求必须是切实可行的,不能超出上级机关的审批权限或者根本无法实行。属于本机关职权范围内的事项,应切实承担起工作职责,自行解决,不要事事请示,防止矛盾上交。上级机关在收到请示后必须予以批复。

三、请示的类别

根据请示的性质和内容,可分为以下三种:

(一)请求指示的请示

主要用于下级机关在工作中遇到新情况、特殊疑难问题,或对现行方针政策、法规规章等有难以理解或执行之处,需上级机关予以明确指示。

（二）请求批准的请示

主要用于须请求上级批准、给予帮助才能办理的重要事项。

（三）请求批转的请示

主要用于一些牵涉很多部门、事关全局的重要工作，本机关无权或无力单独完成，需上级批准并转发给其他部门了解、支持或执行。

四、请示与报告的区别

请示与报告同属上行文，从行文规则上看，二者有相似的地方：行文关系都根据隶属关系和职权范围确定，一般不得越权请示和报告；除上级机关负责人直接交办的事项外，都不得以机关名义向上级机关负责人报送请示和报告。但它们在实际使用中，还有很多不同之处，应加以区别，以免混用。其区别主要表现在：

（一）行文目的不同

请示是请求上级机关指示、批准，上级机关必须回复；而报告的目的是下情上达，以便让上级机关更好地了解情况、指导工作，并不要求上级机关回复。

（二）行文时间不同

请示必须事前主动行文；而报告事前、事中或事后均可行文，既可主动行文，也可被动行文。

（三）行文性质不同

请示为呈请性公文，以说理为主，侧重说明理由和要求，汇报有关工作情况是为了请示事项能更好地得到上级机关的批准或认可；而报告是禀报性公文，以叙事为主，侧重陈述情况和意见，报告中不得夹带请示事项。

（四）行文内容不同

请示内容单一，一文一事；而报告有专题和综合之分，既可一事一文，也可多事一文。

五、请示的结构和写法

请示在眉首部分需标志签发人姓名，平行排列于发文字号右侧；还应在附注处标明联系人的姓名和电话。

请示的结构一般由标题、主送机关、正文、落款四部分组成。

（一）标题

请示的标题一般由发文机关、事由、文种三部分组成，如《林业部关于审定国家级森林和野生动物类型自然保护区的请示》；也可省略发文机关，如《关于举办首届药材、药品交流会的请示》。

不要将文种写成"请示报告"。

（二）主送机关

请示的主送机关只能有一个，一般为直属上级机关，不能搞"多头主送"。如果是受双重领导或需要其他上级机关了解时，可采用抄送形式。请示只有在特殊情况下才能越级，如需越级，需同时抄送被越过的上级机关。请示不得抄送给下级机关。

（三）正文

请示的正文一般由开头、主体和结尾三部分组成。

1. 开头

主要说明请示的缘由，如工作中出现的具体问题或困难，从全局的立场上突出请示的重要性、必要性和迫切性。和其他公文不同，开头部分的请示缘由是请示的重点和关键，直接关系到请示事项是否能够得到批准，因此要多着笔墨，保证有理有据，充分周全，做到"以真信人"、"以理服人"、"以情感人"。写明缘由后，常用"现将……问题请示如下"、"请示事项如下"等过渡语引出下文。

2. 主体

主要说明请求上级机关指示或批准的具体事项。如是请求指示的，应明确写明需上级解释或指示的具体内容；如是请求批准的，应明确解决问题的方案或意见，供上级参考。请示事项应具体、明白，如内容较多，可采用分条列项的方法安排结构。

3. 结尾

请示的结尾要明确提出批复请求，态度要谦和得体。常用"以上请示，当否，请批复"、"以上请示如无不当，请批准"、"特此请示，请批示"、"以上请示如无不妥，请批转有关单位执行"等惯用语作结。

（四）落款

落款署上发文机关和成文时间并加盖印章。

例文一

关于进一步做好中小学教职工公费医疗管理工作的请示

北京市人民政府：

《北京市实施〈中华人民共和国教师法〉办法》（以下简称《办法》）颁布实施以来，各级人民政府和市有关部门对中小学教职工公费医疗管理工作十分重视，做了大量工作，收到较好的效果。但是，个别地区和部门仍存在不及时报销教师医药费的现象，有的拖欠还很严重；个别单位将门诊医疗费包给个人，使公费医疗失去了互助共济的作用；有的地方公费医疗周转金不到位，使有的因大病住院的教师无力垫付住院押金，不能正常医疗等。为更好地贯彻《中华人民共和国教师法》和《办法》，进一步加强中小学教职工公费医疗管理工作，现提出如下意见：

一、切实加强中小学教职工公费医疗经费的统一管理。各区、县人民政府和市有关部门要切实加强领导，各司其职，密切配合，共同做好这项工作。严禁把教职工公费医疗费发给个人包干使用。乡镇一级中小学教职工的公费医疗费要纳入区、县公费医疗管理部门统一管理，以相互调剂，确保教师基本医疗。

二、保证中小学教职工享受应有的公费医疗待遇。各区、县人民政府和市有关部门制定的教师公费医疗费人均定额标准，不得低于国家公务员公费医疗费人均定额标准。在财力可能的情况下，可略高于国家公务员。

三、确保教职工公费医疗费用按时报销。中小学教职工医疗费报销的责任在区、县。各区、县医疗主管部门及医疗单位要采取切实的措施，按照公费医疗管理的有关规定，在中小学教职工就诊后的 3 个月内报销医疗费,不得拖欠。

四、各区、县要建立中小学教职工公费医疗周转金,解决患疑难重症的教职工住院医药费支出较多,学校垫付有困难的问题。公费医疗周转金由区、县财政局和教育局共同解决。在坚持公费医疗费由国家、单位、个人三者共同负担的原则基础上,对按照公费医疗管理规定,应由单位负担,单位负担确有困难的,由区、县教育主管部门在本系统内调剂解决;如系统内调剂解决仍有困难,由各区、县人民政府解决。

五、对特级教师实行优诊医疗待遇。各区、县和市各有关单位,要继续执行市卫生局《关于北京市中小学特级教师优诊医疗事宜的通知》,凡经市人民政府批准,获得北京市中小学特级教师荣誉称号,并年满 50 岁以上者,均享受优诊医疗待遇。

以上意见如无不妥,请批转执行。

北京市政府文教办公室

北京市财政局

北京市卫生局

北京市教育局

××××年×月×日

例文二

关于暂缓调高旅游专项资金在交通建设附加费中分配比例的请示

北京市人民政府:

今年 4 月 7 日,北京市委、市政府《关于加快发展旅游业的决定》(北政字[2002]8 号),同意建立旅游建设发展专项资金,其部分资金来源于交通建设附加费的分配,并将此分配比例从原来的 5% 调高到 10%。对此,我委认为该措施无疑有利于筹集资金,促进旅游业发展。但当初决定征收旅业交通建设附加费的目的,主要是筹集地铁资金,现要提高旅游专项资金往交通建设附加费中的分配比例,必然减少地铁资金的来源。地铁工程建设年度投资高达 30 亿元,筹资任务十分艰巨,而今年地铁资金缺口更大,需开拓更多的资金来源。因此,任何减少筹集地铁资金的做法都会导致工期拖长和投资增大,不利于工程建设。

鉴此,我委建议在地铁建设期内,暂缓调高旅游专项资金在交通建设附加费中的分配比例,仍执行旅游专项资金在交通建设附加费中占 5% 的分配比例不变。

专此请示,请批复。

北京市发展计划委委员会

二〇〇九年三月二十日

第十二节 批 复

一、批复的概念

批复适用于答复下级机关请示事项。

批复是与请示相对应的下行文,只用来上级机关答复下级机关请求批准的事项,对于不相隶属机关的请求批准,只能用复函,不可用批复。

二、批复的特点

(一)权威性

批复作为上级机关的结论性意见,是上级及对下级的指示,体现了上级机关的权力和意志,具有极强的法定权威性和行政约束力,一旦下发,下级机关必须严格贯彻执行,不得违背。

(二)针对性

批复是针对下级机关的请示而做出的答复,从内容上看是请示什么就批复什么,不涉及请示以外的其他事项;从批复对象上看一般也是谁请示就批复给谁。

(三)被动性

下级有请示,上级才有批复。批复必须是在有请示的前提下才能行文,属被动行文。

三、批复的种类

根据批复内容的不同,批复可分为问题性批复和事务性批复。问题性批复主要是针对下级机关工作中遇到的各种难以理解、难以确定、难以决断的新问题或疑难问题,提出指示意见,做出具体的解释或答复;事务性批复主要是针对下级机关请求批准的事项,提出审批意见。

四、批复的结构和写法

批复的结构一般由标题、主送机关、正文和落款组成。

(一)标题

批复的标题一般由发文机关、事由、文种三部分组成,如《国务院关于换发第二代居民身份证有关问题的批复》;也可省略发文机关,只由事由和文种组成。和其他公文标题写法不同的是,批复的标题还可以采用双介词的特殊结构,在标题中点明回复对象,如《国务院关于将辽宁蛇岛、老铁山划为国家重点自然保护区给辽宁省人民政府的批复》;或者是在事由部分中,明确表示对请示事项"同意"或"批准"的态度,如《国务院关于同意将江苏省南通市列为国家历史文化名城的批复》,如果是不同意或部分同意请示事项,标题中可不出现态度意见,到正文中再表态或详细说明。

(二)主送机关

批复的主送机关一般只有一个,即发出请示的下级机关。特殊情况下,如果答复内容涉及面比较广泛,也可适当扩大主送机关的范围。

(三)正文

批复的正文一般由引述来文、批复内容和结尾三部分组成。

1. 引述来文

作为批复的依据,主要是说明批复的缘由,方便下级机关了解批复内容是针对何请示而做出的。通常的写法是先引述下级机关的请示标题,后引发文字号,并说明"收悉",然后用惯用语"经研究,现批复如下"、"经×××会议决定,现答复如下"或"现就有关问题批复如下"等引出下文。如:"你单位《×××××的请示》(××字〔××××〕××号)收悉,经研究,现批复如下"。

2. 批复内容

主要是针对下级机关请示的事项,根据有关方针、政策规定和实际情况,表明同意与否的态度,并提出具体的处理意见、希望或要求。如果是不同意或部分同意下级机关的请示事项,要说明理由或提出补充或修改的意见,让下级机关理解支持并知道下一步工作的方向。

3. 结尾

可以使用惯用结语"此复"、或"特此批复"等,也可以在请示事项答复完毕后自然收束全文。

(四)落款

批复的落款要写上发文机关和成文时间,并加盖印章。

例文一

<h3 style="text-align:center">卫生部关于职业病诊断机构有关问题的批复</h3>

卫监督发〔2005〕298 号

河南省卫生厅:

你厅《关于职业病诊断机构资质认定有关问题的请示》(豫卫监〔2005〕84 号)收悉。经研究,现批复如下:

《职业病诊断与鉴定管理办法》第三条规定的"职业病诊断应当由省级卫生行政部门批准的医疗卫生机构承担。"是指按照《医疗机构管理条例》依法取得《医疗机构执业许可证》的医疗卫生机构,经省级卫生行政部门批准,方可从事职业病诊断工作。

此复

中华人民共和国卫生部
二〇〇五年七月二十六日

例文二

<h3 style="text-align:center">北京市人民政府关于首都机场南线和首都机场
第二通道收取车辆通行费有关问题的批复</h3>

京政函〔2008〕71 号

市交通委、市发展改革委:

你们联合上报的《关于机场南线机场第二通道收取车辆通行费有关问题的请示》(京交计文〔2008〕186 号)收悉。根据《中华人民共和国公路法》、国务院《收费公路管理条例》及有关文件规定,经市政府同意,现将有关事项批复如下:

一、同意首都机场南线(温榆河以西路段)设置黄港匝道收费站;首都机场第二通道利用机场南线设置的收费站收取车辆通行费。

二、同意首都机场南线、首都机场第二通道车辆通行费费率标准沿用现有机场路收费标准,并采用均一式收费方式,即:一类车辆10元、二类车辆20元、三类及以上车辆30元。收费期限自正式收取通行费之日起不超过25年,不得擅自提高收费标准和延长收费年限。

三、对在上述路段行驶的车辆,除按规定免收通行费的车辆外,一律按照标准征收车辆通行费。

四、由你们组织协调市有关部门统一负责上述路段收费站的设置和管理工作,并对收费公示和还贷情况进行监督。

北京市人民政府

二○○八年六月十一日

第十三节　意　见

一、意见的概念

意见适用于对重要问题提出见解和处理办法。意见可用作下行文,也可用作上行文和平行文。

二、意见的特点

(一)灵活性

意见的使用非常灵活。从行文方向上看,意见可作为下行文,由上级机关对下级机关的工作作出指导、规定和部署;也可作为上行文,由下级机关就某一重要问题向上级机关提出意见和建议;还可作为平行文,由平级机关相互行文,提出意见供对方参考。从行文方式上看,意见既可单独行文也可联合行文;既可直接行文也可间接行文。

(二)针对性

意见往往是针对某一重要或普遍问题发表指导性建议或处理意见,具有明确的目的性,它分析的问题切合实际,提出的见解切实可行。

(三)指导性

意见的指导性具有两层意思。一方面意见的制发以国家现有的方针、政策、法律法规为依据,同时结合实际对新的政策、原则等方面作出规定,具有较强的政策性、法规性、约束性,是对相关工作最有力的指导,受文单位必须遵照或参照执行;另一方面意见不像"命令"、"决定"、"指示"等文种,虽就原则问题作出硬性规定、提出执行要求,但在具体做法上却留有余地,受文单位可结合实际情况灵活变通,有的意见甚至不提具体要求,只供对方参考。

三、意见的种类

意见根据行文方向,可分为上行性意见、平行性意见和下行性意见。

意见根据内容性质,可分为建议性意见、指导性意见和规定性意见。

(一)上行性意见

上行性意见是下级机关向上级机关就工作中的重要问题提出意见和建议。它可分为两种情况:一种是呈报性意见,即下级机关对问题提出自己的看法和主张,供上级机关决策参考,不要求批转;另一种是呈转性意见,即下级机关就问题提出意见和建议,报知上级机关知晓,并请求上级机关审定核准后批转给有关单位执行。

对于上行性意见,《国务院办公厅关于实施〈国家行政机关公文处理办法〉涉及的几个具体问题的处理意见》(国办函〔2001〕1号,以下简称《意见》)中有明确规定,意见作为上行文,应按请示性公文的程序和要求办理。所提意见如涉及其他部门职权范围内的事项,主办部门应当主动与有关部门协商,取得一致意见后方可行文;如有分歧,主办部门的主要负责人应当出面协调,仍不能取得一致时,主办部门可以列明各方理据,提出建设性意见,并与有关部门会签后报请上级机关决定。上级机关应当对下级机关报送的意见作出处理或给予答复。

(二)下行性意见

下行性意见是上级机关向下级机关就工作中的重要问题提出规定性、指导性、部署性的原则和要求,具有较强的规范性和约束力。《意见》规定,意见作为下行文,文中对贯彻执行有明确要求的,下级机关应遵照执行;无明确要求的,下级机关可以参照执行。

(三)平行性意见

平行性意见是平行机关或不相隶属机关之间就某项具体业务或问题征求、交换意见,提出看法和主张。《意见》规定,意见作为平行文,提出的意见供对方参考。平行性意见为机关和部门之间的协作与交流提供了一条有效的途径。

下行性意见多为指导性、规定性意见,上行性、平行性意见多为建议性意见。

四、意见的结构和写法

意见的结构一般由标题、主送机关、正文和落款组成。

(一)标题

意见的标题可以用两种写法:一种是发文机关、事由和文种组成的完整式标题,如《教育部卫生部关于加强医学教育工作提高医学教育质量的若干意见》;另一种可省略发文机关,只由事由和文种组成,如《关于进一步振兴职业教育的实施意见》。

(二)主送机关

意见直接行文时,一般应写明主送机关,即意见的受文机关。如果是间接行文,作为转发的意见,可不标主送机关。

(三)正文

意见的正文一般由缘由、主体和结尾三个部分组成。

1. 缘由

主要写明发布意见的背景、目的、根据或意义,说明制发意见所针对的主要问题及解决此问题的重要性和迫切性。这部分内容可长可短,写作中要注意理由充分、目的明确、简明扼要。然后常用"为……现提出如下意见"、"特制定本实施意见"等过渡语引出下文。

2. 主体

主要写明针对重要问题或某项工作提出的见解、处理办法或要求。这个部分是全文的核心部分,如果是针对某个问题的不同方面提出意见或建议,可采用分条列项的写法,逐条陈述有关内容;如果是就某项工作做整体安排、提出具体实施意见,则常常按照思想意义、基本原则、目标任务、措施步骤、执行要求等逻辑顺序逐段安排相关内容。写作中要力求眉目清楚,观点突出,语言得体,具体可行。

3. 结尾

不同种类的意见常使用不同的结语收束全文。如果是上行意见,常用"以上意见供领导决策"或"以上意见如无不妥,请批转……执行"等结语;如果是下行意见,常用"以上意见,请结合实际情况认真贯彻执行"或"以上意见,望切实贯彻执行"等结语;如果是平行意见,常用"以上意见供参考"的结语。有些意见也可自然结尾,不用结语。

(四)落款

意见的落款一般要写上发文机关名称和成文时间,并加盖印章。有的下行性意见也可将发文机关和成文时间标注在标题的正下方,外加圆括号。

例文一

国务院办公厅关于实施《国家行政机关公文处理办法》
涉及的几个具体问题的处理意见

国办函〔2001〕1 号

各省、自治区、直辖市人民政府,国务院各部委、各直属机构:

　　为确保国务院发布的《国家行政机关公文处理办法》(国发〔2000〕23 号)的贯彻执行,现就所涉及的几个问题提出如下意见:

　　一、关于意见文种的使用。"意见"可以用于上行文、下行文和平行文。作为上行文,应按请示性公文的程序和要求办理。所提意见如涉及其他部门职权范围内的事项,主办部门应当主动与有关部门协商,取得一致意见后方可行文;如有分歧,主办部门的主要负责人应当出面协调,仍不能取得一致时,主办部门可以列明各方理据,提出建设性意见,并与有关部门会签后报请上级机关决定。上级机关应当对下级机关报送的意见作出处理或给予答复。作为下行文,文中对贯彻执行有明确要求的,下级机关应遵照执行;无明确要求的,下级机关可参照执行。作为平行文,提出的意见供对方参考。

　　二、关于"函"的效力。"函"作为主要文种之一,与其他主要文种同样具有由制发机关权限决定的法定效力。

　　三、关于"命令"、"决定"和"通报"三个文种用于奖励时如何区别问题。各级行政机关应当依据法律的规定和职权,根据奖励的性质、种类、级别、公示范围等具体情况,选择使用相应的文种。

　　四、关于部门及其内设机构行文问题。政府各部门(包括议事协调机构)除以函的形式商洽工作、询问和答复问题、审批事项外,一般不得向下一级政府正式行文;如需行文,应报请本级政府批转或由本级办公厅(室)转发。因特殊情况确需向下一级政府正式行文时的,应当报经本级政府批准,并在文中注明经政府同意。

　　部门内设机构除办公厅(室)外,不得对外正式行文的含义是:部门内设机构不得向本部门机关以外的其他机关(包括本系统)制发政策性和规范性文件,不得代替部门审批下达应当由部门审批下达的事项;与相应的其他机关进行工作联系确需行文时,只能以函的形式行文。

　　"函的形式"是指公文格式中区别于"文件格式"的"信函格式"。以"函的形式"行文应注意选择使用与行文方向一致、与公文内容相符的文种。

　　五、关于联合行文时发文机关的排列顺序和发文字号。行政机关联合行文,主办机关排列在前。行政机关与同级或相应的党的机关、军队机关、人民团体联合行文,按照党政军群的顺序排列。

行政机关之间联合行文,标注主办机关的发文代字;与其他机关联合行文原则上应使用排列在前的发文字号,也可以协商确定,但只能有一个机关的发文字号。

六、关于联合行文的会签。联合行文一般由主办机关首先签署意见,协办单位依次会签。一般不使用复印件会签。

七、关于联合行文的用印。行政机关联合向上行文,为简化手续和提高效率,由主办单位加盖印章即可。

八、关于保密期限的标注问题。涉及国家秘密的公文如有具体保密期限应当明确标注,否则按照《国家秘密保密期限的规定》(国家保密局1990年第2号令)第九条执行,即"凡未标明或者未通知保密期限的国家秘密事项,其保密期限按照绝密级事项30年、机密级事项20年、秘密级事项10年认定。"

九、关于"附注"的位置。"附注"的位置在成文日期和印章之下,版记之上。

十、关于"主要负责人"的含义。"主要负责人"是指各级行政机关的正职或主持工作的负责人。

十一、关于公文用纸采用国际标准A4型问题。各省(区市)人民政府和国务院各部门已经做好准备的,公文用纸可于2001年1月1日起采用国际标准A4型;尚未做好准备的,要积极创造条件尽快采用国际标准A4型。省级以下人民政府及其所属机关和国务院各部门所属单位何时采用国际标准A4型,由各省(区、市)人民政府和国务院各部门自行确定。

中华人民共和国国务院办公厅

二○○一年一月一日

第十四节　函

一、函的概念

函适用于不相隶属机关之间商洽工作,询问和答复问题,请求批准和答复审批事项。它属于平行文。

二、函的特点

(一)广泛性

函的适用范围非常广泛,是不相隶属机关之间公务往来最常用的文种。不相隶属机关包括两种情况:既可以指同一组织系统中没有隶属关系的各平级机关,也可以指不属于同一组织系统的各个机关之间。凡是不相隶属机关之间,不论是商洽工作、沟通情况,还是相互询问和答复问题、请求批准和答复审批事项等都可用函。有时候上下级之间就一般性事务的沟通,如询问有关情况、催交报表材料等也可用函。因此,函对发文机关的级别没有要求,任何级别的党政机关、企事业单位、社会团体均可使用。

(二)灵活性

函在制作、传递、使用上灵活简便,有公文"轻骑兵"的称誉。它既可用于重要公务的办理,也可用于一般性事务的沟通;既可长篇大论、分条陈述,又可简明扼要、一段完成;既可平行行文,又可兼有上行和下行;既可以采用文件式格式,又可使用信函式格式。

(三)事务性

函主要用于解决具体事务,有什么情况、需要解决什么问题,往往开门见山、直陈其事,对于原则、意义等道理性的内容不进行过多的阐述,重务实而不重务虚。

三、函的种类

函的分类方法较多,按照不同的标准可以划分为不同的类别。

(一)按照性质来划分,函可分为公函和便函。

公函用于机关间的正式公务活动往来。像其他法定行政公文一样,有严格的制发程序和规范的文本格式。便函不属于正式公文,只用于一般事务的处理,常用带有单位名头的信笺纸书写,格式比较随意,没有发文字号,甚至没有标题。

(二)按照行文是否主动来划分,函可分为去函和复函。

去函,又称"发函",是发文机关为了商洽工作、告知情况、询问或请批事项等主动向有关单位发出的函件。复函又称"回函",则是有关单位在收到来函之后,为了答复对方事项,而被动发出的函件。

(三)按照内容用途来划分,函可分为商洽函、知照函、询问函、请批函和答复函。

1. 商洽函

主要用于不相隶属机关之间商洽工作,讨论问题,联系有关事宜。

2. 知照函

主要用于不相隶属机关之间相互告知有关事项或活动。一般不需要回复。

3. 询问函

主要用于不相隶属机关之间或上下级之间询问某个具体问题或就某项工作征求意见。

4. 请批函

主要用于向业务主管部门请求批准某一事项、要求或请求解释相关政策、规章。如果是向上级机关请求批准事项,则不能用函,必须用请示。

5. 答复函

主要用于答复商洽函、询问函和请批函的相关内容,属于被动行文。请示必须用批复作答,如果上级机关收到下级机关的请示后,委托给办公厅(室)回复,则用答复函行文。

四、函的结构和写法

公函的结构一般由标题、主送机关、正文和落款组成。

(一)标题

函的标题可由发文机关、事由和文种组成,如《国务院办公厅关于调整全国道路交通安全工作部际联席会议成员单位及成员的函》;也可省略发文机关,由事由和文种组成,如《关于申请授权使用国旗国徽图案的函》。如果是复函,标题中常注明"复函"二字,且可以直接表明态度或交代出回复对象,如《卫生部办公厅关于食品安全企业标准备案有关问题的复函》。

（二）主送机关

函的主送机关一般只有一个，有时因工作需要，也可以有多个。复函的主送机关就是去函的发文机关。

（三）正文

函的正文一般由开头、主体和结尾三部分组成。

1. 开头

主要说明发函的缘由、背景或依据。如果是去函，要交代清楚商洽、询问、请批事项的原因，让对方了解事项的来龙去脉，以得到对方的理解和支持；如果是复函，要引用来文的标题和发文字号，有的还简述来函主题或答复依据，写法和批复基本相同。然后用"现将有关问题答复（函复）如下"等过渡语引出主体事项。

2. 主体

主要说明致函的具体事项。如果是去函，则写明需联系、商洽、告知、询问和请批的具体内容，有的还提出希望和要求；如果是复函，要根据来函的有关问题给予明确的答复。

3. 结尾

常根据函的不同内容和种类使用不同的惯用语作结。如果是告知函，可用"特此函告"、"专此函达"；如果是商洽函，常用"即请函复"、"请予支持，盼予函复"；如果是询问函，常用"可否，请函复"；如果是请批函，常用"请予审批"、"请予支持协助"；如果是复函，常用"特此函复"、"此复"。

函是平行公文，且灵活简便。写作中要注意一函一事，不可一函数事；要言简意赅，开门见山，切忌绕弯子、兜圈子，也无须像家信那样过分地寒暄；还要注意语言的礼貌性、得体性，强调协作，切忌盛气凌人，使用"一定"、"必须"、"要求"等指示性、命令式的词语。

（四）落款

函的落款要注明发文机关名称和成文时间，并加盖印章。

例文一

中国科学院××研究所关于建立全面协作关系的函

××大学：

近年来，我所与你校双方在一些科学研究项目上互相支持，取得了一定的成绩，建立了良好的协作基础。为了巩固成果，建议我们双方今后能进一步在学术思想、科学研究、人员培训、仪器设备等方面建立全面的交流协作关系，特提出如下意见：

一、定期举行所、校之间学术讨论与学术交流。（略）

二、根据所、校各自的科研发展方向和特点，对双方共同感兴趣的课题进行协作。（略）

三、根据所、校各自人员配备情况，校方在可能的条件下对所方研究生、科研人员的培训予以帮助。（略）

四、双方科研教学所需要高、精、尖仪器设备，在可能的条件下，予对方提供利用。（略）

五、加强图书资料和情报的交流。

以上各项，如蒙同意，建议互派科研主管人员就有关内容进一步磋商，达成协议，以利工作。

特此函达,务请研究见复。

中国科学院××研究所(盖章)

××××年×月×日

例文二

国家环境保护总局关于同意将黑龙江省作为
全民环境教育试点省的复函

环函〔2004〕255 号

黑龙江省人民政府:

你省《关于将我省作为开展全民环境教育试点省的函》(黑政函〔2004〕63 号)收悉。经研究,现函复如下:

我局同意你省为国家全民环境教育试点省;哈尔滨市、齐齐哈尔市、大庆市、牡丹江市、佳木斯市、绥化市为环境教育试点城市;黑龙江省农垦总局、大庆石油管理局、鸡西矿务局、七台河市矿务局、双鸭山矿务局、鹤岗矿务局为全民环境教育试点单位。

希望你省在开展全民环境教育的过程中探讨开展全社会环境教育的基本方法;探讨加强环境教育,降低环境执法成本的基本经验;探讨政府、社会、企业支持环境教育事业的途径;探讨学校环境教育如何与社会实践相结合,及开展全民环境教育国际交流的方式方法。为黑龙江省的生态建设和实现社会经济全面、协调、可持续发展奠定坚实的思想基础。

我局将关注试点过程中的有益经验,适时组织交流、研讨和报道,广泛宣传,促进全国环境教育工作不断开创新的局面。

国家环境保护总局

二〇〇四年八月五日

例文三

北京市教育委员会关于商请共同主办
"外国友人眼中的人文北京"摄影文化活动的复函

京教函〔2010〕272 号

市人民对外友好协会:

贵会《关于商请共同主办"外国友人眼中的人文北京"摄影文化活动的函》(京友函〔2010〕7号)收悉。经研究,我委同意作为该活动的主办单位之一,我委委员郑登文同志担任组委会副主任。

专此函达。

北京市教育委员会

二〇一〇年五月十日

第十五节　会议纪要

一、会议纪要的概念

会议纪要适用于记载、传达会议情况和议定事项。会议纪要是会议的产物,它是在会议记录和其他会议文件的基础上加工整理而成的,是反映会议的主要情况和重要精神的纪实性公文。

会议纪要以下行的居多,也可上行和平行。下行的会议纪要起到"决定"、"通知"的作用,往往针对有关问题提出解决的办法或作出政策上的规定,受文机关应遵照执行;上行的会议纪要起到"报告"的作用,汇报会议情况和议定事项,以便上级机关掌握会议内容,了解工作情况和进展;平行的会议纪要起到"通报"或"协议"的作用,将会议情况通报给不相隶属机关,以取得其在工作上的支持与配合,用文件的形式将会议内容和达成意向记录下来,发给与会各方,要求其明确各自职责并共同遵守执行。

二、会议纪要的特点

(一)纪实性

会议纪要必须全面、真实、准确地反映会议内容,传达会议精神。纪实性是撰写会议纪要时必须遵循的基本准则,撰写者不能离开会议实际,按照自己的主观臆断或某一领导的意志随意更改、增删会议内容或者议定事项。否则,就会失去其存在的价值。

(二)概括性

会议纪要是在会议记录、会议简报等会议文件基础上进行归纳整理、综合概括,反映会议主要精神和重要内容的公文。它不涉及整个会议过程,也不要求事无巨细地反映会议的全部情况,而是要用简要、精练的文字对会议的主要精神实质和议定事项作概括、集中的反映。撰写者要善于提炼、综合会议要点,分门别类地按照一定逻辑顺序条理安排相关内容,切忌记流水账。

(三)约束性

会议纪要一般用于比较重要的会议,会议本身就具有较强的权威性。会议纪要所记载的内容,又反映了会议的主要精神,是就重要问题提出的政策原则或看法方案,代表了与会人员的集体意志,是本单位、本系统开展工作的重要依据。因此,一旦形成就具有行政约束力和指导作用,与会单位及其下级机关都必须遵守和执行。如果由上级机关批转后以"通知"形式下发的会议纪要,其指导、参考作用还可影响到更大范围。

(四)特殊性

会议纪要在行文时除了可使用文件式格式、信函式格式外,还可以使用专门的会议纪要格式(主要用于国家行政机关的办公会议纪要)。在写作中,一般以第三人称"会议"作为表述主体,常用"会议听取了"、"会议讨论了"、"会议认为"、"会议指出"、"会议决定"、"会议要求"、"会议希望"等惯用语。此外,会议纪要一般不独立行文,上报采用"报告"的形式,下发采用"通知"的形式。

三、会议纪要的种类

会议纪要的种类很多,根据不同的标准,可划分不同的类别。

(一)根据会议的性质,可分为办公会议纪要和专项会议纪要。

办公会议纪要是各级党政机关、企事业单位、群众团体定期或不定期召开的工作会议所形成的会议纪要。这种会议纪要一般议题较多,内容问题较庞杂,所形成的决议事项具有较强的权威性和约束力。

专项会议纪要是会议主持机关为研究和解决某一专项问题或工作而召开的会议所形成的会议纪要。这种会议纪要一般内容比较集中、单一,主要用于协调关系、沟通信息,形成决议、指导今后工作。

(二)根据会议的作用,可分为部署型会议纪要和交流型会议纪要。

部署型会议纪要往往在办公会议和重要的专项工作会议后形成,主要用于传达重要的会议精神和决定,部署具体的工作内容和要求,具有很强的政策性、权威性和约束力,各关单位和部门在工作中必须遵照执行和贯彻实施。

交流型会议纪要往往在一些日常的行政会议或座谈会、研讨会、学术交流会后形成,主要用于如实传达会议情况,通报会议精神,便于人们及时了解会议内容,沟通信息,交流经验。

四、会议纪要和会议记录的区别

会议纪要和会议记录都是会议的产物,都要求如实反映会议内容,但二者也有明显的区别,主要表现在:

(一)内容不同

会议记录是会议的原始记录,要求"有闻必录",要详细的记录下整个会议过程,如会议的时间、地点、出席会议的人员、会议程序及与会者的具体发言等,一般不需要综合概括;而会议纪要是在会议记录及其他会议文件的基础上,加工整理、概括综合而成,不必详述会议过程,重点阐述的是会议结论、会议的主要精神实质。

(二)对象不同

会议记录适用于各种会议,有会必录;而会议纪要则只用于比较重要的会议,需要将重要的会议精神和会议事项传达出去,才整理行文。

(三)用途不同

会议记录一般不需要上报或下发,主要用于存档备查,作为会议的凭证;而会议纪要一旦成文之后,属于正文文件,可上报下发,还可公开发表。

(四)性质不同

会议记录是未经加工整理的原始材料,不属于法定行政公文,只是一般性的事务文书;而会议纪要属于法定行政公文,具有较强的权威性和约束力。

五、会议纪要的结构和写法

会议纪要的结构一般由标题、正文和落款组成。会议纪要可以没有主送机关,如需标注,可标在主题词之下、抄送机关之上。

（一）标题

会议纪要的标题一般由会议名称和文种构成，会议名称必须写全称。如《全国妇幼卫生工作会议纪要》。

（二）正文

会议纪要的正文一般由会议概况、会议内容和结尾组成。

1. 会议概况

这是会议纪要的开头部分，主要用来概况介绍会议的基本情况，如召开会议的依据、目的，会议的名称、时间、地点，与会人员情况，主要议程及议题等。这部分内容可详可略，要根据实际需要来安排，一般用一个自然段综合概述，要简明扼要，不要冗长繁琐。然后可用"会议主要事项议定如下"或"会议经过审议，议定如下事项"等过渡句引出下文。

2. 会议内容

这部分是会议纪要的重点、核心部分，主要用来说明会议的主要情况、重要精神和议定事项等。根据会议纪要内容、类型的不同，写法不尽相同，常用的方法主要有集中概述法、分条归纳法和摘要记录法。

集中概述法就是把会议讨论、研究、议定的问题和事项分成若干自然段，然后逐段集中阐述一个方面的内容，比如"会议讨论了……"、"会议研究了……"、"会议认为……"、"会议强调……"、"会议决定……"、"会议要求……"这种写法多用于议题单一、集中的会议。

分条归纳法就是把会议的主要内容分成几个大的问题，然后利用加小标题或序号的方式，分类归纳阐述，如目的、意义、目标、任务、政策、措施等。这种写法多用于议题较多，问题较复杂的会议。

摘要记录法就是围绕中心议题，按照发言顺序或所持观点的不同，把与会人员具有典型性、代表性的发言提炼、概括出来，以如实反映与会人员的态度和意见。这种写法多用于重要的座谈会或研讨会。

3. 结尾

这是全文的收束部分，可以提出希望、号召等，也可省去不写。

会议纪要的写作要及时迅速，真实、准确地概括会议内容，做到重点突出、层次清晰。

（三）落款

如果采用会议纪要文本格式，因眉首部分已经显示出发文机关名称和成文时间，落款处就可省去不写。如采用其他形式，可在落款处写明召开会议的机关名称和成文时间。成文时间也可写在标题之下，外加圆括号括住。会议纪要无需加盖印章。

例文一

中国成年人体质监测工作会议纪要

国家体委于×××年×月×日至×日在厦门市召开了中国成年人体质监测工作会议。国家体委群体司、科教司和国家成年人体质监测中心的领导以及18个参加成年人体质监测工作的省（区、市）体委的代表共70余人出席了会议。群体司司长×××同志、科教司副司长×××同志和国家成年人体质监测中心主任×××同志在会议上作了讲话，监测中心常务副主任×××同志、副主任×××同志作了监测工作方案的说明。这次会议布置了×××年中国成年人体质监测工作任务,研究、讨论了××××年中国成年体质监测工作方案,交流了施行《中国成年人体质测定标准》工作的经验,与会代表通过学习有关文件,进一步提高了对开展成年人体质监测工作的目的与意义的认识,统一了思想,明确了任务。纪要如下:

一、关于对开展成年人体质监测工作的认识问题

与会同志认为,开展成年人体质监测工作,是运用现代科学技术手段,有效地发挥体育在增强人民体质方面的作用,将国民体质作为综合国力的组成部分进行管理的一种手段,体现了国家的意志,我国从法律到法规对此是一以贯之的。《中华人民共和国体育法》、《全民健身计划纲要》和《国民经济和社会发展"九五"计划和2010年远景目标纲要》等重要的行政性法规都涉及到国民体质监测的问题。

二、关于确定成年人体质监测工作方案的问题

根据与会代表就成年人体质监测工作方案所提出的问题及反映的有关情况,会议决定:(略)

三、关于开展成年人体质监测工作应树立的观念问题

与会同志认为,在中国成年人体质监测工作的帷幕即将拉开之际,全体参加成年体质监测的人员要树立市场经济的观念,不能把成年人体质监测工作搞成轰轰烈烈的群众运动,不能等靠国家投入,要以搞建设的方式,立足扎扎实实,通过宣传,调动各方面的积极性,自觉自愿地参加。

为此要树立以下十个观念:(略)

四、关于正确处理好实施《标准》工作和监测工作关系的问题

与会代表认为,要正确处理好实施《标准》工作和开展成年人体质监测工作的关系。体质测定和体质监测是我国施行国民体质测定制度的两个方面的工作,它们之间是相互联系。相互促进的。只有在广大人民群众自觉参加体质测定的条件下,才有可能不断增强国民的体质,也才有体质监测工作的健康发展;从另一角度看,体质监测工作又能推动《标准》的施行工作。所以,各地要将这两项工作有机地结合起来,互为动力,形成彼此相互促进,良性循环的发展形式。

××××年×月×日

第三章　事务类文体写作

第一节　计　划

计划在实际工作中有着十分重要的意义,制订计划是工作的重要环节,落实计划是工作的必要形式,计划内容是考评工作的依据,计划的科学性影响工作有效实施。

一、计划概述

(一)计划的涵义
计划是用于工作或行动以前预先规定工作目的、内容、方法、步骤、时间和要求的文书。

(二)计划的分类
按内容分:政治计划、训练计划、管理计划、教育计划、生产计划、科研计划等;

按范围分:国家计划、部门计划、单位计划、个人计划等;

按时间分:年度计划、季度计划、月份计划、周计划,长期计划、中期、短期计划等;

按详略分:规划、设想、计划、意见、要点、安排、方案等;

按外观形式分:有表格式计划、网络图式计划、文字记述式计划、综合形式计划;

按拟制过程分:计划初稿、草案、讨论稿、定稿等。

(三)计划的要素
目标—制订计划的导因(为什么做＋做什么)

措施—实施计划的方法(通过什么做＋怎么做)

步骤—实施计划的程序(先做什么＋后做什么)

(四)计划的功能

1. 导向性功能

用所确立的目标、方向教育人们,统一人们的思想,协调人们的行动,引导整个事业朝着政策制定者所希望的方向发展。

2. 管理性功能

现代社会中,计划因素已渗入社会生活的各个领域,依据计划对社会生活进行计划、组织、控制、协调已成为社会管理的重要方式。

3. 象征性功能

制定计划的目的在于改变社会的状况,产生实质性的效果。但计划有些内容并不具备这种实质性后果,它仅仅在于影响人们的思想观念,它的存在仅具有符号意义,即只有象征性功能。

二、计划的写作方法

(一)标题

(1)单位名称+计划时限+计划内容+计划名称

(2)单位名称+计划内容+计划名称

(3)计划时限+计划内容+计划名称

(4)计划内容+计划名称

(二)正文

回答"为什么做"、"做什么"、"怎么做"。

1. 导语——回答"为什么做"、"做什么"。

(1)提出计划的指导思想。

例如:"二〇〇×年×机关开展'集中抓'工作,建立健全了组织生活制度,增强了党支部的战斗力,但仍然存在着不足。二〇〇×年机关要以'三个代表'重要思想为指针,全面加强基层建设,深化'集中抓'工作,把基层建设成带领群众圆满完成各项任务、经得起任何考验的坚强领导核心。"——《×机关关于深化"集中抓"工作的设想》

指导思想注意事项:占位要高、有全局观念;方向要明、有超前意识;概括要精、语言要准确。

(2)说明计划的依据打算(使用"根据"、"遵照"等词)。

例如:"根据《××××建设纲要》第十六条关于各级'主要是制定基层建设的年度计划和重要措施'的精神,现制定二〇〇×年度基层建设计划。"——《××××二〇〇×年度基层计划》。

(3)指出工作特点和计划要求。

例如:"十月份,任务重,头绪多,是完成全年任务的关键月份。各单位一定要统筹安排,重点抓好以下五项工作:……"——《十月份×部工作安排》。

(4)简单点明计划目的,使用"为、为了"等词。

例如:"为建设一支宏大的高素质队伍,适应我国加入世界贸易组织后的形势,适应当今和未来激烈的国际竞争,保证建设有中国特色社会主义事业健康发展,特制定本纲要。"——《2002~2005年全国人才队伍建设规划纲要》。

2. 主体——回答"怎么做"、"分几步做"

(1)目标任务(想要达到的境地或标准)。

按项目区分目标任务:

如,某单位按照工作将目标定了五个方面,"政治思想稳定统一,业务素质有所提高,作风纪律有较大进步,后勤保障全面改善,支部作用明显加强。"

按层次区分目标:

如,某单位为了提高干部在职训练水平,将机关人员分了三个层次,区分学习目标。一是谋略层,分为领导管理型和预测决策型;二是应用层,分为文秘型、计划组织型和软件设计型;三是基础层,分为专业技能型、现代办公操作型和基础业务养成型。不同层次,不同类型的对象学习不同的内容,防止了一锅煮的现象。

按对象区分目标：

如，某单位对深入开展科学文化教育的目标就是按照对象不同文化水平进行区分的。

制定目标注意事项：要具体、要清楚、要明确。

（2）主要措施或要求（针对重大情况而采取的处理办法）。

例如：

（一）开展一项活动

根据《纲要》规定，基层单位都要按照六条标准开展达标活动，上级统一在基层开展的其他单项评比，一律纳入达标活动轨道。（略）

（二）抓好两项教育

1. 严肃认真地抓好改革形势和任务教育。（略）

2. 切实有效地抓好法制纪律教育。（略）

（三）搞好三个保障

1. 军事训练保障。

2. 物质生活保障。

3. 文化生活保障。

（四）突出四个整顿

1. 整顿本级党委。

2. 整顿各级机关。

3. 整顿基层党支部。

4. 整顿基层干部队伍。

制定措施注意事项：针对性要强、可行性要好、操作性要明。

（3）具体步骤（事情进行的程序）。

例如：某单位《进行作风纪律整顿的计划实施步骤》是：

时间安排及方法步骤：

（一）宣传教育阶段（3月1日～3日）

各单位召开会议，对整顿活动进行专题研究和部署，周密计划，合理安排。召开全体人员大会，深刻认识整顿的目的、意义，了解、掌握整顿的内容。

（二）查找问题阶段（3月4日～8日）

各单位结合新的《条例》的学习贯彻，对照"六查"的各项内容，采取"自查、互查，反复查"的方法，认真查找出本单位在实际工作中存在的问题。查找问题要实事求是，不掩盖、不搪塞。

（三）整顿实施阶段（3月9日～27日）

各单位将查出的问题分门别类，有针对性地制定有效、管用的具体整改措施，逐个进行整改，要有"抓住问题不放松，整改不好不收兵"的决心。通过整改，争取达到纪律观念增强，条令规章落实，工作作风扎实，干部表率作用明显，干群关系融洽，军容风纪严整的目标。

（四）检查验收、讲评表彰阶段（3月28日～31日）

按照"六查"的内容和制定的标准进行检查验收。对整顿完成好、收效明显的单位进行表彰、奖励，对差的单位进行批评。

制定具体步骤注意事项：阶段划分要清楚、划分阶段要科学。

三、制订计划注意问题

（一）广泛学习调研，认真分析形势，切实找准问题

1. 全面系统地掌握有关信息

吃透上头精神、弄清下头情况、了解左邻右舍、回顾历史经验、预测未来趋势。

2. 全面系统地准备参考文件

分管人员及下属单位意见、上级下发的同类工作计划、过去制定的同类工作计划、左邻右舍的同类工作计划。

3. 全面系统检查计划可行性

包括对全局工作的影响、对外部工作的影响、对内部工作的影响、对下一阶段工作的影响、同前项工作的衔接及影响。

（二）以全面发展为主题，坚持机会优先的思路创新计划目标和内容

（1）确定全面发展的主题是计划的题中之意。

（2）坚持机会优先的思路，就是在确定计划目标和内容时要尽可能把利用机会放在第一位，更多地着眼于利用机会，求得发展。而不是把主要力量用以维持或恢复原来的所谓"正常状态"。现实状态往往是有机会不利用，人们往往感受不到有多少压力，使机会被忽视、被轻视。

（3）无论个人、群体，还是国家、社会、事业要发展，不能光凭解决消极性的问题即难题，还要善于去利用、开发机会。如果计划只围绕着消极的问题转，只求解决危机，不去追求利用良机，是很难开创新局面的。我们必须用敏锐的眼光去发现机会、开发机会、抓住机会、利用机会，并在此基础上作出决策，从而使事业得到发展。

（4）创新是规划的生命力所在。计划的过程实际上就是创新活动的过程

（三）深入分析、提炼目标，按照纵向到底、横向到边的要求确定计划目标体系

计划所要解决的问题常常是比较复杂的大问题，其目标往往不是单一的，而是多目标的有机组合，存在着总目标和子目标构成的多层次、多方向的目标体系。任何组织和事业都应有明确而具体的总目标，同时为达到总目标必须要有部门目标（横向的）和层级目标（纵向的）来支持。形成左右相连、上下一贯、彼此呼应的目标网或目标体系。

纵向到底：就是从总目标开始，一级一级从上向下，层层展开，延伸到底。通常上一级实现目标的手段即达到目标的方法就是下一级的目标。

横向到边：是指目标的横向分解中每一个相关的领域都要有相应的目标，而不能出现"盲区"和"失控点"。横向分解后的分目标是处于同一层次的，是实现上一级目标的不同手段。

（四）从群众中来，到群众中去，领导、专家、群众相结合，把制订计划的过程变成统一认识、凝聚人心的过程

企业管理理论中有一个"二八"律的说法：企业管理理论认为，20%的决策、管理、技术人员在决定企业发展方向上起着80%的作用，其余80%的人起着20%的作用。

（五）注重文风，反复修改，给计划文件一张清新的脸

删繁就简，防止连篇累牍；系统归纳，防止盘根错节；吃透新词，防止牵强附会；讲究实际，防止华而不实。

例文

北京大学防治非典型肺炎工作方案

为做好非典型肺炎(以下简称"非典")防治工作,结合北京大学具体情况,特制定本方案。

一、指导思想与工作原则

防治工作指导思想是:在学校党委的统一领导下,以"三个代表"重要思想为指导,认真学习、贯彻国务院关于"非典"防治的24字方针:"沉着应对、措施果断、依靠科学、有效防治、加强合作、完善机制",全力以赴保障北大师生的健康和安全,维护学校政治稳定。

防治工作的原则是:

第一,从"三个代表"的高度全面认识防治"非典"工作的重要性,把防治"非典"工作与"三个代表"要求紧密结合起来,真正代表广大师生员工的根本利益。

第二,从思想上充分认识"非典"问题的严重性和防治工作的紧迫性。

第三,坚决果断地采取一切必要措施,坚决切断"非典"传播的病源,消除隐患,防患于未然。

第四,取消非必须进行的规模较大的群体活动,进校参观、访问、旅游等活动须经党委常委会、校长办公会批准。

第五,坚持"早发现、早报告、早隔离、早治疗"。

第六,对广大师生员工要做到信息准确、公开、透明。

第七,建立高效的工作体制和快速反应机制,加强统一领导,及时准确地沟通信息和采取必要的措施。

第八,发挥北大思想政治工作的优良传统,做好舆论宣传引导工作,提高认识,加强警惕,确保师生思想情绪稳定和学校的政治稳定。

二、组织领导

成立北京大学"非典"防治工作领导小组。许智宏校长担任组长,林钧敬、林久祥副校长担任副组长,林久祥主持常务工作,王登峰副书记、郝平副校长、鞠传进校长助理、医学部副书记吴建伟为成员。领导小组下设办公室,由党办校办主任张彦担任办公室主任,成员包括校医院、党委宣传部、医学部、国际合作部、学生工作部、总务部、保卫部、会议中心、团委、街道办事处的负责同志。办公室负责全面协调、组织全校"非典"防治工作,办公地点设在办公楼202室(电话:62767500)。

领导小组办公室内设校本部"非典"防治办公室和医学部"非典"防治办公室,分别由校医院院长张宏印、医学部副主任李鹰担任主任。

各院系、机关各部、各直属、附属单位分别成立防治"非典"工作领导小组,由主要负责人担任组长,领导本单位的防治工作,并向学校领导小组办公室汇报工作。

三、具体措施

(一)严格信息报告制度

学校设立24小时值班及疫情监控和联系电话(62751201、62751301、62767500),学校各院系、机关各部,以及直属、附属单位防治"非典"工作领导小组及时收集相关信息,每天上午8:

00—9：00，下午 2：00—3：00 两次向学校"非典"防治工作办公室报告情况，紧急或特殊情况随时上报。"非典"防治工作办公室汇总各方面信息，及时报告校领导小组，并随时与上级单位保持密切联系。

（二）严格信息发布制度

学校"非典"防治工作办公室负责校内媒体有关"非典"信息的审核、发布。与疫情相关的权威信息的发布，须经学校"非典"防治工作领导小组批准，并请示教育部党组、北京市委、市教育工委。校内各媒体不能随意传播、发布关于"非典"的信息。

（三）加大宣传和培训的力度

1. 校医院负责对校园内医务人员、教职工、学生进行"非典"防治知识、方法的分类培训。

2. 向校内所有教职工、学生发放"非典"预防知识手册、消毒指南，做到人手一册。

3. 充分利用本校的现有网络、闭路电视、板报、媒体、专题讲座等多种形式，普及"非典"防范的有关科学知识。

（四）通力做好预防工作

1. 一般措施

（1）给全校师生员工每人发放口罩 2 个。

（2）在公共卫生场所完善洗手设备，提供流动水、洗手液、除菌消毒肥皂（如硫黄皂、舒肤佳、上海药皂等）。

（3）教育师生增加户外活动的时间，注意劳逸结合，增强抗病能力。注意个人卫生，勤洗手、搞好居室卫生，勤晒衣被。

（4）建议教职工和学生尽量避免接待外地来访的客人。人员来源复杂的各种培训班、课程班尽可能调整、推迟来校授课时间。尽量避免室内聚会，尽量减少不必要的会议和集体活动。

（5）在公共场所工作的专门职工，如：食堂员工、医院医护人员等，以及其他窗口服务人员和就医的病人要戴口罩、帽子。

（6）所有师生居所、工作室、人群聚集场所增加通风的时间和强度。

（7）做好对食堂饮水、洗手及其设备环境的卫生检查工作。

（8）建议师生们"五一"假期期间，尽量减少不必要的外出，以避免在外出的途中或目的地受到交叉感染，如果确实需要到外地去，一定要在出发前和返校后向所在院系或单位汇报。

2. 消毒措施

（1）一般消毒：各教室、食堂、学生宿舍、图书馆、办公室、会议室、教职工宿舍等人员密集的地方，按规定进行消毒。具体方法由校医院组织实施或指导实施。

（2）对"非典"确诊和高度疑似病人的学习工作场所、居所和通道等由疾控中心专业人员去消毒，对密切接触人员的工作地点、起居场所由校医院组织进行重点消毒。

3. 药物预防

为师生员工提供有关中药。

对与疑似病人密切接触者，加量提供中药，并按医嘱进行防治。

（五）严格落实监控措施

1. 为每一个学生宿舍配备体温计一支。要求每晚睡前测体温一次。发现 37.5 摄氏度以上发热者，需立即报告校医院。

2. 校医院开设独立的、与正常门诊隔离的发热门诊,严防院内交叉感染。实行 24 小时开诊,开设专线"非典"咨询电话(62765531)。

3. 街道办事处组织各居委会调查、排查辖区内居民的可疑状况;各基层单位防治工作领导小组密切关注本单位教职工、学生以及其他相关人口的可疑状况。发现任何可疑病人要及时报告本单位和学校"非典"防治工作办公室。

4. 校医院要及时按照防疫法的规定统计、分析、报告区卫生局疾控中心,并向学校疾病防治工作办公室总结汇报。

5. 对于可疑患者及时送至条件好的医院进一步诊断和治疗。同时,各主管单位立即对该患者密切接触人群进行调查,并要求被接触者留家观察,避免与他人接触。

(六)果断切断病源,严密控制与疑似"非典"患者密切接触者

1. 对疑似"非典"患者,立即安排与其密切接触的人群到专门地点进行隔离观察。

2. 相关院系、附中、附小等教学单位在必要时可提出申请,调整教学方式和学习方式,经批准后实行。

3. 尽快实事求是地向师生员工公布相关情况,消除疑虑,避免谣言传播。

(七)集中人力、财力、物力,保证防治工作顺利开展

学校及各基层单位集中人力、物力、财力,保证防治工作所需要的药品、用具、设备等物品,全力保证"非典"防治工作的开展。

(八)加强对于特殊单位、特殊人群的防护工作

要特别加强校医院、中小学、幼儿园等单位的防护工作。

对于留学生、外国专家及家属,外事部门要制定特殊的防范措施和保护措施,对其工作、生活、学习、就医给予特殊关照。

中共北京大学委员会

北京大学

二〇〇三年四月十七日

第二节　总　结

一、总结的定义、作用

总结作为一种回顾与思索的手段,是人类在社会实践中认识世界的必不可少的形式,是一种使用比较广泛的机关日常事务应用文。总结是做了一个阶段工作或完成了一项任务之后,进行回顾、检查和研究,找出经验、教训,并把它条理化、系统化,得出规律性认识的书面材料。

邓小平同志说过:"我是靠总结吃饭的。"要重视总结成功的经验,又要注意总结失败的教训;要总结历史的经验,又要重视总结现实的经验;要总结个人的经验,又要善于把别人的经验教训变为自己的财富。总结的过程,就是"悟"的过程;"悟"得深与浅,就看是否有心和用心。

二、总结的种类

总结的种类很多。

按内容分,有工作总结、生产总结、学习总结、思想总结等。

按工作范围分,有个人总结、单位总结、部门总结、地区总结等。

按时间分,有月份总结、季度总结、年度总结、阶段总结如学期总结等。

按性质分,有综合性总结和专题性总结。从写作意义上说,特别要注意把握综合性总结和专题性总结的写作。

三、总结的写作格式

总结常见的格式包括标题、正文、结尾三部分。

（一）标题

总结的标题有三种写法:

(1)类似公文式:由机关名称、时间、事由、文种构成,或者省略其中的某一项。如,《××市2001年度市政建设工作总结》、《医科大学2000年工作总结》。

(2)新闻式:一般侧重于经验总结。如《实行优化劳动组合,调动了职工的积极性》。内容比较复杂的总结,可采用正副标题。其中主标题概括总结的内容,副标题则标明名称、事由、文种,如:《优生优育,政策深入人心——××市××厂2000年度计划生育工作总结》

(3)议论式:它一般直接标明总结的基本观点,鲜明地表现总结的主旨。它常常是具体地表现为一个直截了当的判断性句子或短语,例如,《经济要振兴,教育要先行》、《搞好审计调查,为宏观决策服务》。

（二）正文

综合性总结与专题总结写法不同。

1. 综合性总结

(1)基本情况概述:概况可写总结的指导思想、依据、目的、时间、背景、对象、主题、步骤、措施、做法、内容、成绩、条件、效果及评价。当然这些模块不是什么情况都堆上去,而是有选择取舍,选取人们最关心的问题。即用简练的语言,对几个问题进行概括,指出以什么为指导思想,遵照上级什么指示和文件精神,工作是以什么为依据,或在什么基础上开展的,以什么为工作要点,取得哪些成绩,效果如何等。——对过去有一个整体的估计。其实也就是要交代清楚全篇文章的基本议题,也就是全文的主题。切忌脱离文章中心,把与主题无关,与正文需要无关的情况做面面俱到的介绍,更反对用空洞、浮泛的套话来写总结的开头。

(2)基本经验或主要做法:总结的主要部分就是把工作中取得的基本经验或做法,予以概括和叙述。要写明做了哪些工作,采取了哪些措施、方法、步骤,有什么效果,取得了哪些成绩,取得成绩的主客观原因是什么,哪些做法是成功的,行之有效的。如,《××省卫生厅2001年上半年的工作总结》,就写了四条基本经验和主要做法:①进一步深化卫生改革,增强医疗卫生单位的活力,更好地服务于社会;②认真贯彻预防为主的方针,积极开展爱国卫生、疾病预防和妇幼保健工作,降低疾病发病率;③加强医学教育,充分发挥优势,挖掘潜力,加速为农村培养人才;④贯彻党的中医药事业的政策。

(3)存在的问题和今后的意见:总结虽然以肯定成绩,总结正面经验为主,但不能"报喜不报忧",也要写出工作实际中存在的问题,以利于今后工作中扬长避短。写还应写好出现问题的原因,挖掘为什么会出现问题,进而明确今后努力的方向。

为进一步明确今后努力的方向,有的工作总结在列出存在的问题后,原则地、粗线条地写出今后工作的。

存在的问题和今后意见都要根据具体实际决定取舍。

2. 专题总结

基本情况概述之后,提炼出几点经验,在过程、作法中提炼出经验、体会、认识,往往是以论带叙。

(三)落款和日期

四、总结的写作要求

(1)总结的标准:"二度",一是有益度,能够使人们收益;二是可信度,总结观点、材料、数字要真实可信。

(2)拟制者的条件:"三要",一是要提高思想水平和理论修养;二是要提高自己科学思维能力;三是要提高语文素质和文字组织能力。

(3)总结的内容:"四忌":一忌论断失实;二忌冗长累赘;三忌笼统浮泛;四忌前后矛盾。

例文

××省结核病防治所××××年工作总结

在卫生厅党组的关怀和领导下,在各处室的支持和帮助下,××××年全所党政团结、上下齐心,全体职工积极努力奋斗,以全国结核病防治规划为目标,以全国和全省卫生工作大会精神为动力,结合我省和我所实际,圆满完成了所长和党支部两个工作目标合同所规定的任务,并通过抓"项目"试点,为开创我省结防工作新局面奠定了良好的基础,现将主要工作总结如下:

一、以目标合同为基础,抓好全省结防工作

所长与厅长签订的目标合同,是全年的工作基础;支部工作目标合同,是完成各项任务的保证;全省的防痨工作,则是结防所工作目标和控制全省结核病疫情的要点;而开展的"项目"试点工作,正是推动全省结防工作跨上新台阶的一个良好开端。

1. 党政齐抓共管,争创全省防痨工作新局面。

今年结防所党、政、工、团组织团结协作,保持结防所的稳定,并且把全省防痨工作当做我所的重要任务来抓。领导积极带头,工作不分分内分外,只要对全省结防工作有益,对控制我省结核病疫情有利,都努力争取做好。通过对全国和全省卫生大会精神的学习,全所干部职工进一步充分认识到了控制我省结核病疫情的重要性,增强了紧迫感。所领导与业务科室同志一道,深入基层了解情况,齐心协力,促进基层防痨工作的开展。全年所领导和业务人员共下基层工作×××天,其中所党政领导下基层××天。在各级领导的带动下,同志们不辞辛苦,不计较个人的得失,走村串寨,想患者所想,急患者所急,积极宣传党的政策和防治结核病的知识,所到之处,尽可能帮助基层解决专业技术上的问题,帮助基层出主意想办法,及时将各地的结防工作开展情况和疫情态势汇总进行分析,并反馈到卫生主管部门和卫生部结核病控制中心,为卫生主管部门及行政领导决策提供了可靠的依据。领导和专家们一起,了解情况,分析疫情,制定解决的方法,使我省结核病防治工作不断发展。

2. 抓"项目"试点,奠定基础,提高我省结防水平。(略)

3. 完成了今年新列入的×个卫生部项目县启动前的考核检查、培训等准备工作。(略)

4. 加强质控,保证质量。(略)

5. 完成了××、××两个结防监测县的技术指导工作。(略)

6. 继续把好防痨药品质量关,为基层提供方便。(略)

二、积极开展结核病门诊和住院病人的治疗工作。(略)

三、做好所内建设,稳定结防队伍。(略)

四、培训人才与提高教学、科研水平。(略)

五、宣传工作到位,增强防病治病意识。(略)

六、存在问题

1. 我省结核病疫情严重,宣传工作力度还有待加强,部分领导和群众仍然对其认识不足,大部分医疗单位领导和医院的医务人员仍然不了解现代结核病管理手段和先进的治疗方法。

2. 结防机构和人员不稳定,一些已建起来的机构因待遇和经费等原因而撤并,使工作不能开展,今年报卡的结防科已降至××个。占总人口××%的非项目县,新登病人只占全省的××%。

3. 非项目县归口管理仍然未解决,很多肺结核病人到医院或普通诊所治疗,由于经济困难和不规则治疗而形成耐药,难治复治病人增多。

4. 部分专业技术人员的积极性没有得到充分的发挥,出现忙闲不均,如何调整好是有待今后认真研究的问题。

5. 业务学习抓得不紧,没有有计划、有目的地安排专业学习。

××省结核病防治所

××××年××月××日

第三节　调查报告

一、调查报告的涵义和特点

1. 调查报告的定义

调查报告是对某项工作情况或某一问题(事件)进行实际调查,并经过分析写成的书面文字材料。调查报告的作用,主要有三种:为领导机关制定方针政策提供依据;为贯彻方针政策提供典型经验;为严肃处理某个重大事件或失误提供事实依据。

2. 调查报告的特点

调查报告是一种说明性文体,除具备一般文体的共同特点外,还有以下几个特点:让事实说话;重在分析研究;阐述问题的系统性、完整性;表述比较严肃。

二、调查报告的种类

调查报告有很多种类:基本情况的调查报告;典型经验的调查报告;新生事物的调查报告;揭露问题的调查报告;历史事实的调查报告。

三、调查报告的写作方法

(一)调查报告的标题

常见的标题形式有以下几种:

1. 直接揭示事由

如:《农场实行承包》、《基层干部战士对服装工作的希望》、《仓库爆炸事件真相》等。

2. 关于＋事由＋文种

如:《关于基层建设的调查》、《关于住房制度改革情况的调查》

3. 提问式

如:《汽车团是怎样开展节油活动的?》、《××是怎样走上犯罪道路的?》

4. 正副标题结合(正标题揭示主题或表明主要观点,副标题标明调查对象及所调查的问题)

如:《一条提高司机训练质量的可行之路——汽车某团司机新训"四课型六因素单元教学法"调查》。

(二)调查报告的开头

调查报告的开头介绍被调查者或事情的主要情况或基本经验等,大概有以下内容:

缘由——为什么要进行调查?

时间——何时开始调查,调查了多少时间?

地点——在何地做的调查?

对象——向哪个或哪几个单位或个人作了调查?

范围——调查了什么问题?

方法——是走访还是蹲点? 是个别谈话还是开调查会、搞民意测验等。

经过——调查的过程。

收获——是否了解了事物的真相、性质、规律等。

(三)调查报告的结构

1. 横式结构:

例如:《一条提高司机训练质量的可行之路》,就从横式如下三个方面写的。

①什么是"四课型六因素单元教学法";②"四课型六因素单元教学法"的特点;③实行"四课型六因素单元教学法"的好处。

2. 纵式结构:

例如:《卖大碗茶起家的企业之秀——北京前门茶点综合服务社调查之一》,从下面几方面展开的。

应运而生　　顺乎民心

发扬优势　　站稳脚跟

飞速发展　　鼓舞人心

（四）确立观点

常见观点形式有以下几种：

(1)做法型　如：开展三个教育、搞好两个转变

(2)成绩型　如：改善了基层干部队伍的知识结构，业务素质得到增强

(3)经验型　如：坚持预防为主，搞好两管五改

(4)建议型　如：尽快纠正西南山林区的经营方针

(5)问题型　如：政工干部队伍年龄结构老化

(6)结论型　如：旧式装备大有潜力可挖

(7)因果型　如：由于"专职政治辅导员"教育成效甚微，现实迫使他们寻求新路

(8)提问型　如：什么是"四课型六因素单元教学法"

（五）叙述事实，说明观点

(1)一个典型事例说明一个观点。如：

观点：部分连队营具营产缺损多

叙述：如××师缺床铺3309个，吃饭桌椅416张，吃饭凳3031条，小马扎1569个，平均每天损坏灯泡463个、玻璃47块、风钩53个。

(2)用一组排比材料从不同角度说明一个观点。如：

观点：公用物品管理不严，丢损较多

叙述：我们普查军直的40个连队，7个营部，发现丢失雨衣288件、毛毯189条、军用水壶265个。分别占应有数的10％、6.1％、9.6％。某师丢失大衣72件，还有1144件大衣破旧得不能御寒，仅扣子就缺2985粒。某旅16个连队的卫生包有包无药，连胶布、纱布都没有，体温表、镊子、注射器等医疗器械不是丢失，就是损坏了。

(3)用对比材料来说明观点。如：

观点：抓反腐蚀教育，提高自身免疫力

叙述：厦门开放以来，与130多个国家、地区建立了直接贸易关系，每年都有10多万外商、港澳同胞、海外侨胞来厦门谈生意、观光旅游。与此同时，西方的生活方式和"拜金主义"的影响，淫秽书刊、黄色录音、录像等随之流入，甚至建国后早已绝迹的卖淫、贩毒现象又重新出现。台湾当局通过广播、电视、海漂、空飘等，进行反动宣传。上述这些影响，对部队思想建设起着不可忽视的消极作用。如少数同志滋长了"一切向钱看"的思想，个别甚至为了钱贪污受贿、盗窃公物；有的追求低级趣味，购买裸体扑克，观看黄色录像，1982年有一个连队，收缴淫秽手抄本21本；更值得重视的是，有的被西方资本主义国家和台湾的表面繁荣所迷惑，对社会主义制度的优越性产生动摇。据此，警备区党委狠抓反腐蚀工作，勇于让部队到社会实践中去经风雨，见世面，提高辨别能力。注意及时引导，增强干部战士的免疫能力。新兵入伍，他们既介绍厦门改革开放出现的好形式，又告诫大家要注意反腐蚀。为增强教育的针对性，他们主动与地方公安、海关、工商等部门建立联系，根据新的社情和部队出现的苗头，及时调整反腐蚀教育的内容，运用正反典型事例教育部队，使大家在解剖典型过程中，总结拒腐防变的经验教训。上半年，全区上下以"鼓浪屿好八连"为榜样，开展了"在特区做人要做什么样的人，当兵要当什么样的兵"的讨论，教育大家树立正确的人生观。前些年，社会上出现了资产阶级自由化思潮，台

湾当局也加紧"心战"策反。在这种情况下,他们组织部队参观日新月异的特区建设,请84岁的厦门大学教授汪德跃,用自己在不同社会制度下的生活经历,列举资本主义制度的腐朽,讲述社会主义的优越性,使干部战士克服了模糊认识,坚定了正确的立场。

扎实持久的反腐蚀教育,使干部战士在思想上逐步树立正确的幸福观、得失观、恋爱观,因而在复杂的环境中能经得起金钱的腐蚀和色情的引诱,经得住自由化思潮的冲击和心战"策反"的考验。在协助地方反走私活动中,干部战士面对上千件收缴的"洋货"不动心,没有一人私拿私藏。鼓浪屿八连战士郭俊兴,执勤中抓获了一名犯罪分子,犯罪分子掏出一笔钱企图收买他,当即遭到拒绝,他连人带钱送到公安派出所。两年来,全区无一人参加嫖赌、地下舞会。炮团营长王宪宏,今年4月一次深夜查哨中,遇到一个打扮入时的女青年,她对营长挑逗说:"今晚很无聊,如果你太太不反对,我请你陪陪。"遭到营长的严厉斥责。

(4)用综合材料和典型材料结合说明观点。所谓综合材料,是指面上总的情况或同类材料的综合概括。典型材料是其中一两个具体事例。如:

观述:连队"十件事"基本落实

叙述:今年,各级共集资 128.73 万元落实连队"十件事"。其中,×军拿出 16.18 万元,师 41.75 万元,旅 20.5 万元,团 50.4 万元。共购置营具 65412 件,制作营具 19354 件,维修营具 22036 件。到目前为止,所有连队"十件事"基本落实。××师采取以点带面的方法,首先认真抓了炮团的试点,并及时推广了经验,使连队生活设施配套工作进展快、效果好。该师于4月20日前就完全落实了"十件事"。

(六)调查报告的结尾

1. 总结全文、点明中心

如《××厂实行经济责任制调查》的结尾:上述这些变化集中到一点,那就是职工积极性调动起来了,经济效益提高了,国家多收了,军队多留了,个人多得了。

2. 得出结论、指明方向

如《关于第××集团军开展"三家"活动情况的调查》的结尾:实践证明:"三家"活动是新时期加强基层建设的一条有效途径。它对于发扬艰苦奋斗、勤俭建军的光荣传统,稳定部队和提高战斗力,具有十分重要的现实意义。

3. 提出问题、引人思考

如《外汇岂容倒卖》的结尾:倒买倒卖外汇的主要问题已基本查清。但如何对主要责任者给予处理,仍是许多人所关心的问题。

4. 提出有益的建议

如《对两个基层单位战士吸烟情况的调查》的结尾:为此,我建议:部队各级爱委会和卫生部门,应大张旗鼓地提倡和开展戒烟活动。干部要努力从自身做起,加强对战士的管理教育,积极宣传戒烟,大力提倡戒烟,同时限制吸烟的机会和场合。另外,还要把地方各种戒烟活动信息,及时传给战士,并和战士家庭联系,求得战士家庭配合,形成良好的戒烟之风。

四、调查报告写作要求

(一)深入实际,掌握材料

掌握材料是写好调查报告的前提,占有材料要多,既要占有现实材料,又要占有历史材料;

既要占有点上材料,又要占有面上材料;既要占有正面材料,又要占有反面材料;既要占有定性材料,又要占有定量材料。

(二)认真分析,科学总结

占有材料的目的是为了研究材料,得出规律性的认识,因此,对材料要进行加工整理,去粗取精,去伪存真,由此及彼,由表及里,分析现象与本质,成绩与缺点,分析过程中,要以辩证唯物主义观点为指导,以客观事实为依据,这样才能得出正确的结论。

(三)结构严谨,语言生动

结构是文章的脉络,同样的文字,反映的内容含量大小不同,反映在结构文章上花工夫力气不同,既要摆事实,又要讲道理,既要以材料说明观点,又要以观点统帅材料。调查报告,要用形象的语言说服人,打动人,使人如身临其境,跃然纸上之感。

例文

千秋德政

薛 凯 丁文杰 李自良

"感谢新型合作医疗! 感谢共产党! 感谢'三个代表'!"提起新型合作医疗,不少尝到甜头的农民兄弟充满感激。在云南、湖南等地,尽管试点工作启动尚不到一年,已在一定程度上解决了长期以来困扰农民的看病难、怕看病的问题,挽救了成千上万个贫病交加的家庭。一些基层干部感慨地说:新型合作医疗确实让农民受益,这是真正关心农民疾苦的"民心工程"、"德政工程!"

群众拍手医院欢迎

云南省曲靖市会泽县金钟镇头塘村68岁的村民白云海老人,就是新型合作医疗的一位受益者。白云海老人激动地说:"感谢党和政府搞的合作医疗,不但救了我的命,还退了我1500多块钱,这点钱够我们老两口一年的生活费了。"

去年5月底的一天,白云海感到胃疼痛难忍,村卫生所医生立即将他送到县医院,一检查是胃穿孔,当晚就做了手术,住院共用去了4200多元。作为国家级贫困县的会泽县,90万人口中有60万人的人均年收入在825元以下,这笔住院费对于白云海来说确实不是一个小数目。幸运的是,白云海一家按每人10元的标准加入了当地的合作医疗。经过核算,医院退还了他1500多元钱。

在湖南省长沙县新沙镇望兴村,62岁的蒋艺武老汉告诉记者,他们全家老少11口人都参加了新型合作医疗。他说,交15元(镇里另代交5元)最高可报销1万元,如果一年没得病,钱还可以存到账户上转到下一年,这种天大的好事,当然要参加了! 当记者问他"花钱给别人看病是不是吃亏了"时,蒋艺武的老伴邓建纯接过话说:"还是自己不得病最好。"

据了解,到2003年9月底,云南已有637万农民享受到了"报销医疗费"的待遇,全省共为群众减免门诊费208万元,发放住院补偿363万元。看到村里有人真的得了实惠,不少开始还持观望态度的农民又找到乡里、县里要求补充报名参加合作医疗。湖南桂阳农民高兴地编了个顺口溜:"合作医疗就是好,大小患病都能保;'三个代表'暖人心,众人拾柴火焰高。"

新型合作医疗的推行,也调动了医疗卫生机构的积极性,成为"重振农村三级医疗网"的一个契机。云南省卫生厅基妇处副处长黄兴黎说:"过去办培训班,很多乡镇卫生院不积极,现在可不同了,不但院长亲自来听,还带来业务骨干一起研究有关政策。"据了解,会泽县实施新型合作医疗仅半年时间,有些乡镇卫生院收入就增加了近70%。

新型合作医疗有新意

湖南省卫生厅基妇处副处长王兵介绍说:"新型合作医疗制度是由政府组织、引导、支持,农民自愿参与,个人、集体和政府多方筹资,以大病统筹为主的农民医疗互助共济制度。它充分发扬了中华民族'平时我为人人,急时人人为我'的传统美德,通过'一家有难,多家援手'的方式来缓解农民'因病致贫、因病返贫'的问题。"

会泽县卫生局局长阳元飞告诉记者,新型农村合作医疗是新中国成立后的第三次农村合作医疗。第一次合作医疗发生在上世纪70年代。主要是村(大队)、组(生产队)在公益金中提取一部分基金,由于筹资水平和医疗水平都很低,农民得病只能扎扎针灸、吃点草药。随着集体经济的逐渐解体,合作医疗也走向衰落。第二次合作医疗出现在上世纪90年代,仍是以村办、乡办为主,参加者只减免挂号费、注射费等,不减免药费,大病报销额最高500元。由于保障水平低,对农民没有吸引力,很快就解散了。

此次新型合作医疗之所以大受群众欢迎,关键在于它具有了三大"新"特点。

一是建立了以政府资助为主、农民筹资为辅的筹资机制。《中共中央、国务院关于进一步加强农村卫生工作的决定》明确提出,中央财政将对中西部地区除市区以外参加新型合作医疗的农民每年按人均10元安排补助资金,地方财政也应提供每年不低于人均10元的配套补助。目前,试点地区的地方补助资金已基本到位。2003年,云南省地县三级财政落实补助资金近6000万元,此外还拿出1300多万元贫困医疗救助资金,帮助农村五保户和贫困家庭参加合作医疗。

二是抗风险能力大,保障水平高。前两次的合作医疗,主要是以村为单位统筹,抗风险能力小,补偿金额少,不具备抵御大病风险的能力。新型合作医疗是以县为统筹单位,参与人数多,又有各级财政的资助,能使患病农民真正得到实惠。在云南,截至2003年9月25日,20个试点县中农民的参加率已达86%,其中五保户参加率为98%,贫困人口参加率为68%。

三是国家政策明确,决心和力度都较大。中央有关领导多次强调,推行新型农村合作医疗,"只许成功,不许失败",显示出中央抓好这项工作的坚定决心。有关部门还出台了一系列政策措施,可谓方向明确,措施到位,给群众吃了"定心丸"。

"一县一策"模式不一

为了确保新型合作医疗的顺利开展,各试点地区充分调研,建章立制,广泛发动,严格管理,进行了各具特色的探索。

筹资和资助额度充分考虑了各地不同的经济状况。云南省在全省每个市、州都选择一个试点县,并把试点县分为国家级贫困县、省级贫困县、一般县和经济状况较好的县4类,分别给予每人每年6元、5元、4元和3元的补助。湖南省则按照东南西北中的布局,兼顾较发达、中等和贫困3种经济水平,确定了5个试点县,按照省、市、县3:3:4的比例给予补助。

　　实行一县一策,合理确定报销规则,使农民及时受益。云南省各试点县都确定了灵活各异的报销策略,大病起付线金额不等,封顶线则控制在 1000 元～4000 元之间,大病支付报销率最低为 10%,最高则达 70%。为了调动农民参加新型合作医疗的积极性,各地还采取了大病与门诊兼顾的方针,将农民交纳的钱存入个人账户,用于门诊报销,一年用不完下年还可再用,或者为农民进行一次常规体检。

　　严密规章,加强监管,确保合作基金安全运行。为了确保合作基金运行安全,各地都对合作医疗基金设立专门账户,实行专款专用,把合作医疗基金视为碰不得的"高压线",坚决防止挪用和挤占行为,也不得从基金中提取管理费。湖南省长沙县在有关《管理办法》和《实施细则》中,对处方管理、药品管理、票证管理、基金管理、违规处罚、不予报销范围等做出了明确规定,通过微机联网加强动态监控。云南省香格里拉县还采取了动态调控制度,每 3 个月就要根据基金运转情况,对报销比率作出调整,使基金运行具有了相当的灵活性。

　　完善配套措施,大力推进农村医疗卫生建设。为了使农村群众真正从合作医疗中得到好处,各地不断加大农村卫生投入,深化卫生管理体制改革。2003 年,云南全省拿出 8000 多万元资金改善农村医疗卫生状况,投入比上年增加 1 倍,200 所中心卫生院、500 所乡镇卫生院和500 个村卫生室从中获益。此外,全省已有 53% 的乡镇卫生院实现了上划县管,30% 多的乡镇卫生院进行了公开招聘院长,近 80% 的乡镇卫生院实行全员聘用制的改革,67% 的乡镇卫生院实施了乡村卫生服务一体化管理。

多头并举解民忧

　　建立新型合作医疗制度,并非是权宜之计,而是新一届党中央和政府为农民谋福祉的各种努力中的一项重要内容。目前国家正采取多种措施,不断改善农村卫生条件,提高农民的健康水平。

　　国务院提出,从 2003 年起到 2010 年,中央及省、市(地)、县级人民政府每年增加的卫生事业经费主要用于发展农村卫生事业。针对相当一部分贫困人口无力参加新型合作医疗的状况,2003 年 11 月,民政部、卫生部、财政部联合发文,提出要通过政府拨款和社会捐助等多渠道筹资,对患大病农村五保户和贫困农民家庭实行医疗救助制度。力争到 2005 年,在全国基本建立起规范、完善的农村医疗救助制度。

　　目前,卫生部选择了在浙江、湖北、云南和吉林 4 个省开展新型农村合作医疗改革试点。国务院要求,各省、自治区、直辖市至少要选择两三个县(市)先行试点,取得经验后逐步推开。到 2010 年,新型合作医疗要基本覆盖全国的农村居民。

(引自《半月谈》2004 年第 3 期)

第四节　述职报告

一、述职报告概述

(一)述职报告的涵义

述职报告,是干部就一个时期的施政情况,向上级领导及部属陈述自己履行职责情况的自我评述性文字材料。

述职报告的分类:按时间分类,可分为年度述职报告、任期述职报告;按性质分类,可分为综合述职报告、专题述职报告;按主体分类,可分为单位述职报告、个人述职报告;按表达分类,可分为口头述职报告、书面述职报告;按制度分类,可分为定期述职报告、不定期述职报告。

述职报告的具体内容:

主要职责,应干什么以及工作职责;

主要实绩,干了什么以及工作成果;

主要做法,怎么干的以及工作方法;

主要效果,反应如何以及工作效益;

主要问题,什么问题以及工作不足;

努力方向,什么目标以及工作方向。

(二)述职报告的特点

一是评价的标准性,述职报告根据自己的职务和对职务规定的职责进行对照去写作,应该有明确的标准,干部按照干部职责标准,职工按照职工的职责标准述职。

二是效能的自鉴性,述职是自己对自己的评价。

三是内容的纪实性,述职报告实事求是,不能夸张、拔高、演绎。

四是表述的直陈性,用第一人称写,直接陈述。

五是语气的谦和性,虽然成绩很多,功劳很大,也要谦虚谨慎、不卑不亢。

(三)述职报告与相近文体的主要区别

(1)述职报告与就职报告的区别:述职报告:承担什么职责;干了什么工作;有什么实绩;时间是"过去式";就职报告:担负什么任务;准备干什么工作;如何干好;时间是"将来式"。

(2)述职报告与思想汇报的区别:述职报告,履行职责情况,重谈客观事实,介绍工作成果;思想汇报,思想转变情况,重谈主观认识,介绍思想成果。

(3)述职报告与经验材料的区别:述职报告,讲实绩为主,讲全面情况,不讲经验;经验材料,讲方法为主,讲侧面工作,不讲教训。

(4)述职报告与个人总结的区别:述职报告,以履行职责为主线来写,回答肩负什么职责,履行职责的能力如何,怎样履行的,称职与否等,旨在为组织提供准确评价、正确任用的可靠依据;个人总结:以完成任务为主线来写,回答做了什么工作,取得了哪些成绩,存在什么问题,有什么经验教训等,旨在达到肯定成绩,找出不足,指导今后工作的目的。

(5)述职报告与情况简报的区别:述职报告,以报告履行职责情况为主,目的在于正确评估自己;情况简报,以报告工作情况为主,目的在于让大家了解。

(6)述职报告与自传的区别:述职报告,写任现职以来的工作为主;自传,写一生的生活历程为主。

二、述职报告的格式

(一)标题

标题由关于＋事由＋文种构成。具体可以演变为多种形式。如"(关于)＋(起止)时间＋述职人单位＋述职人职务(姓名)＋文种"等。如:

《(关于)二○○×年至二○○×年任×××职务的述职报告》,《××××××学院教务处长×××的述职报告》等。

(二)称呼

称呼指收受报告者名称。如"团党委"、或"全体机关干部"等。

(三)正文

主要包括:引言;主体;附件;结尾。

1. 引言

(1)自然情况——姓名、现任职务及时间

(2)主要职责——岗位职责、工作目标

(3)实绩概述——整体评估

2. 主体

(1)工作实绩:工作实绩写法:"职责成果"式;"德能勤绩"式;"承办实事"式;"时间顺序"式。

(2)问题教训:问题写法:主要失误及事故列举法;主要缺点及后果列举法,问题和改进措施合写法;教训写法:自身修养不适应工作的方面;工作中未能处理好的关系。

(3)工作设想:工作设想按"需"确定。以未来的工作需要为目标:充分考虑组织和部属要求;解决自身存在的主要问题;提出今后改进的意见措施。

(4)自我评价:自我评价就是回答称不称职,有优秀、称职、基本称职、不称职四种。

3. 附件

根据需要确定有无,若有依序写清附件名称

4. 结尾

结尾可写上"以上报告,请审查"、"特此报告,请审查"等。

(三)落款

述职人＋单位名称＋职务＋姓名(印章)＋成文日期

三、述职报告的写作程序

(一)回顾工作

方法可以用串珠法,即把主要成绩按照时间顺序串起来。或者用时间倒推法,即由近及远地回顾工作历程,逐件向上追溯。还可用职责对照法,即按照职责逐一列出主要的建树和成果。

（二）确定思路

首先,要注意篇章结构,坚持完整性原则。严格按照述职报告的基本格式来规范。其次,要注意逻辑结构,坚持条理性原则。其基本要求是条理清楚,上下连贯,组织周密,前后一致,不自相矛盾,不顾此失彼,不说过头话。

（三）撰写文稿

述职报告的拟写要贯彻"情况要属实,观点要明确,条理要清楚,层次要分明,文字要精练,书写要工整,标点要准确,篇幅力求简短"的规定。

（四）书写誊清

四、写作述职报告的注意问题

（一）实绩写实,成绩写够

既要用事实说实绩,又要用事实做评价。总之,哪种写法有利于说明自己的实绩和问题,就用哪种方法写。写实绩要注意以下几点:

1. 抓重点

就是突出"主"字,写做过的主要事情,取得的主要成绩和存在的主要问题,不要把述职报告写成"流水账"。

2. 抓自己

工作大多是集体进行的,但写述职报告不要写成本单位、本部门、本课题组的工作总结。怎样抓自己呢? 就是必须交代清楚每项工作和取得的成绩中自己所发挥的作用。是充当主角,还是配角? 是在一线干的,还是在二线做保障服务的? 是起了出主意的作用,还是发挥了支持同级或部下的作用? 是起了组织协调作用,还是发挥了亲自指挥并带头干的作用? 是起了提合理化建议的作用,还是发挥了拍板定论的决策作用等等。

（二）存在问题,抓准抓透

具体要求:要实、要准、要透。

（三）努力方向,按"需"确定

应该以未来工作需要为目标,充分考虑组织和群众的要求以及解决自己存在的主要问题来写努力方向。要有具体设想,要进行必要的论证,要让组织和群众信服。

（四）着眼听众,着眼工作

述职报告主要是拿来讲的,一定要考虑到听众的心理,即使是书面上交,也要考虑到读者的兴趣。对述职报告,大多数人要听的是掷地有声的"干货",喜欢谦和的语言和生动的表述。这里有几个问题一定要注意的。

（1）谈我不见"我":有人述职时,一口一个我,我领导大家,我奋战在第一线,我同群众打成一片,我受到领导和群众的高度评价等等,让人听起来不舒服。你在做你的述职报告,讲的自然是你。要尽量少用我字,尽可能用无主语,非用不可时,最好用"自己"二字代替。

（2）忌炫耀而求客观：尽量不用抽象夸张的语气，只要把事实说清楚就行。例如发表的论文，发表在什么刊物和期数以及各种获奖情况点出即可。

（3）公开述职应回避的问题：一是影响人际关系的内容；二是需要保密的内容；三是不宜公开的个人隐私，也不能揭别人的隐私。

（五）述职报告写作要处理好以下几个关系

处理好"成绩"与"问题"的关系——突出实绩，兼顾问题；

处理好"集体"与"个人"的关系——摆正位置，准确评估；

处理好"述职"与"述绩"的关系——重在述绩，点面结合；

处理好"陈述"与"评价"的关系——少评多述，虚实结合；

处理好"讲者"和"听者"的关系——把握分寸，注重效果。

例文一

任×××领导的述职报告

×党委：

我叫×××，××干部、党委书记。1998年7月任职，主要职责有三项：一是主持党委日常工作；二是抓好思想政治工作；三是和××一起抓好本单位的全面建设。三年来努力履行职责，坚持党的各项制度，团结党委一班人，尽心工作。×××教育训练改革力度大，完成任务好，连续三年评为先进单位。自己被评为优秀党员、优秀党委书记等，并荣立三等功。现述职如下：

一、抓党委建设重点突出，三大作用发挥好，坚决贯彻江主席把政治建设放在首位的指示，注重抓"三落实"。一是抓根本，严格落实党日和学习日制度；二是抓关键，严格落实"一班人"关于全心全意为基层服务，教育训练带头攻坚等承诺；三是抓重点，严格落实培养青年党员和青年干部的规划。三个方面都取得了显著成效，党支部战斗堡垒作用、党员先锋模范作用和支部一班人的带头作用得到充分发挥。上级先后转发了我们单位有关提高政治教育质量、培养青年干部和按纲建队等成功经验，都加了按语，给了很高的评价。在1999年我们单位打了翻身仗，跨进了先进行列，这在我们单位是组建以来第一次。

二、抓思想工作细致扎实，党的指示深入人心

坚持做到"思想工作到人，贯彻党的指示到心，解决实际问题到底。"三年多来始终坚持每月找每个干部战士谈一次心，每季度组织支部分析一次舰上思想情况，每半年到家在驻地的干部家庭走访一趟，每一年给每个下属家里写一封信。由于党的政策宣传在头里，思想工作做在头里，解决实际问题走在头里，单位风气正，团结好。三年来，受到训练优胜等十六项奖励；产生了王大力等三名受到上级表彰的先进典型；使六位实际问题多，职务和级别未能如愿解决的干部收回了转业报告，并安心工作，其中四人因工作成绩突出受到嘉奖。

三、全面建设思路清晰，五条标准落实好

我同××一起团结组织机关制定了"四年创一流"的规划，提出了"讲学习，讲政治，讲正气，从我做起，对我监督，向我看齐"；"抓教育，抓训练，抓改革，敢为人先，敢打硬仗，敢争第一"和"守党规，守国法，守军纪，提倡自觉，坚持自律，经常自省"的行动标准。三年来，单位年年获

得政治教育奖,年年获得训练优胜红旗,两年获得行管先进单位称号,并受到十六项其他单项奖励,实现了先进"三连冠"的目标。

四、抓自身学习自觉性强,思想和工作收效大

近几年来,在通读了马恩列斯毛的选集的基础上,精读了《邓小平文选》三卷,研读了十多部有关现代高科技知识的教材和专著,学会了操作电脑。发表论文10多篇,其中2篇被重要报刊和《文摘》转载。坚持学以致用,正确处理了家属下岗等问题,克服了身体有病等困难,被上级表彰为"两学"标兵。

我工作的主要缺点:1. 由于任现职时间长,自认为处理问题有把握,有时对新干部的意见尊重不够;2. 解决本部门业务骨干后继无人问题力度不够,未能及时解决骨干不够的问题。

明年是我们单位四年创一流的最后一年,我将继续和全体干部团结在一起,努力落实创一流规划,全面实现创一流目标。

特此报告,请审查。

述职人:×××(盖章)

二○○×年十二月十日

例文二

××省卫生厅厅长×××
在第十届人民代表大会常务委员会第九次会议上的述职报告

主任、各位副主任、秘书长、各位委员:

我是2003年1月26日省人大常委会任命的卫生厅厅长,至今一年零四个月。感谢常委会给我这次述职评议的机会,这是对我的关心和对卫生工作的重视。

2003年是我们国家不平凡的一年,更是卫生系统不平凡的一年,我和厅班子成员以及同志们一道,经历了没齿难忘、充满艰辛和考验的一年。现将一年多来依法履行职责情况报告如下,请予评议。

一、深入开展"树正气、讲团结、求发展"学习教育活动,狠抓班子和队伍建设,努力营造团结、干事的氛围(略)

二、抗击非典责任重于泰山

抗击非典斗争的胜利,是省委、省政府按照党中央的决策部署,坚决果断、运筹帷幄、正确领导的结果;是各级领导亲临一线、直接指挥,广大群众广泛动员、群防群控的结果;是广大医务工作者恪尽职守、甘于奉献的结果。在这场同疫病的斗争中,卫生厅责无旁贷地成了战斗的前沿。我坚持带头学习《传染病防治法》及其《实施办法》等卫生法律法规,坚持依法防治、科学防治,坚持依法行政。我们创造了百万人口发病率和医护人员感染率在华北五省市中最低、累计病死率低于全国平均水平0.92个百分点、收治率达到100%、治愈率达到94.42%的成绩,为保护人民健康尽了我们应尽的责任。

我是在刚到任,对班子成员刚熟悉,对处长还认不全的情况下就上了战场。面对这场突如其来、不为人知的重大传染病疫情,卫生厅既要抓住影响疫情发展的主要因素,组织分析疫情

发展变化的规律,力所能及地为省委、省政府当好参谋,又要组织各级卫生行政部门和广大医疗卫生工作者做好各项防治工作。

2月11日,我从网上得知"广东发生'非典',医务人员感染占38.89%"。非典型肺炎教科书上有,但不传染,过去了解的几十种传染病,也没有在医务人员中感染率如此之高的先例。为了防患于未然,当天上午,我就派出几名处长、专家走访了省会几所医院,调查的结果是×××呼吸道病人比往年不多,治疗比往年不难,医务人员中没有聚集性肺炎发生,这说明当时××××没有疫情。电话咨询了卫生部和广东省卫生厅,都没有得到明确的信息。传染病没有疆界,我立即和分管的同志商量,果断采取了两条措施:一是在下发的关于预防冬春季传染病的通知中,第一次把"非典"列入防治内容,目的是提示各地引起警觉;二是举办了防止院内感染学习班,制定了发热门诊设置基本标准和集中收治医院诊疗规范,明确提出了"疫情有可能在我省发生,但决不允许院内感染发生"的目标。这一举措,使我省医疗机构没有成为"非典"疫情的传播源。据国务院督导组组长、卫生部纪检组长张凤楼讲,这两项措施在全国卫生系统是较早的。

抗击"非典"斗争刚一打响,我责成厅机关党委在全省卫生系统组织开展了党团员志愿者活动;厅纪检下发文件,明确规定对临危退缩或者擅离职守的,给予开除处分;会同省人事厅下发了关于对在抗击"非典"斗争中表现突出人员晋升专业技术职称给予优先的通知。在这场生与死的考验中,全省卫生系统组织了13万人的志愿者队伍,涌现了一大批可歌可泣的感人事迹。按照省委、省政府提出的整合资源、集中收治的原则,我们分析了全省农村卫生资源短缺、医疗质量较差的现状,提出了定点医院设在市、发热门诊设在县、乡负责转诊的诊疗格局,从而避开农村的弱势,让"非典"病人接受了市级以上的诊疗水平,为降低病死率、提高治愈率奠定了基础。

由于我们不了解SARS治愈后是否复发,我们按照省委、省政府"严、细、深、实、快"的要求,在战争中学习战争,在我省第一例"非典"病人出院后,就及时出台了对出院病人医学监视14天的规定;为了防止排除病人出现误差,从第一例排除病人开始,就制定了对排除病人坚持医学监视14天的规定。这种做法,堵住了可能发生再感染的后路,受到了世界卫生组织的充分肯定。

针对"非典"病人入住医院后不配合流调的问题,我们及时下发了将"三关"前移的通知,流调人员进驻了发热门诊,病例一旦确定,在第一时间开展流调,为及早切断传播链、控制传染源抢回了时间。

我们组织人员连夜奋战,完成了45页的《××省控制非典型肺炎疫情评估报告》中英文文稿,接受了WHO的考察,并与WHO高级代表团进行了两轮交流谈判,为WHO解除对我省的旅行警告发挥了重要作用。我省4月19日发生疫情,比北京、天津晚半个月,消除疫情却比北京、天津早半个月;我省从5月21日被WHO宣布旅行警告到6月13日解除警告,用了23天。

6月17日,我省最后一例"非典"病人出院后,我们按照一般传染病的规律,提出了要立足反复抓防反复,在建立应对重大突发公共卫生事件长效体系上下工夫,在建立专业防控机制上下功夫,在疫情监测和强化医院防感染两个关键环节上下工夫。制发了《关于建立防治传染性非典型肺炎长效工作体系的指导意见》等文件。在完善省市县乡村五级疫情报告网的基础上,又狠抓了县以上医疗机构和乡镇卫生院传染病疫情网络直报工作,强化了医院依法报告传染病疫情的责任和意识。组织开展了"预防医院交叉感染,创建绿色安全医院"活动,初步建立了医院防感染的长效机制。

新加坡、中国台湾发生实验室"非典"病毒感染事件和广州出现新的疫情后,我们密切关注,迅速反应,针对在一些干部职工中存在的麻痹情绪、厌战情绪以及认为去年的"非典"我们都打胜了,今年再反复也没啥的侥幸心理,我们分析指出了今年防控"非典"与去年相比的5个不同点,提出了落实"八个必须"的要求,开展了"非典"预警病例的监测,明确把各级各类医疗机构作为2004年防控"非典"的重点,作为专业防控的前沿阵地和主战场。这些认识和措施,在今年华北五省联防会议上受到卫生部的肯定。

年初我国部分地区发生禽流感疫情后,我们密切关注疫情动态,主动加强与农业、畜牧等部门的协作,落实各项防治措施,严防向人传播。我省既没有发生禽间禽流感疫情,也没有发生人间禽流感疫情。

三、把发展作为卫生事业的第一要务,一手抓"非典"防控,一手抓改革与发展(略)

四、增强法制观念,狠抓法制建设,大力推进依法行政(略)

五、学习贯彻党风廉政建设相关规定,加强卫生系统反腐纠风工作(略)

六、依法办理、认真采纳人大代表提出的建议、意见和人民群众来信来访(略)

总之,我到卫生厅工作一年多来,做了一些工作,但在突如其来的"非典"面前,也有很多考虑不全面、工作不如意的问题。我本人,包括各级卫生部门解放思想、转变职能的任务还很重,卫生管理水平需要进一步提高;卫生经济政策仍需进一步落实;农村卫生工作依然存在许多薄弱环节;群众对医疗服务还不够满意,行风建设仍需不断加大力度;公共卫生体系基础设施建设滞后,设备陈旧,人才匮乏,应急机制不健全的问题还比较突出,等等。我个人在思想、工作中存在学习不够系统、不全面、不深刻,以至深层次思考问题、分析问题还不够;深入基层了解实情少,有针对性地制定和采取措施,及时解决障碍我省卫生工作发展的深层次矛盾和问题的办法不多;对厅机关干部使用多、交流少,批评多、求教少。今后,我将和全厅同志们一道,以这次述职评议为契机,在省委、省政府的领导和省人大的监督下,和衷共济,开拓进取,努力把全省卫生工作不断推向前进。

以上述职,请批评指正。

第五节　就职报告

一、就职报告的涵义

就职报告,是新上任的领导人对如何处理本单位或部门的事务而向部属发表的带有纲领性意见的施政报告。目的是促进干部尽职尽责,便于得到群众的信任、支持和监督。

二、就职报告的写作方法

就职报告由标题、称谓、开头、主体、结尾和落款组成。

1. 标题

就职演说稿的标题有三种:一是文种标题法,即只标文种"就职报告";二是所任职务加文种标题法,如《指导员就职报告》;三是由会议名称、就职人和文种组成,如《在××单位军人大会上李明部队长的就职报告》。

2. 称谓

就职演说对听众如何称呼,这要视听众的具体情况而定。总的要求:

全面——把听众都包括进去;

亲切——友好、尊重,亲如一家;

得体——平等相待,不以领导自居。

一般顶格书写,后面加冒号。如"尊敬的各位领导、亲爱的战友们:"

3. 开头

开头可以幽默的介绍缩短与群众的距离。一般先是表达就任新职的心情及谢意。然后不妨带点幽默。一是将自己的名字、形象、性格等"漫画"一番;二是引用别人对自己幽默评价;三是在别人间接介绍后幽默自谦。

4. 主体

抓住三方面内容(全面式)。

(1)肯定成绩但不能怯于揭短:开头缩短心理距离后,要肯定前任的成绩。要求:先进单位成绩讲足,后进单位闪光点讲全,以进一步鼓舞士气。

一般不讲存在问题,对于急需解决严重问题,大胆揭示,争取群众信任,以树立威信。

(2)提出施政纲领:讲清自己的工作设想,提出单位短(长)期目标及其措施,以抓好几件实事赢得群众信赖。要求:从实际出发不说大话,从发展入手不另起炉灶,但要有创见性。

如何提出创造性主见

第一,修改或翻案某个习惯说法,以切中个人心愿,点破迷津。

第二,借用对熟知的谚语、警句的分析,抖出自己的观点。

第三,用最新的而又恰当的名词术语组织语言。

第四,适当使用设问、质问等方式强调创造性见解。如果到一个单位任职,该单位另一位主官是留任的,不便马上提出自己的施政纲领,可以说说自己的工作姿态、工作作风或工作标准等(表态式)。

(3)结尾:结尾可以展望美景,提出要求,表明决心,激发热情。不会憧憬的人难以鼓起群众的信心,不敢要求的新领导是群众心目中的懦夫。能够憧憬美好明天和果断提出要求的领导,最受群众爱戴最能激发群众的热情。

最后在结尾中表明自己的决心和态度,敢于叫响"从我做起,对我监督,向我看齐"的口号。

例如:薄熙来在连任大连市市长时的就职演说有这样的结束语:

我相信,只要我们继续以"少睡觉,多干活;少花钱,多办事;少享乐,多奉献"的精神来工作,大连的未来就无可限量,10个县市区和4个先导区就都会蒸蒸日上!5年前,谁也想象不出今天的大连,而5年后的今天,我们大家一定会感受到更多的辉煌!

董建华在香港回归庆典上的就职演说的结尾是这样说的:

在历史上,我们第一次有机会自己管理香港,自己创造香港的未来。在"一国两制"之下,我们将以坚定的信念,踏实的步伐,和旺盛的斗志,朝着高远的理想前进,我们的香港将会是:

一个为其祖国和文化根源感到自豪的社会;

一个安定、公平、自由、民主、有爱心、方向明确的社会；

一个富足和生活素质优良的社会；

一个廉洁、机会均等、公平竞争的法制地区；

一个中外交流的窗口；

一个蜚声国际,举足轻重的金融、贸易、运输、资讯中心；

一个国际性的文化、科研和教育中心……

祝愿祖国繁荣昌盛! 祝愿香港迈向成功!

5. 落款(在正文右下方)

一是职务＋姓名,二是演讲时间。

三、就职报告的写作要求

1. 态度庄重

第一次亮相,出言要谨慎,不要妄加评论,说大话,空许愿,把自己扮演成为"救世主"。

2. 突出"主旋律"

"想当愿干,充满信心"。给人以充满自信,并且具有强烈的事业心和责任感。

3. 内容求实

4. 语言求简(表述要配合身体语言)

例文

在第十届全国人民代表大会第一次会议上
胡锦涛主席的就职报告

各位代表：

这次大会选举我担任中华人民共和国主席,我对各位代表和全国各族人民的信任,表示衷心的感谢。我深知,担任国家主席这一崇高的职务,使命光荣,责任重大。我一定忠诚地履行宪法赋予的职责,恪尽职守,勤勉工作,竭诚为国家和人民服务,不辜负各位代表和全国各族人民的重托。

江泽民同志担任国家主席10年间,高举邓小平理论伟大旗帜,以审时度势的领导才能、与时俱进的政治勇气和励精图治的工作精神,为中国特色社会主义事业的发展建立了卓著的功勋,赢得了全国各族人民的衷心爱戴和国际社会的普遍赞誉。尤其是他集中全党智慧创立的"三个代表"重要思想,对于我国各项事业的发展具有重大而深远的指导意义。我们向江泽民同志表示衷心的感谢和崇高的敬意!

我们新一届国家机构工作人员是在国际形势复杂多变、国内建设任务艰巨繁重的新形势下担负重任的,为了履行好人民赋予的神圣职责,我们一定努力做到:

第一,发扬民主、依法办事,坚持党的领导、人民当家做主和依法治国的有机统一,坚定不移地维护社会主义民主的制度和原则,维护社会主义法制的统一和尊严。

第二,忠于祖国、一心为民,坚持国家和人民的利益高于一切,做到权为民所用、情为民所系、利为民所谋,始终做人民的公仆。

第三，继往开来、与时俱进，继承和弘扬中华民族的优良传统，学习和发扬我国老一辈领导人的崇高品德，永不自满，永不懈怠，开拓进取，不断前进。

第四，严于律己、廉洁奉公，始终保持谦虚谨慎、艰苦奋斗的作风，为国家和人民夙兴夜寐地勤奋工作。我和新一届国家机构工作人员诚心诚意地接受各位代表和全国各族人民的监督。

各位代表，五千多年来，中华民族历经沧桑，创造了灿烂辉煌的中华文明，也经受过屈辱和磨难。近代以来，无数爱国志士和中国共产党人为中华的崛起前赴后继、英勇奋斗。新中国成立半个多世纪来，在中国共产党的领导下，经过全国各族人民的顽强努力，中国大地上发生了翻天覆地的历史巨变。今天，我们伟大的祖国欣欣向荣，发展前景无比美好。中国人民的伟大实践向世人昭示：只有社会主义才能救中国，只有中国特色社会主义才能发展中国。全面贯彻十六大精神，把中国特色社会主义伟大事业继续推向前进，这是历史和时代赋予我们的崇高使命。

我国的发展正处在一个新的历史起点上。我们要坚持解放思想、实事求是、与时俱进，紧紧抓住本世纪头20年的重要战略机遇期，聚精会神搞建设，一心一意谋发展，大力推进改革开放，促进社会主义物质文明、政治文明和精神文明的协调发展，坚定不移地朝着全面建设小康社会的宏伟目标前进。

实现祖国的完全统一是海内外中华儿女的共同心愿。我们要继续坚持"一国两制"方针，保持香港、澳门繁荣稳定，大力推动海峡两岸经济文化交流和人员往来，为早日解决台湾问题、实现祖国的完全统一而继续奋斗。

中华民族历来爱好和平。我们要继续奉行独立自主的和平外交政策，同所有国家保持和发展友好合作关系，同世界各国人民一道，努力推动建立公正合理的国际政治经济新秩序，不断促进人类和平与发展的崇高事业。

各位代表，1954年9月15日，毛泽东同志在第一届全国人民代表大会第一次会议上致开幕词时指出："我们有充分的信心，克服一切艰难困苦，将我国建设成为一个伟大的社会主义共和国。"我们已经朝着这个光辉目标迈出了伟大的步伐，我们必将迈出更加伟大的步伐。只要我们坚定不移地高举邓小平理论伟大旗帜，坚定不移地贯彻"三个代表"重要思想，坚定不移地走中国特色社会主义道路，万众一心、团结奋斗，自强不息、艰苦创业，我们就一定能够胜利到达现代化的光辉彼岸，一代又一代中国人梦寐以求的中华民族的伟大复兴就一定能够实现，中华民族就一定能够对人类作出更大的贡献！

第六节　简　报

一、简报的涵义及作用

简报是党政机关、人民团体、企事业单位内部用于汇报工作，反映问题、沟通情况、指导工作，交流经验、传递信息的一种简短的有一定新闻性质的文书材料。

简报具有以下作用：

(1)向上级机关汇报工作、反映情况、提供信息：使上级机关了解工作情况、存在的问题、创造的经验、涌现的典型，以便根据实际情况采取措施，有问题的给予帮助解决，有经验、典型的，给予表彰推广。

（2）对下属部门和单位的工作起辅助性指导工作：领导机关通过简报掌握了下面各种情况和问题，他们就会"情况明、决心大、方法对"，并通过本级的简报，通报上面情况，传达有关指示，介绍典型经验，起到上通下联、推动工作的作用。

（3）促进单位之间的交流：简报除了上送下发外，还可送发左右的兄弟单位和相关单位。通过简报单位之间可以交换情况、互通信息、交流经验、取长补短。

二、简报的特点

（1）指导性或汇报性：简报不是正式公文，它对上不能代替"请示"、"报告"，对下不能代替"通知"、"指示"。有的简报加上了编者按，强调报道内容的重要性，带有指导性质，而下级送达上级的简报则带有汇报的性质。

（2）告知性：简报最主要的功能是信息交流，告知事宜，一般不具有强制性。

（3）时效性：简报强调时间性、时效性，应尽可能做到发现问题快，写得快，编得快、印发得快，这样才能发挥简报的现实作用。

（4）客观性：简报应该是对本单位或者本系统的工作思想动态的如实描述，内容必须真实可靠。

三、简报的种类

简报按内容来分，通常有以下几种：

（一）综合简报

这是反映本部门、本系统各方面工作情况和问题的简报，也称情况简报。它报导的内容主要是本部门、本系统管辖范围内发生的重大问题、事件及其处理；工作中的重要情况；中国特色社会主义建设中出现的新人、新事、新气象、新动态；工作中的新经验、新办法等。以便发现典型、经验及时推广，发现问题及时引起方方面面的注意及时得到解决。这种简报一般是连续不断地编发，或定期或不定期，以指导、推动本部门、本系统的工作。

（二）专题简报

这是将某项专门工作的动态、进展、经验、问题等向上级部门汇报，或向有关部门通报情况，或下发所属基层单位借以推动工作。这种简报报道的事件集中，都是围绕某一项专门工作或中心工作来编写的。

（三）会议简报

这是专门报送、交流有关重要会议内容、筹备和进展情况，反映与会者意见和建议的简报。如全国人民代表大会、全国政协会议、中央各种重要会议、地方上的"两代会"、各种重要的专门会议都要编发会议简报。会议简报分为综合简报和进程简报两种。前者是整个会议编一期简报，在会议后期发送，后者是编发多期简报。一般重大的、时间较长的会议需要编写阶段简报，即每个小阶段编发一期，有时天天编发，以供与会者阅读、互通情报、交流思想经验，把会开好。

四、简报的格式和写作

简报的版面编排格式由报头、正文、报尾三部分组成。

1. 报头

报头一般占首页三分之一的上方版面,用间隔红线与正文部分隔开。报头内容有:

(1)报名:"××简报"、"××××简讯",一般用大字套红,醒目大方。

(2)期数:排在报名的正下方,有的连续出,还要注明总期数,总期数用括号括入。

(3)编号:排在报头右侧的上方位置。

(4)编发单位:排在横隔线的左上方位置。

(5)印发日期:在横隔线的右上方位置。

(6)密级:如:"机密"、"绝密"、"内部刊物"等排在报左侧上方位置。

2. 正文

就是选刊的文章部分。编排原则是:①各篇文章要围绕一个中心,从不同角度反映某一个问题;②最突出中心的文章排在前头;③每篇文章疏密间隔要恰当,标题字大小要一样。

3. 报尾

在末页的下方,用两条平行线框住,左侧写报、送、发单位的名称或个人姓名、职务、右侧写本期印发份数。

例文一

农 林 工 作 简 报

第 108 期

2005 年 7 月 29 日

我省在全国率先开展兽药 GSP 和兽用处方药试点

为贯彻落实全省兽医兽药三项制度试点工作会议精神,加强兽药经营质量管理,规范兽药经营和使用行为,加快推进全省兽药 GSP(兽药经营质量管理规范)和兽用处方药试点工作开展,2005 年 7 月 25~26 日,省兽药监察所举办了全省兽药 GSP 和兽用处方药试点工作培训班。各市兽药 GSP 检查员及各有关兽药 GSP 和兽用处方药试点单位的质量负责人参加培训,省兽药监察所负责同志参加开班仪式并做培训动员,强调了我省开展好兽药 GSP 和兽用处方药试点工作的重要性,对参加培训的学员提出了具体要求,部署了下一阶段全省实施两项试点工作的重点。

兽药 GSP 和兽用处方药与兽用非处方药的分类管理是新《兽药管理条例》确立的新制度。开展这两项试点工作,是贯彻落实新《兽药管理条例》,规范兽药经营和使用行为,提高畜禽用药水平,保障动物源性食品安全,构建江苏畜牧强省和兽药大省的具体要求。在国家目前尚未正式出台兽药 GSP 管理规范和兽用处方药和非处方药分类管理办法等规范性文件,全国尚无现成模式参照的情况下,开展两项试点工作,对我省乃至全国今后两项工作的全面开展具有十分重要的意义。

本次培训班着重对农业部《兽药经营质量管理规范(征求意见稿)》、《江苏省兽用处方药与非处方药分类管理暂行办法》、《江苏省兽药 GSP 检查验收暂行办法》、《江苏省兽药 GSP 检查员管理暂行办法》、《江苏省兽药 GSP 现场检查工作程序(暂行)》、《江苏省兽药 GSP 现场检查评定标准及评定项目》等文件进行了详细的讲解。此次培训加深了参训人员对兽药 GSP 和兽用处方药分类管理制度的理解和认识,坚定了实施兽药 GSP 和兽用处方药试点工作的决心和信心,为全省下一阶段兽药 GSP 和兽用处方药试点工作的开展奠定了良好的基础。

结合我省两项试点方案的时间步骤和目标要求,省兽药监察所负责同志提出了下一阶段全省两项试点工作的重点:一是细化实施方案。各市要对照培训的相关内容和有关文件要求,抓紧拟出可操作的具体实施方案;二是严格质量管理人员条件。各市要立即着手排查选择的试点单位质量管理人员是否符合相关要求,如不符合尽快调整;三是完善硬件设施。对选择的试点单位硬件条件与要求不符的,8 月底前完成相关设施的添置与更新;四是编制管理软件。各市检查员在 8 月底前组织和指导试点单位完成软件的编制工作,编制的软件要注重实用性、科学性、合理性,符合实际需要;五是建立追溯体系。9 月份试点工作正式启动,试点单位进货、销售等均须按要求填写相关记录,建立质量追溯可控体系。

编辑:×××

例文二

第二批保持共产党员先进性教育活动简报

第 100 期

北京市卫生局保持共产党员
先进性教育活动领导小组　　　　　　　　　　　　　2005 年 10 月 28 日

同仁医院出台 18 项制度探索建立党建长效机制

医院党委在先进性教育活动中深刻认识到:努力建立保持共产党员先进性的长效机制,用制度规范和引导广大党员,使其在学习、工作和生活中有所遵循,是加强党的先进性建设的一个重要环节。医院积极探索建立保持共产党员先进性的长效机制。在加强学习与健全组织生活方面,医院制定了《院所级领导班子理论学习交流制度》、《党员理论学习制度》、《领导班子成员谈心制度》、《党员民主评议制度》、《党员组织生活会制度》;在加强沟通交流方面,制定了《院所级领导干部联系点制度》、《党组织、党员和群众联系制度》、《领导接待日和行政查房制度》、《内部信访制度》、《职代会提案反馈通报制度》、《党员提案制度》;在党的建设方面,制定了《关于支部组织结构的基本规定》、《支部书记岗位说明书》、《支部书记任期考核和待遇细则》、《入党积极分子考察培养细则》、《党员发展前公示和票决制度》、《党员活动日制度》和《党员活动经费使用制度》。

(同仁医院)

天坛医院坚持"三贴近"做好患者护理工作

在先进性教育活动中,医院紧紧围绕"医院管理年"和"创建人民满意医院"活动制定具体措施,切实使护理工作做到"贴近病人、贴近临床、贴近社会"。

"贴近病人"突出一个"情"字,以真情对待每一位病人,同情病人、尊重病人、关心病人,为病人提供温暖入心、体贴入微的护理服务。医院加强了服务意识的教育,要求护理人员做好每一件小事,以真情打动病人;完善了对住院病人的服务项目并公示,尊重病人的知情权;住院护理采用护士相对固定的全程服务方式,用主动、热情、周到的服务满足病人的需求。要求护士用"爱心、耐心、信心、热心"为病人提供服务,主动观察病人病情的变化,正确实施各项治疗、护理措施,在为病人提供基本生活护理服务的同时,提供康复和健康指导,保障病人安全和护理工作质量。住院费用采用"一站式病房终结服务"方式,在病房解答病人住院期间的所有收费疑问。对陪住人员进行人性化管理,做到既加强病房管理,保证病房安全,又满足病人亲情的需要,让病人和家属都满意。

"贴近临床"突出一个"精"字,以精益求精的作风完成每一项工作。加强护理人员"三基"训练,对新毕业护士进行考核;各病房加强护理业务培训,突出本专业特色;严格执行各项护理工作制度。根据工作需求,对护理人员实行分层次管理,合理设置护理岗位,做到人尽其用,调动工作积极性;根据工作量进行人力资源调配,确保护理工作保质保量。

"贴近社会"突出一个"实"字,以务实的精神丰富护理服务的内涵,满足人民群众多层次、多样化的需求,切实维护和促进人民群众的健康水平。畅通护理咨询热线,认真落实热线服务内容,把护理服务延伸到病人的家庭,延伸进社区,建立病人与医院之间的定期护理康复指导关系。

(天坛医院)

药研所制定具体可行的党员受教育长效机制

所党支部结合党员队伍中存在的主要问题,认真总结先进性教育活动中有效的工作措施和方法并形成制度,作为加强党支部建设和党员教育的长效机制,发至党员人手一份。

在党员学习制度上,支部要求党员做到"四学":学邓小平理论和"三个代表"重要思想、学新政策、学新科技、学新知识。要求每年读一本好书,举行一次读书交流;每年写两篇学习心得,支部进行讲评;每年看一部有教育意义的电影,支部组织观后感交流。

在联系群众制度上,支部要求向党员做到"三个多联系":与积极分子多联系;与非党中层干部多联系;与普通群众多联系,做到平时多沟通,思想多交流,密切和群众的关系。

在党员责任制上,对党员提出"三要求":一要求严于律己、处处带头;二要求党员兢兢业业、肯于吃苦;三要求党员廉洁高效、进取创新,按党章的要求约束和规范自己的行为,强化党员意识,树立党员形象,时时处处体现党员的先进性。

坚持"三会一课"制度,在保证质量上下工夫。党支部提出:每年要组织两次主题党日活动,开好一次专题组织生活会,定期向党员通报所内重大工作;党、政领导要定期为党员上党课,提高党支部的凝聚力。

(药研所)

回龙观医院制定联系群众、服务群众的六项措施

1. 党委成员根据本人的分管工作,每年就一项重点工作开展调查研究。

2. 党委成员每人联系一个支部或者一个科室,及时了解情况,积极解决问题。

3. 畅通联系渠道,党支部每季度末征求一次群众对党委、支部和党员的意见,及时整改并进行反馈,重点问题要召开党委会讨论。

4. 党支部要落实联系群众和协调解决有关问题的具体措施,由党办负责督促检查。

5. 党支部要支持并帮助各分工会要进一步完善民主管理的途径、方法。

6. 党员中层干部要每年与科室有关人员开展谈心活动,特别做到"四必谈",即:实行岗位聘任、布置重大任务、职工有特殊困难、奖励处罚时必谈。

(回龙观医院)

报:市委先进性教育活动领导小组,局先进性教育活动领导小组成员

发:各直属单位,局先进性教育活动督导组,局机关各处室　　　　　印发份数:××份

第四章　告启宣传类应用文写作

第一节　概　述

一、告启宣传类应用文的含义

告启，就是告知告白、开导启发；宣传，就是向他人表白观点、传达信息，对公众进行介绍、教育、引导、鼓动。党政机关、社会团体、企事业单位或个人，用简明扼要的文字公布事情或信息，让大家知晓，需要使用告启宣传类应用文。

在日常生活和工作中，告启宣传类应用文书运用十分广泛。我们开展一项活动，或办理某个事项，如果需要广大群众知晓、关注、理解、支持和帮助，就需要使用这类文书传递信息。随着改革开放的深化和社会主义市场经济的发展，自由灵活的告启宣传类应用文的使用范围越来越广泛，其地位和作用也越来越重要。

二、告启宣传类应用文的特点

告启宣传类应用文具有广泛群众性、公开宣告性、内容真实性、具体实用性和时效性等特点。它通常在公共场所张贴，如果事情重要或涉及面广的，还可通过报纸刊登，或在广播电台、电视台播放。

三、告启宣传类应用文的作用

（一）告知介绍作用
这类应用文首先具有通过文字传递信息，起到让目标受众了解、知晓的作用。

（二）鼓动引导作用
告启宣传类应用文发布的信息，具有较强的针对性，对目标受众具有一定的鼓动性和影响力，并能够引导他们实现某种行为。

（三）宣传教育作用
告启宣传类应用文一般应该在传达信息的同时，对新人、新事、新风尚、新经验进行介绍、赞扬、鼓励，同时对坏人、坏事、坏风气、坏现象进行揭露、批判，从而起到加强对社会的监督、规范和对人民群众进行宣传教育的作用。

四、告启宣传类应用文的种类

告启宣传类文书种类很多，公告、通告、声明、启事、捷报、喜报、海报、说明书、广告、讲演稿、消息、通讯、宣言、文告、白皮书、共同宣言等都可以认为是告启宣传类应用文。本章主要讲授声明、启事、海报、说明书、讲演稿、广告、消息等常用告启宣传类应用文的写作。

第二节　声明与启事

一、声明

(一)声明的含义

声明是个人或者团体、组织就有关事项或问题向社会表明立场、态度的应用文体。声明可以在报刊登载,也可以通过广播电台、电视台播发,还可以在指定场所进行张贴。

声明从某个角度说也是启事,如人们习惯将遗失的证件、单据、支票、存折、牌照等,需向有关方面挂失或公开宣布作废时所写的书面启事称之为"声明"。然而严格来说,声明与启事又有区别:声明比启事更为庄重;启事注重回应,而声明注重于宣布而不注重回应。

(二)声明的分类

在社会生活中,因某种需要所作的声明一般分为两类:

一种是单位、团体或个人的某种合法权益可能会受到损坏或侵犯时,为保障自身权益警告对方,以引起公众关注而发出的声明。目的是表明自己的态度、立场和主张。标题可直接写"声明",也可写"郑重(或严正)声明"。正文写声明的原因,对事件的态度、立场以及为制止侵权事件的继续发展将要采取的措施和做法。语言要郑重、简洁、明确。落款署单位名称、法人代表或者委托律师的姓名和时间。

另一种声明是单位或个人遗失了支票、证件等重要物品时发出的声明。为防止有人乘机钻空子,以提醒有关部门注意,标题写"遗失声明"或者"紧急声明"。正文要写明遗失的是什么;如果是支票,要写清楚支票账号,并"声明作废"或"提醒有关部门注意"。落款署单位名称或个人姓名及日期。

(三)声明的格式和写作

声明一般由标题、正文、签署三部分构成。

1. 标题

声明的标题有三种形式:一是简明标题,写上"声明"二字即可;二是事由加文种,如"遗失声明";三是发表声明的单位(或个人)加上事由和文种,如《××厂关于××××的声明》。

2. 正文

可分为引言、主体和结尾三部分。引言用来说明发表声明的缘由、依据或起因。有些简短的声明省略引言。主体是声明的具体内容,它是声明的重心所在。一般有两种形式:一为条文式,二为板块式。凡声明事项涉及的问题复杂,宜采用条文式结构,分条来写,以避免内容含混不清,文字冗长;凡声明的事项简单,则可采用板块式结构,只在一段中叙说事由。结尾多用"特此声明"的惯用语,但也可不用。

3. 落款

包括声明人签名、用印和发布日期三项。

（四）声明写作的注意事项

首先，要善于抓住事件中的关键问题表态，态度要明朗，证据要可靠；

其次，内容必须符合法律、法规和公认的事理准则；

最后，行文必须严肃、庄重，表述必须准确清楚，句子必须简洁、明确。

例文一

严正声明

×××制药股份有限公司的知名产品参芪片，自投放市场以来，声誉良好，疗效确切。但目前有个别公司和个人在部分网站上发布虚假供货信息以低价销售，严重扰乱了参芪片的价格秩序，对我公司造成了不良影响。对此，本公司将向工商、公安及消协报案，请求协助查处。一俟查清真相，即将案情公布于众。

为了澄清事实，表明我们的原则立场，特发表如下声明：

一、本公司产品参芪片是国家医保目录产品，其价格由国家发改委制定，本公司一直按照规定的价格进行销售，从未进行低价销售。

二、衷心感谢广大客户和患者一直以来对本公司的信赖与支持。今后，在选购本公司参芪片时，一定要从正规渠道采购，以防上当受骗。

基于上述事实，本公司重申：依据有关法律法规，对有损本公司及其产品声誉的不法行为，我们将保留追究其法律责任和经济赔偿的权利。

×××制药股份有限公司

二○一○年一月九日

例文二

遗失声明

本单位因工作人员不慎，将中国工商银行××××分理处 12345678 号现金支票遗失，声明作废。

××××（单位）

××××年×月×日

二、启事

（一）启事的含义

启事是机关、企事业单位、团体或个人，需要向公众说明某事或希望公众协助办理某事时使用的一种事务文书，是一种公开的简便文告。

"启"，是陈述、告诉他人的意思，"事"就是事情。"启事"就是把事情陈述出来。凡是机关团体、企事业单位或个人有什么事要提请公众注意，希望大家协助的时候，就把它写成文字张贴在公共场所或刊登在报刊上,或在电视台、广播电台播出,这种公开发表的文字,都是"启事"。

(二)启事的种类

根据告知事项的不同内容,启事可分为招聘启事、征稿启事、寻人寻物启事、招领启事、开业启事、招生启事、征婚启事、乔迁启事等。

按照公布的不同形式,启事可分为报刊启事、电视启事、广播启事、张贴启事等。

(三)启事的特点

1. 告启性

启事面向大众告知事宜。它只具有告知性,而没有强制性和约束力。

2. 时效性

启事中所要告知的事宜一般都是当前需要处理的事情,具有一定的时效性,过了特定的时间,启事可能就失效了。

3. 简明性

启事的写作要求简洁明了。无论是登报、广播电视播发还是张贴,启事都要写得十分简明。启事的简明性一方面是为了方便读者,引起注意,同时也受篇幅版面限制。在电台、电视台播发或在报纸上登载启事都要收取费用。因此要尽量精简字数、压缩版面,争取用最少的投入取得最佳的效果。

(四)启事的格式和写作

不同种类的启示具有不同的写作特色和风格,但从总体上来看,启事通常由标题、正文、结尾三部分组成。

1. 标题

启事的标题有下列几种写法:

(1)用文种作标题。

(2)用内容作标题。

(3)内容和文种组成标题,如"寻物启事"。

(4)启事者和内容组成标题。

(5)启事者、内容和文种组成标题,如《××医科大学继续教育学院招生启事》。

2. 正文

启事的正文内容根据告知事项的性质、种类的不同有多种写法,下边介绍几种常见启事的写作。

(1)招聘启事:招聘启事的正文较为具体,一般而言,需着重交代下列一些事项:

第一,招聘方的情况:包括招聘方的业务、工作范围及地理位置等。

第二,对招聘对象的具体要求:包括招募人员的工作性质、业务类型,以及对招募人员的年龄、性别、文化程度、工作经历、技术特长、科技成果、户粮关系等的要求。

第三,招募人员受聘后的待遇:该项内容一般要写明月薪或年薪数额,执行标准,工休情况,是否解决住房,是否安排家属等。

第四,其他情况:应募人员须交验的证件和应办理的手续以及应聘的手续以及应聘的具体时间、联系的地点、联系人、电话号码等。

此外,还应注意以下事项:

首先,招聘启事要遵循实事求是的原则,对所招聘的各项内容,均应如实写出,既不可夸大也不能缩小。

其次,招聘启事的各项内容,可标项分条列出,使之醒目。也可用不同的字体列出,以求区别。

最后,招聘启事的语言要简练得体,既庄重严肃又礼貌热情。

(2)征稿启事:征稿启事的正文一般要求写明以下几项内容:

第一,写明征文的缘由、目的、征文单位,要把征文的意图交代清楚,这样可以使作者对这次活动的意义有充分的认识而积极投入参与,同时写明举办征文的单位可以增强征文活动的可信性,增加作者的信任感。

第二,征文的具体要求,通常可以包括以下一些内容,如作者的条件、征文的内容范围、体裁、字数、征文的时间等。

第三,说明评选稿件的具体方法,如评选的时间、评委的组成、评选的各种奖项情况等。

第四,对投递稿件的具体要求及方法。

(3)寻物启事:寻物启事的正文一般由写明以下几项内容:

第一,写明丢失物的名称、外观、规格、数量、品牌等,同时要写明丢失的原因、时间和具体地点。

第二,交代清楚拾物者送还的具体方式,或注明发文者的详细地址、联络方式等。

第三,寻物启事是求人协助寻找的,故除文中写些表谢意的话外,还可以写明给予拾到者必要的酬谢之类的话。

(4)征订启事:征订启事的正文一般包括以下内容:

第一,关于要发行报章杂志新书的出版计划。该部分一般要将刊物或书本名称,即将出版或刊订的情况,诸如是改刊、复刊、增刊、或是即将出版、出版单位、著译者、开本、字数等介绍清楚。

第二,该出版物或书籍的具体内容。要以简明的语言将该出版物的内容情况介绍出来。同时还要写出该刊物的特色,适宜阅读的对象等。

第三,该出版物的订阅方式。要将出版物品、出版时间、订阅办法、联系地址和联系人等介绍清楚。

此外,如有需要,征订启事还应附上征订回执。

(5)开业启事:开业启事正文部分要写明开业的具体时间、地点和联系方式等,另外还可写上具体的经营范围、服务项目、设备状况、环境气氛、发展前途等有关内容,并且还应该写上盛情邀请顾客惠顾光临的谦辞。如"欢迎广大顾客前来选购"、"欢迎惠顾"等。

开业启事要写在大红纸上。文字要突出醒目,书法要大方优美,各项内容要具体明白,且文笔精练,篇幅不宜过长。

3. 落款

在正文的右下方分两行写明发布启事的机关、单位名称(或个人姓名)和时间。如标题或正文中已有署名的可不再重复。在报纸上发表的启事,也可不必再写年月日。

例文一

招聘启事

　　××医药有限公司自1951年成立以来,一直致力于医药商品批发、零售和经营业务。作为国内大型的医药流通企业之一,公司以优良的工作环境,完善的福利保障体系,广阔的个人职业发展空间,诚邀各方优秀人才加盟!现因工作需要,招聘下列人员:

　　一、药品销售管理人员14人:大学专科以上学历,药学或临床医学专业毕业,英语说写流利,待人热诚大方,人际关系良好;

　　二、药品物流管理人员9人:中专以上学历,药学专业毕业;

　　三、零售售货员36人:中专以上学历,药学相关专业毕业,有实际经验者优先;

　　四、计算机操作人员1人:男性,大学本科以上学历,相关专业毕业;

　　五、财务人员1人:女性,大学本科以上学历,相关专业毕业,有一年以上工作经验者优先。

　　有意者请将个人简历(附近照)及相关资料于××月××日前寄至××市××路103号××医药有限公司人力资源部　邮政编码:×××××××。或者将个人简历(附近照电子版)发往邮箱:××@××××.com。

　　资料恕不退还。谢绝来访。

××医药有限公司

××××年××月××日

例文二

中华医学会行为医学分会第十二次全国行为医学学术会议征文通知

　　为促进我国行为医学的科学研究、临床应用、学术交流以及全民行为健康促进工作,经中华医学会批准,拟定于2010年10月15日至19日在河北省石家庄市举办中华医学会行为医学分会第十二次全国行为医学学术会议暨河北省首次行为医学学术会议。会议将邀请国内外知名行为医学专家做专题讲座,开展行为医学学术交流、行为干预与行为治疗技术的培训工作。现将会议有关事宜通知如下:

　　一、主办单位:中华医学会行为医学分会

　　承办单位:河北省医学会行为医学分会

　　河北省人民医院

　　协办单位:中华行为医学与脑科学杂志编辑委员会

　　中华行为医学与脑科学杂志编辑部

　　二、会议主题

　　行为与健康促进和疾病防治

　　三、会议征文

　　(一)征文内容

本次会议拟重点推动行为医学的普及和应用,通过"临床行为医学学科建设"——促进行为医学学科"落地","行为评估技术"——推动行为医学科研,"行为干预技术"——促进行为医学应用,"行为医学教育"——加强行为医学普及工作,立足行为医学,坚持创新发展,服务人类健康。凡与行为医学理论研究、应用研究有关的内容均属于本次会议征稿范围。重点专题如下:

1. 行为医学与健康促进、健康管理

2. 行为医学与疾病预防

3. 行为医学与疾病治疗、康复

4. 行为医学与临床护理

5. 医学行为与医疗管理

6. 行为医学学科建设与服务模式(行为医学发展与现代医学发展方向和服务模式)

7. 心理行为评估的方法与技术

8. 心理行为干预的方法与技术

9. 行为医学与医学教育

10. 行为医学与交叉学科

(二)征文要求

1. 撰稿与投稿:凡国内外未公开发表过的论文,按中华医学系列杂志论文格式撰稿,包括全文和摘要,使用 word 编辑文档,A4 页面打印,稿件封面注明个人简况(姓名、性别、职称、工作单位、通信地址、邮政编码、电话或手机、电子邮件)。

2. 论文截止日期:2010 年 8 月 30 日,以邮戳为准。

3. 参会论文请寄:稿件(1 份)经邮局寄送中华医学会行为医学分会"会议筹备办公室",同时将电子文档发送至"大会专用 E—mail 信箱"。

中华医学会行为医学分会"会议筹备办公室"收稿地址:邮编××××××,山东省××市×××路××号××医学院×××信箱×××(收);大会专用 E—mail 信箱:×××××××@163.com;办公室电话:×××××××,手机:138×××××××××。

石家庄收稿地址:邮编 050051 石家庄市×××路×××号河北省××医院神经内二科,×××(收);电子邮箱:×××××2007@126.com;电话:0311—×××××××××;0311—×××××××××。

四、会议时间

2010 年 10 月 15 日至 19 日(10 月 15 日全天报到)。

五、会议地点、会务收费

会议安排在河北省石家庄市召开,报到宾馆、会务收费等,另行通知。

六、学分授予及论文发表

大会授予国家级继续教育Ⅰ类学分 6 分。凡入选学术论文将编入《中华医学会行为医学分会第十二次全国行为医学学术会议论文集》,其中优秀论文将颁发优秀论文证书。

中华医学会行为医学分会

二〇一〇年二月二十八日

例文三

寻物启事

　　本人在泉州市丰泽区宝州路附近丢失一粉红色皮质钱包。内有两张照片和一张中国建设银行银行卡,还有十几元钱及一张建行的取款凭条。如有拾到者请急速归还。定给酬谢。

　　联系电话:0595—2251×××;0595—2250×××。

王××

××××年×月×日

例文四

《中国美容医学》征订启事

　　《中国美容医学》是由中华人民共和国教育部主管,中华医学会医学美学与美容学分会、中华中医药学会中医美容分会、中国保健科学技术学会医学美容学会支持,西安交通大学和第四军医大学联合主办的国家级专业杂志,已列入国家科技部中国科技论文统计源期刊,是中国科技核心期刊,已被国内外多家数据库和检索机构收录。

　　《中国美容医学》编辑委员会由院士、博士生导师、教授、主任医师、硕士生导师等100多名国内外著名专家组成。委员大多是全国、全军美容和整形专业知名的专家教授,在本专业学术领域有很高的权威性。编辑部由两校一院的二十多名高级职称医生担任主编、副主编和编辑,并有精通英、俄、德、日、西等语种的编辑人员,以及美编、广告、制版、发行等多个部门。

　　《中国美容医学》插图为铜版纸彩色精印。主要栏目:学科动态、基础研究、中医药美容、皮肤美容、整形美容、眼耳鼻美容、口腔颌面美容、齿科美容、美容园地、综述、专题讲座、国内外美容信息及相关会讯等。

　　作为国家级和统计源期刊,《中国美容医学》杂志将更好的发挥媒体导向作用,做到在内容上对美容医学学术领域全学科性的覆盖,继续突出本刊周期短、信息量大、理例兼容、图文并茂、实用性强等特点,遵照为读者、为临床服务的原则,坚持内容更新、信息更快、专业性更强的方针,使《中国美容医学》杂志内容更丰富,更精彩。

　　《中国美容医学》杂志的征订工作现已开始,本刊为月刊,国内外公开发行,国际刊号:ISSN 1008—6455,国内刊号:CN 61—1347/R,每本定价为10元(含邮资,如需挂号,请另寄每期挂号费3元)。全年12期,共120元。每年春秋两季(5月、10月)全国各邮局均办理征订。邮发代号:52—27。

　　为了方便读者,编辑部常年办理订购,并随时为读者提供邮购服务。汇款地址:西安市188号信箱,《中国美容医学》编辑部收,邮编:710043,电话:029—82218513,82251091—8833;传真:029—82251091—8818;E—mail:bianjibu@zgmryx.com。户名:中国美容医学杂志社;开户行:招商银行西安分行城南支行;账号:0308070—4081748610001。

中国美容医学杂志

征订回执

订阅者地址：　　　　　　　　　　　　　　　邮　　编：

订阅者姓名：　　　　　　　　　　　　　　　汇款人姓名：

订阅期数：　　年第　期至　　年第　期，共　　期 订阅份数：

汇款金额：　　　　　　　　　　　　　　　　联系电话：

注：此联填写后寄：西安市 188 号信箱《中国美容医学》编辑部，邮编：710043；编辑部收到此联和汇款将认真登记，并按期予以寄刊。

例文五

××书屋开业启事

本书店装修已毕，定于本月××日上午××时正式开业接待读者。

本书屋规模虽小，但存书丰富，包括中外文学名著，最新科技图书，理工、文史工具书，大中小学生学习资料等。为庆贺开业，15 天内所有书籍均按定价的 80% 优待读者。

欢迎惠顾

××书屋

××××年×月×日

第三节　海　报

一、海报的含义

海报是向广大群众报道或介绍有关电影、电视、戏剧、体育比赛等活动的消息以及机关、团体、单位举办报告会、展览会、学术讲座、大型文娱活动的招贴文字。它最早起源于旧上海，当时人们通常将职业性的戏剧表演界称为"海"，从事专业或业余戏剧表演成为"下海"，作为介绍戏剧演出信息的张贴物称为"海报"。由于海报具有特殊的宣传效果而逐渐超越了行业的局限，而为社会各界广泛采用。现在，海报的范围已经不仅限于宣传戏曲演出的信息，诸如影讯、讲座、答辩、赛事、书讯以及利民活动等，都可成为它的报道内容。

海报具有醒目和制作简便等特点，在社会主义市场经济条件下，各行各业使用得越来越广泛。海报一般张贴在会场、剧院的大门口等引人注目的公共场所，有些商店也用海报来介绍商品招徕顾客。

二、海报的分类

海报可以根据内容分为不同的种类，例如：电影海报、讲座海报、比赛海报、晚会海报等。

海报也可以根据形式，分为两大类：

一是文字海报。采用精练的文字，鼓动性的词语，把海报内容突出、鲜明地介绍出来，追求版面的合理布局和适当的装饰。

二是美术海报,常用较大篇幅的纸张印刷而成,由画面和文字说明两部分组合而成,以画面为主,文字为辅。

三、海报的特点

首先是宣传性。海报的最直接目的就是尽可能地让更多的观众注意到海报制作者的意图。

其次是艺术性。从海报的制作来说,要特别考虑效果。文字海报尽可能注意文字的美观醒目,美术海报更是如此。增加色彩、描绘图案等都是吸引人的有效艺术手段。此外,对内容的生动描绘和形象介绍,同样能激起人们的参与热情。

最后是鼓动性。海报要吸引群众参加活动,可以在不违反真实性的前提下使用一些形象性、鼓动性的语言。在图面设计上,也可以使用一些鼓舞人的鲜明、生动、活泼的图画或漫画。

四、海报的格式和写作

海报没有严格的格式规定,为了能更好地实现效用,海报的编写者经常别出心裁地把海报写得活泼生动、醒目引人。即便如此,海报还是有个大致的"格式"。

（一）标题

标题对海报来说,是十分重要的,它是海报的主题,是内容的聚集焦点。因此,标题必须醒目、新颖、简洁,能使人们在一瞥之间即能紧紧抓住其兴趣和注意力,要让人们能够"一见钟情",进而激起踊跃参加的热情。一般的写法,是上方正中间写出标题,或直接使用文种名称,如"海报";或直接揭示活动内容,如"精彩球赛"、"新电影《红高粱》"、"填补国际空白的科技成就报告会"等。标题的字一定要大而醒目,大到占一张纸的大半都可以。

（二）正文

不同海报的正文内容差别很大,但概括起来,大约有以下几个方面:

1. 活动性质

是演出、赛事、会议,还是商品销售等,要明确告诉大家。

2. 情况介绍

活动的具体情况要有简明的介绍,让群众心中有数,这样才能更好地吸引大家参与。如球赛:是什么球队,水平如何;演出:有哪些演员、什么剧种、剧目;报告会:内容、报告人情况;商品销售:货物种类,价格和质量如何等。

3. 时间、地点、票价

举行活动的时间,一定要写得明白而具体,如"本月6日(星期三)下午5点30分"等,切不可粗线条地写"6日下午",因为下午的时差有好几个小时,会让大家弄不清楚。地点,也要明确,如"××大学图书馆三楼报告厅"、"本市××区××路××号××商场×楼",必要时,要写明乘车路线。如果需要购票入场,票价也要明确写出。

（三）结尾

在正文结束之后,另起一行可用稍大的字书写"莫失良机"、"欢迎参加"等作结束语。结语后另起一行写上举办单位的名称,在名称的下一行的右下角写出书写海报的时间。

五、海报写作的注意事项

一是内容必须真实,不能为达到某些目的而夸大失实,甚至弄虚作假,欺骗公众。如只是稍有名的歌唱演员,不要说成是"××大师"、"著名大歌星";明明只是小有成就的学者,不要吹嘘为什么"名闻世界"、"海内外享誉"等等。在海报中欺骗了群众,受骗群众事后会恼怒,以后再不相信了;甚至于看了夸张的海报起了逆反心理,根本不来参加。

二是用语一定要高度精练、言简意赅,行文直截了当,切忌啰唆。

三是可根据内容需要,配以象征性的图案或图画,做到图文并茂,以吸引读者。

例文一

篮球表演赛

北京大学队——清华大学队

对抗激烈 扣人心弦

时间:××月××日下午四点

地点:北大体育馆

欢迎全校师生前往助兴

学生会体育部

××月××日

例文二

海　报

校学生会文艺部组织放映国产彩色喜剧片《×××××××》,国产彩色武打片《××××××》,欢迎大家前去观看。

时间:7 月 2 日晚 7 时 30 分

票价:1 元

地点:学校大礼堂

××大学学生会

六月三十日

例文三

学术讲座海报

时间:2009 年 8 月 26 日(周三)下午 1:30

地点:2 号教学楼 2402 室

题目一：How to teach international students

主要内容：全英文授课教学语言的特点；教学方法；如何帮助学生通过美国执业医师考试。

主讲人：×××教授

×××教授于美国霍普金斯大学和马里兰大学获得环境卫生学和神经病理学等多个医学专业学位。目前从事健康指导工作，是美国加州奥特兰市沙特东海湾医学基地的内科主任。现任美国职业与环境医学研究会的会员，美国预防医学学会会员，西方国家职业健康联合委员会会员，美国加州医学研究会会员等。

题目二：legal medicine in US

主要内容：美国医师责任保险；医疗风险的应对与防范；案例分析。

主讲人：×××教授

×××教授曾先后工作于霍普金斯大学医学中心健康中心，马里兰大学，西弗吉尼亚大学医学院，卡姆登·克拉克医院。现就职于恺撒永存医疗组病理科。在病理界有很高的知名度。近几年发表国际性文章数篇。多次给国内医学院校进行医学培训，反响极好。有西弗吉尼亚州和加州两地的行医执照，在医学和病理界享有很高的声誉。

欢迎广大师生踊跃参加。

×××医学院

第四节　演讲稿

一、演讲稿的概念

演讲稿也叫演说词，是在较隆重的集会或会议上发表的讲话文稿。它主要是用来交流思想、感情，表达主张、见解，具有宣传、鼓动和教育的作用。

二、演讲稿的特点

（一）针对性

演讲稿的内容多是听众最关心、最感兴趣、最想了解的，表达方式也要因人而异，注重效果。

（二）鼓动性

演讲的目的是感动听众，说服听众，以情感人，激发共鸣，具有较强的鼓动性。因此，演讲稿要争取最佳宣传说服效果。

（三）有声性

演讲稿是将无声文字，通过演讲者的讲演变为声情并茂的有声语言。要好说、好听、好懂、好记。写得朗朗上口，讲得悦耳动听，通俗易懂，幽默风趣。

三、演讲稿的种类

首先，依据讲演场合，可分为会场讲演稿、广播讲演稿、电视讲演稿、课堂讲演稿、法庭辩论稿等。

其次,依据讲演内容和性质,可分为政治讲演稿、学术讲演稿、社会活动讲演稿等。

第三,依据表达方式,可分为记叙性讲演稿、议论性讲演稿、抒情性讲演稿等。

四、演讲稿的写作格式

演讲稿的结构由标题、称呼和正文三部分构成。

(一)标题

演讲稿的标题无固定格式,但一般可归纳为以下四种类型:

一是揭示主题型,如《人应该有奉献精神》。

二是揭示内容型,如《在省科技工作会议的讲话》。

三是提出问题型,如《当代大学生应具备什么素质》。

四是思考问题型,如《传统文化与城市竞争力》。

(二)称呼

顶格加冒号,根据受听对象和讲演内容的需要决定称呼,常用"同志们"、"朋友们"等,但也可根据需要添加定语达到渲染气氛的效果,如"年轻的朋友们"、"亲爱的同学们"等。

(三)正文

正文一般由开头语、主体和结语三部分构成。

1. 开头语

开头语的任务是吸引听众、引出下文。有六种形式:一是由背景和问候、感谢语开始;二是概括讲演内容或揭示中心论点;三是从讲演题目谈起;四是从讲演缘由引起;五是从另一件事引入正题;六是用发人深省的问题开头。

2. 主体

主体即中心内容。一般有三种类型:

(1)记叙性讲演稿:以对人物事件的叙述和生活画面描述行文。

(2)议论性讲演稿:以典型事例和理论为论据,用逻辑方式行文,用自己的观点说服听众。

(3)抒情性讲演稿:用热烈抒情性语言表明观点,以情感人,说服听众,寓情于事、寓情于理、寓情于物。

3. 结语

结语是讲演能否走向成功的关键,演讲者常用结语来总结全文、加深印象,或者提出希望、给人鼓舞;或者表示决心,立下誓言;或者照应题目,概括全文。总之,作者一般会在激动人心的结语中结束全文。

例文

中国有我　亚洲有我
——在奥运报告会上的发言

刘　翔

我从来都不认为自己今天的成功仅仅是个人的荣耀,北京时间 2004 年 8 月 28 日凌晨那

12 秒 91,毫无疑问将会成为我生命中为之自豪的瞬间,但我更愿意把那一刻的辉煌献给我亲爱的祖国,献给全亚洲。

长期以来,110 米栏被欧美运动员长期垄断,亚洲人从未在这个项目上获得过奖牌,近 20 年来,亚洲人从未进入过决赛。而我打破了这种垄断,我知道那一晚,许许多多的中国人和我一样度过了一个不眠之夜;当我高举五星红旗飞奔在雅典奥林匹克赛场上的时候,我能够真真切切地感受到祖国和我在一起,千千万万的中国人和我在一起,我为自己是一个中国人,是一个中华男儿而自豪,而骄傲。在接受记者采访时,我眼含着激动的热泪说:"我是冠军,我证明了中国人也能获得这个项目的冠军,证明了黄种人在这个项目上同样可以有所作为。"当接受那枚沉甸甸的金牌的时候,我身披国旗纵身一跃跳上了领奖台,那时我想要展示的不仅是自己的蓬勃朝气,更要向全世界展示中华民族的精气神。

我永远也忘不了 2002 年 2 月法国里昂的国际田联室内大奖赛,60 米栏决赛,我站在第五道。发令枪响后,大家如离弦之箭,冲了出去。第六道的美国选手在跨越第三个栏的时候摔倒了,而我第三个冲过终点。但最终却没有我的成绩,和裁判几经交涉才明白,原来裁判以为是我摔倒了,他们没有想到一个中国人竟然能跑那么快。这件事让我真实地感受到了欧美人在这个项目上对黄种人的偏见,这次事件对我刺激很大,成为我努力拼搏的动力。之后,师傅又让我看了几次那场比赛的录像,激励我全身心地投入到训练中去。在获得奥运冠军后的新闻发布会上,一个外国记者问我,中国人怎么也能跑这么快? 我回答他说,中国有国家的培养,有各级领导的支持,有很好的教练,完全能够把一名普通的运动员培养成优秀的运动员。我最后还不太客气地对这位外国记者说:"我想纠正你们一个观点,你们不要以为中国人在短距离项目上不如欧美人,我告诉你,亚洲有我,中国有我。"

的确,能够有今天的成功,我首先要感谢祖国的培养。最近几年我能够频繁地出国参加各种比赛,和世界高水平的选手同场竞技,国家的投入很大。正是这种以赛带练的方式,让我具备了丰富的国际比赛经验,不但找到了自己的差距和不足,更重要的是培养了我良好的心理素质,帮助我建立了强烈的自信心。这些都是我能够获得奥运冠军的重要保证。还有国家为我投入的强大的科研力量,在我日常训练和比赛的背后,有一个近十人组成的科研专家小组,他们把我训练、比赛的过程录像,进行科学分析,让我的训练变得更加有针对性。这次奥运比赛,专家小组把每一轮每一个选手的情况进行录像,并通过电脑进行科学分析,提供给我的教练,以便教练能够科学地调整我的状态,确定比赛策略和战术。确切地说,这块金牌凝聚了很多很多人的心血。

说起这次的比赛,很多细小的但很感人的事情我事后才知道。我是 8 月 19 日进驻奥运村的,为了保证我的休息,同住一单元的领导、教练和工作人员都自觉在我回来之前洗完澡,以免流水声影响我休息;田管中心主任就住在我的对面,有两天早上 6 点起床,怕影响我睡觉,他甚至悄悄跑到百米外的田径场上厕所。这些看似不起眼的事情,却体现了大家对我的关怀和爱护。

最让我感谢的还是我的师傅孙海平,他善于学习、吸收国内外众多优秀选手的优点,并结合我的实际情况因材施教。在我 16 岁的时候,是他伯乐般的眼光发现了我,并亲自带我入门,经过他不到 3 个月的精心调教,我首次参加全国田径大奖赛,就取得了第三名。在接下来的 3 年中,我一年一个台阶:2000 年世界青年锦标赛第四名;2001 年全运会、东亚运动会、世界大学生运动会冠军;2002 年打破了由美国人保持了 24 年之久的世界青年纪录,2003 年室内世锦赛的第三,今年又战胜阿伦·约翰逊,创造了13秒06的个人最好成绩,直至把我送上冠军的领奖台,这些进步,是我和师傅长期苦练、厚积薄发的结果,是师傅一点一滴的心血铺就的。

此时此刻,无数荣誉和光环罩着我,但是我告诉自己,忘记短暂的掌声和鲜花,重新站到起点,去开创新的更大的光荣。12秒91仅仅是平了世界纪录,在我面前,还有更加远大的目标,在今后的运动生涯中我还要创造更多的奇迹,为祖国铸就更大的辉煌。我将为此而不懈努力。

相信我,我才21岁,一定会做到。

谢谢!

第五节　说明书

一、说明书的概念

说明书是向读者、用户、观众介绍某种产品的内容、作用、使用方法等的文字材料。

二、说明书的作用

(一)解释说明

解释说明是说明书的基本作用。随着我国经济的发展,人民生活水平的不断提高,工业、农业的飞速发展,文化娱乐活动也日益繁荣,人们将会在生产生活中遇到各种各样的生产产品和生活消费品。科技的发展,更是使这些产品、消费品包含了很强的科技成分。为了使人民群众能很好地使用这些产品,真正为人民的生活服务,各生产厂家均会准备一本通俗易懂的产品或生活日用消费品的说明书,给用户的使用以切实的指导和帮助。说明书要详细地阐明产品使用的每一个环节和注意事项。

(二)广告宣传

商品经济的今天,说明书的广告宣传作用也是不可忽略的。好的说明书可以使用户产生购买欲望,达到促销的目的。

(三)传播知识

说明书对某种知识和技术有传播作用。如介绍产品的工作原理、主要的技术参数、零件的组成等。

三、说明书的种类

说明书各种各样。一般来讲,说明书按照所要说明的事物划分,可以分为:产品说明书、使用说明书、安装说明书、戏剧演出说明书等。

(一)产品说明书

主要指关于那些日常生产、生活产品的说明书。它主要是对某一产品的用户应该知晓的相关情况的介绍,诸如其组成材料、性能、存贮方式、注意事项、主要用途等。

(二)使用说明书

是向人们介绍具体的关于某产品的使用方法和步骤的说明书。

（三）安装说明书

主要介绍如何将一堆分散的产品零件安装成一个可以使用的完整的产品。为了运输的方便，许多产品都是拆开分装的。用户在购买到产品之后，需要将散装部件合理地安装在一起。这样在产品的说明书中就需要有一个具体翔实的安装说明书。

（四）戏剧演出说明书

这是一种比较散文化的说明书，它的主要目的在于介绍戏剧、影视的主要故事情节，同时也是为了向观众推荐该影剧。大型的演出活动，对于演职员的介绍、节目的介绍等等，也是为了吸引更多的观众而采用的一种宣传式的说明文字。

四、说明书的写作格式

说明书多种多样，其写作格式也不拘一格，不可一概而论。一般情况下，它是由标题、正文和结尾三部分组成。

（一）标题

标题一般是标示出产品或者商品的名称，然后加上"说明书"字样。如："按键式电话机使用说明书"。

（二）正文

正文表现形式多种多样，应根据产品和商品的特点来选用。常用的有条款式、概述式、综合式等。

（三）结尾

结尾部分一般是对生产者或者经营者做出说明，包括生产者或经营者的名称、邮购地址、联系电话、维修地址等情况。

五、说明书写作的注意事项

说明书要实事求是，准确全面，保证其科学性，有一说一、有二说二，不可为达到某种目的而夸大产品的作用和性能。说明书要全面地说明事物，不仅介绍其优点，同时还要清楚地说明应注意的事项和可能产生的问题。产品说明书、使用说明书、安装说明书一般采用说明性文字，而戏剧演出类说明书则能够以记叙、抒情为主。说明书的语言力求准确、简明、通俗易懂，避免滥用生僻或过于专门化的术语和行话，多用日常用语。

说明书还可根据情况需要，使用图片、图表等多样的形式，以期达到最好的说明效果。

例文

双黄连口服液说明书

【药品名称】双黄连口服液

【成　　份】金银花、黄芩、连翘；辅料为蔗糖、香精。

【性　　状】本品为棕红色的澄清液体；味甜、微苦。

【功能主治】疏风解表，清热解毒。用于外感风热所致的感冒，症见发热、咳嗽、咽痛。

【规　　格】每支装 10 毫升

【用法用量】口服。一次 20 毫升(2 支)，一日 3 次。

【不良反应】尚不明确

【禁　　忌】尚不明确

【注意事项】

1. 忌烟、酒及辛辣、生冷、油腻食物。

2. 不宜在服药期间同时服用滋补性中药。

3. 风寒感冒者不适用。

4. 糖尿病患者及有高血压、心脏病、肝病、肾病等慢性病严重者应在医师指导下服用。

5. 儿童、孕妇、哺乳期妇女、年老体弱及脾虚便溏者应在医师指导下服用。

6. 发热体温超过 38.5℃的患者，应去医院就诊。

7. 服药 3 天症状无缓解，应去医院就诊。

8. 对本品过敏者禁用，过敏体质者慎用。

9. 本品性状发生改变时禁止使用。

10. 儿童必须在成人监护下使用。

11. 请将本品放在儿童不能接触的地方。

12. 如正在使用其他药品，使用本品前请咨询医师或药师。

【药物相互作用】如与其他药物同时使用可能会发生药物相互作用，详情请咨询医师或药师。

【贮　　藏】密封，避光，置阴凉处(不超过 20℃)。

【包　　装】低硼硅玻璃管制口服液体瓶、口服液瓶铝塑组合盖、药用氯化丁基胶塞装，每盒 10 支。

【有 效 期】24 个月

【执行标准】《中国药典》2005 年版一部

第六节　广　告

一、广告的概念

"广告"，顾名思义，就是广而告之。广告的概念有广义和狭义之分。广义的广告，包括经济广告和非经济广告。经济广告即商业广告，它以促进商品销售或提供劳动服务信息为目的，与经济利益密切相关。非经济广告是指经济以外的各种广告，它虽然也传达信息，但跟经济利益没有关联。如社会团体的公告、启事、声明，引导人们正确认知的公益广告等。狭义的广告指经济广告，即商业广告。

二、广告的特点

(一)宣传性

广告最大的作用就是宣传引导。商业广告沟通产、供、销渠道,介绍商品信息、产地、质量、性能、价格等,引导消费者关注或者购买广告产品,提高企业或商品的知名度;公益广告则通过特定信息的传播,影响引导着人们的价值取向、道德标准、心理认知、行为规范等。当前,广告在中国如火如荼的商战中,越来越显出它的分量。

(二)真实性

广告是大众传播工具,特别是商业广告,是市场经济活动的重要传播工具,广告必须传递真实的信息,不得弄虚作假,欺骗大众,否则广告发布者必须承担相应的责任。

(三)艺术性

由于广告一般张贴在公众场合,或者在大众媒体上刊登或者播出,因此要强调艺术性和美感。在市场经济的广告海洋中,某一条广告要想引起目标受众的关注,也要讲求创意,在文字、图画、色彩、字体、布置等方面,都应该突出艺术性。

三、广告的种类

(一)根据内容分类

1. 商业广告

指与经济利益相联系,为了推销、征购或者提供劳务和服务的广告。

2. 公益广告

不以挣钱为目的,为了传播科学、文化、教育、艺术、正确的社会规范和道德等的广告。

3. 社会广告

与社会职能以及社会服务相关的,向群众提供社会福利、社会服务、社会保险等公共管理及服务方面信息的广告。

(二)根据表现形式分类

1. 静态广告

以文字或者图片为主,或者图文并茂的各种静态形式的广告。

2. 动态广告

含有吟诗、音乐、舞蹈、道白、动作等的动态形式的广告。

(三)根据发布方式分类

1. 报纸广告

报纸广告的读者面宽广,发行量大,宣传效果好,影响大,制作简单,收费较低。

2. 杂志广告

杂志广告可用彩色印在杂志的插页上,对广大读者有很大的吸引力,特别是一些与潮流、时尚相关的产品广告往往在杂志刊出。

3. 广播广告

广播广告发挥以声夺人的特长,主要靠语言配音乐介绍商品,要求文笔简练、语言通俗易懂。这种广告传播迅速、及时,拥有亿万听众,宣传效果好。

4. 电视广告

电视广告要巧妙构思,耐人寻味,生动有趣,不落俗套,寓商品介绍于娱乐之中,有艺术欣赏价值。电视广告深入千家万户,宣传效果好。

5. 霓虹灯广告

这种广告是使用彩色霓虹灯来进行产品、厂牌或企业名称宣传的广告。

6. 橱窗广告

这种广告是使用商店玻璃橱窗来陈列产品进行宣传。产品陈列,可用实物,也可用图片加文字说明。它的优点是真实感强,宣传效果好。

7. 路牌广告

这种广告是使用不同形状的广告牌立于路旁,对过路行人进行宣传。一般画面大,多以图案文字结合为主,醒目、美观,可长期保存、宣传效果好。

8. 传单广告

这是使用纸片传单的形式进行产品宣传的广告。一般用布告或描述体介绍产品。它的可读性强,消费者易于接受,宣传效果好。

9. 邮政广告

这是以邮局为媒介传递的广告。它的形式多样,如各种征订单、销售函、产品介绍、商品说明书、产品样式图片等。

随着市场经济的发展,广告的形式也会越来越多。

四、广告的写作

现代广告是多学科的综合体,它与多种学科有着密不可分的联系。经济学、市场营销学、社会学、心理学、美学、电声学等,是广告设计、制作的理论基础,至于广告词同文学、语言学的关系,更是密不可分。正因为广告是综合艺术,所以人们对于广告写作有不同的解释。本书仅就广告中语言文字部分的写作,作一简要介绍。

创意是广告的灵魂,文案的撰写是广告必备的要素。在目前运用最为广泛的报纸、杂志、广播、电视等四大媒介上,文字、声音和图画成了广告的主要表现因素。在报刊、杂志上,文图相配;在收音机里,声情并茂;电视广告则是集三者于一身,达到了完美的统一。在这些表现因素中,广告可以没有图画,有时也可以没有声音,但是不能没有文字。无论是采用哪一种媒介传播广告信息,离开了文字就寸步难行。声音在绝大多数情况下是文字的另一种表现形式,画面也是为了配合文字或声音的。

(一)广告文案的结构

1. 标题

这是广告文案的点睛之笔。广告标题是表现广告主旨的短文或短句,有时只是一个短语或词语,是一篇广告文案的核心。它位于广告文案的醒目位置,通常选用比其他部分大的字体。其作用是捕捉受众的注意。

2. 正文

这是广告文案的主体。广告正文是对广告标题的解释,也是对所宣传的产品(服务)的详细阐述。广告的主题是由广告正文来表现的,它通常在标题之下,担负着对受众进行心理说服的职能。

3. 附文

这是对广告内容的必要补充。附文,又叫随文,是广告文案中的附属部分,是对广告内容必要的交代或进一步的补充说明,包括:品牌全称、企业全称、通讯联络方式、银行账号以及经销商和服务部门的相关信息等。

4. 广告标语

这是广告自身的广告。广告标语又叫广告口号,是为了加强受众对企业、商品或劳务的印象,在较长一段时间内反复出现,集中体现广告阶段性战略的一种言简意赅的口号性语言。它在广告宣传中有着特殊的地位和作用,通过反复宣传广告标语,使产品家喻户晓,深入人心。

(二)广告文案的写作要求

1. 定位准确

广告有很强的应用性、实用性和功利性。要利用推销原理写出雅俗共赏、生动有趣的文字,要考虑消费者的接受心理。一个广告的传播,准确地说,就是要解决向谁传播、传播什么、怎样传播三个问题。各个环节都要定位准确。

2. 内容要真实

广告文稿内容的真实性要求所介绍的商品和劳务项目,要向企业和消费者提供经得住检验的证据,从而真正起到指导消费、促进经济发展的作用,切忌吹牛和浮夸。

3. 体现个性

广告文稿要具有特殊的感染力,能在瞬间引起读者注意,刺激其心理需求,使消费者保持记忆,最终促成购买行为的实现。现在的广告铺天盖地,无奇不有,广告能否吸引人们,激发人们的兴趣,最主要的就是看其是否有不同凡响的独到之处。从这一角度看,创新性是广告成功的关键。

4. 突出主题,语言巧妙、凝练

广告往往要通过短短一句或者几句,甚至几个字来传达信息,引导大众,因此必须强调遣词造句,做到主题突出,准确贴切,概括凝练而又巧妙。用最少的文字来传情达意,吸引读者。

5. 体现社会责任感

广告的目的就是推销商品,塑造企业与品牌的形象。从这一经营理念出发,广告必然对消费者采用硬性推销手法,广告主与广告经营者携手对消费者施加影响。而现代企业经营哲学则强调"企业是地球的公民","企业是社会的一员,是社会的组成部分"。广告应反映企业的这一经营理念,突出对社会负责、对消费者负责的精神。

例文一

保健品广告文案

您好!我是小蜜蜂——百奇奇。我和花粉小粒儿都来自大西北的"舒仲花基地"。从今天起,我们给大家讲述来自"花粉世界"的故事。希望大家喜欢哟!

说起花粉,真是太奇妙了!几天几夜也说不完。我们今天首先要告诉大家的是:花粉是大

自然最惊人、最完美的食品！现代科学发现，由我们蜜蜂采集的天然花粉，含有丰富的植物孕育生命的全部营养，食用少量天然花粉即可获得大量保持青春和健康的合理营养。

"舒仲花粉精"就是经过高科技生产的天然花粉浓缩精品，营养价值是一般花粉口服液的10～15倍呢！

花粉小粒儿，你又藏到哪里了？……你怎么藏到玻璃瓶里去啦？

我在这儿！舒仲先生用第三代溶媒工艺把我制成浸膏状的"舒仲花粉精"，现在人们更珍爱我了。

例文二

公益广告文案

遵守交通规则广告

宁等 10 分，不抢 1 秒。

十分把握七分开，留出三分防意外。

拉开的是距离，走近的是文明。

你让我让，人车无恙。

你不抢我不争，心里装着红绿灯。

保护环境广告

足下留情，春意更浓。

小草在生长，大家别打扰。

爱护环境，就是关爱生命。

保护环境，人人有责。

第七节　消　息

一、消息的含义

消息也称简讯、短讯或快讯，它是以简明扼要的文字、概括叙述的方法，迅速及时地向公众报道新近发生的新闻事实的一种体裁，也是得到广泛应用的一种新闻报道形式。它只报道一个事实，一般不交代背景，也不写详细内容，篇幅较短小。

二、消息的特点

（一）及时性

消息的报道要求迅速及时，采写发稿迅速、及时。

（二）简洁性

正是因为消息的报道要求强调时效性，因此消息的写作一般要求简洁明了，篇幅短小，叙事直截了当,争取用最少的文字把事情的大致内容说明白,不要求对报道对象作详尽全面地叙述和描绘。一般地说,一则消息必须具备"五要素",即:何时、何地、何人、何事、何故(亦称"五W")。

(三)真实性

消息是一种新闻文体,要求所报道的事情必须是真实发生的,而不是作者的想象捏造。

三、消息的种类

首先,按报道的事实的单一性与综合性划分,有单一消息、综合消息。

其次,按消息的字数与篇幅划分,有简明消息、短消息、长消息。

再次,按消息所包含的事实呈现的状态划分,有静态消息、动态消息。

最后,按报道的不同内容划分,有事件消息、述评消息、经验消息、人物消息等。

四、消息的写作要求

(一)内容要新鲜

要在选择题材上下工夫,从比较中发现什么才是新的事实、新的成就、新的经验、新的见解、新的问题。作者要有敏锐的眼光,要了解全局性的情况,要占有资料,要做有心人。写消息,力求具有一定的思想,以便能给人以启迪。有些事情,尽管事实不是那么新鲜,但有意义,那就要选择新的角度加以报道。

(二)事实要准确

采写消息,一定要把事实弄清楚,并且核对无误。真实性,是新闻的生命之所在。

(三)速度要快

要讲究时效性,采访要快,写作要快。无数事实表明,在当今世界,同一重要事件,不要说迟发一天半天,就是迟发几小时、几分钟,便会在竞争中失利,在舆论上遭受不应有的损失。反之,就能在竞争中赢得主动权。

(四)质量要高

篇幅要短,容量要大,也就是说,要提高消息的"含金量"。消息写作提倡"短些,短些,再短些",但也不能短到空洞无物的地步,而应力求短而有丰满内容,短而实。这就需要反复锤炼语言,推敲每句话,力求字字句句载着尽可能多的信息。要用凝练、传神、明白如话的文字,去点拨新闻事实,让读者品味、领略消息中所包含的丰富的内容。

(五)可读性要强

要写得通俗、生动、形象,具有可读性。

五、消息的写作方法

消息在结构上,一般由标题、导语、主体、背景和结尾五个部分组成。有"倒金字塔结构"和"非倒金字塔结构"两大类。

下面简要介绍几种不同消息的特点和写作方法:

（一）动态消息

所谓动态消息,就是指及时地反映现实生活中出现的新事物的简短新闻报道。这种动态新闻比较单一,只反映一个动态。其特点是文字简短,内容广阔,新鲜活泼。动态消息是以变动着的事物为报道对象,因此善于运用发散的思维突破思维定势,发现事物发生和发展变化动态中蕴藏的新闻价值。大艺术家罗丹曾说过:"生活中不是没有美,而是缺少发现。""一石激起千层浪。"不仅要看到客观表象,更能看到事物深层次的内涵,随时对潜移默化的变动保持高度的兴奋和警觉。

例文

国家技术创新工程安徽省试点启动实施

1月23日,安徽省委、省政府举行动员大会,对国家技术创新工程安徽省试点工作进行全面动员部署。这是安徽深入贯彻落实科学发展观,加快推进创新型安徽建设,促进科学发展的一次重要行动。安徽省委书记王金山、科技部副部长曹健林出席会议。会议由安徽省省长王三运主持。

国家技术创新工程山东省试点工作全面启动

2月22日,山东省委、省政府举行全省科技奖励暨技术创新工程推进大会,表彰2009年度国家和省科技奖获得者,部署推进国家技术创新工程山东省试点工作。会议颁布了《山东省高技术产业技术创新行动计划》,并宣布从今年到2012年,山东省将筹集20亿元资金保障技术创新工程试点工作的实施。山东省委书记姜异康出席会议并为获奖者颁奖。科技部党组书记、副部长李学勇,山东省委副书记、省长姜大明出席会议并讲话,科技部副部长杜占元宣读了《科技部对国家技术创新工程山东试点工作方案的复函》。

国家技术创新工程江苏省试点工作全面启动

2月25日,国家技术创新工程江苏省试点动员暨科学技术奖励大会在南京隆重召开。科技部党组书记、副部长李学勇,江苏省委书记梁保华,省委副书记、省长罗志军出席大会并讲话。副省长何权主持大会。

会上,李学勇、梁保华、罗志军为获得2009年度国家科技进步一等奖和江苏省科学技术进步奖的获奖代表颁发了奖励证书,并向国家和省创新型企业、产业技术创新战略联盟和技术创新服务平台的代表授牌。中纪委驻科技部纪检组组长郭向远宣读了国家技术创新工程江苏试点工作方案批复,省长助理徐南平宣读了省政府关于2009年度江苏省科学技术进步奖的决定。

四川启动国家技术创新工程试点工作

6月9日,四川省委、省政府召开国家技术创新工程四川省试点启动大会,全面动员部署国家技术创新工程四川省试点工作。四川省省委书记刘奇葆,科技部党组书记、副部长李学勇出席会议并作重要讲话。四川省委副书记、省长蒋巨峰主持会议并全面部署试点工作。科技部副部长张来武宣读《科学技术部关于对国家技术创新工程四川省试点方案的复函》。科技部、教育部、全国总工会、国家开发银行、中国科学院等部门相关司局负责同志出席会议。

　　消息来源：科技部门户网站　www.most.gov.cn

　　(二)综合消息

　　所谓综合消息，是报道发生在一段较大时间或较大地区的某事件、成就、趋势或问题的消息，它既不是对一个固定人物的描述，也不是对一个独立事件的阐发，而是由许多不拘泥于时间、地点的事实，经过综合、归纳、概括、提炼而成，具有鲜明的主题和很强的指导性，能使人们了解事情的完整情况及其发展的规模和程度，从而得出全面的认识和结论。它既要有面的情况概括，又要有典型材料作说明，做到点面结合，反映全局。

例文

南非世界杯官方数据：场馆周边区域建设98亿兰特

　　新华网北京7月12日电　南非驻华使馆12日凌晨在京举行庆祝2010年南非世界杯闭幕的招待会上，向媒体公布了南非世界杯的官方筹备数据，摘要如下：

　　经济投入：

　　政府旨在通过2010年世界杯和相关活动促进经济增长和发展，南非政府对世界杯筹备的主要投入如下，以下数据不包括举办城市对世界杯的投入：

　　场馆及周边区域建设98亿兰特，交通建设110亿兰特，电信升级和赛事转播15亿兰特，活动举办资金6.84亿兰特，安全安保投入13亿兰特，志愿者培训2.5千万兰特，入境口岸基建投入35亿兰特，出入境运作投入6.3亿兰特，公共交流、文化等投入5.04亿兰特。

　　就业机会以及职业技能发展：

　　得益于为举办世界杯而得到改善的基础设施，南非将迎来快速的经济增长。据估计，世界杯的举办为南非创造了大概13万个就业机会，大多分布在建筑、公路、交通和酒店行业等领域。

　　世界杯场馆的修建大约创造了逾2万个工作岗位。场馆建筑工人都提前接受过特别训练，以保证场馆建设质量，以及今后的类似的大项目建设。

　　南非世界杯的4000名志愿者都曾经有过大型赛事的服务经验，在本次世界杯上总计有15000名志愿者。

　　后勤：

　　南非成为世界杯历史上第一个提供办理特别签证的国家；国际足联为世界杯预留了5.5万个房间，截至2009年9月，已经签订40495个房间，其中10274个房间是非酒店房间；自1994年以来，南非共举办过140多场大型国际赛事，其中包括橄榄球世界杯、非洲杯、板球世界杯、世界持续发展峰会以及最近的FIFA联合会杯。

　　安保：

　　社会总体治安由南非政府负责，而比赛场地的安全由2010年世界杯组委会负责。南非警务部门花费 6.4 亿兰特用于部署 4.1 万警员负责该赛事安保工作,这些警员中包括 3.1 万专属警察和 1 万名预备役;为世界杯配备的警员中大多数经过严格培训并有大型赛事安保经验;32 个世界杯入围球队至少派遣两名警官在比赛过程中参与安保工作;南非曾派代表出席 2006 年足球世界杯,2008 年欧洲冠军联赛和 2008 年北京奥运会,向主办方学习取经。

　　来源:新华网 2010-07-12　编辑:郝铮

(三)经验消息

　　经验消息就是把某一单位或部门在工作上的成功经验报道出去的消息类型。所报道的,既可以是贯彻党和国家的方针政策的典型经验,也可以是某一方面工作的成功做法。经验消息是反映事物发展变化的阶段性、概况性、经验性或典型性的报道。它不是以一个独立的事件为中心,而是由多个事实,经过综合、归纳、概括、提炼而成。它所选择的事实有典型意义,能在不同程度上反映某一个时期、某一项工作的全貌。它不是简单的现象罗列,而是通过纵和横的对比、分析、阐述,揭示事物的本质,对读者有启发性、指导性。

例文

镇江医改经验引来全国 16 个医改试点城市取经

　　医改如何确保公立医院公益性的同时调动医务人员积极性? 如何合理配置医疗资源? 4 月 7 日～8 日,公立医院改革国家联系试点城市工作会议在镇江市召开。镇江市的医改经验引来全国 16 个医改试点城市取经。

　　据国务院医改领导小组成员、卫生部副部长马晓伟介绍,百姓看病难看病贵的原因之一是,医疗服务体系的配置不均衡,医疗资源过于集中城市大医院,农村和基层医院技术力量过于薄弱;医改很重要的一个方面是搞好区域卫生规划,优化资源配置,让大医院有责任有义务帮助小医院,要用制度逼大医院专家"沉"下去,而不是坐在大医院等病人上门来,只有这样才能把病人合理分流、合理分诊,真正解决看病难与贵。

　　作为我省唯一的国家医改试点联系城市,镇江市去年起率先在全国全面启动公立医院改革试点,以公立医院改革试点为核心,同步推进"基本医疗保障、基本药物制度、基层医疗卫生服务和公共卫生服务"4 项改革。目前该市成立了以江苏大学附属医院、镇江市第一人民医院为核心的江滨医疗集团和康复医疗集团。两大集团各自整合所辖区内的二级医院和社区卫生服务中心,在集团内部,打通转诊通道,CT、B 超等检查资源共享,并确保每个社区医院每天至少有 1 名来自三级大医院副主任以上的专家坐诊,百姓到社区看病同样能解决大问题。目前,镇江市人均门诊费用 121 元、住院费用 6000 元,两项指标均低于全省平均水平。

　　在公立医院管理体制上,镇江还建立了公立医院出资人制度,成立公立医院理事会,理事会对政府负责,并实行理事会领导下的院长负责制,院长取消了行政级别,拥有经营权、人事权、分配权。在公立医院内部机制上,推行成本核算,并将实施新一轮绩效工资改革。政府对公立医院的财政投入也非常大方,医院的基建、购买医疗设备、药品零差率损失等全部由政府"埋单",大医院院长们不再把创收放在第一位。

　　据了解,我省下一步将在镇江试点的基础上在全省各地三级医院和二级医院中进一步推动公立医院改革试点,省级公立医院重点开展单项试点改革,地级市选择 1 到 2 家公立医院开展全面试点。

资料来源:新华日报 2010－4－9

(四)人物消息

所谓人物消息,即对人物主要特点的放大和再现,对人物进行集中突出的描绘,相当于电影中的近镜头。在选材上,则抓取现实生活中人物活动的一、二个场面,一、二个镜头,充分地展示生活的横剖面,描绘比较细腻,感染力强。在结构上,既不同于一般新闻,也不同于一般人物通讯,而是取二者之长,常常用一个概括性的导语开头,点出部分事实要点;或从生动的情节、场面、引语入笔,但不透露太多,真正最重要、最精彩的东西,放在后面。在写作上,通常选择一个特定的角度,仔细观察局部特征,选择一个侧面加以报道。

(五)述评消息

所谓述评消息,就是以叙述新闻事实为主,加上作者对新闻事实的恰到好处的评论。它要求写作中要摆事实、讲道理、即依事论理,观点要出自新闻事实,分析要精辟、透彻,要有一定的理论色彩。它的特点是:有述有评,边述边评,述评结合。述评消息是介于消息和新闻评论之间的一种报道形式,它常用以分析形势,或针对某种思想倾向,或对实际工作有普遍意义的重要问题,或为群众普遍关心的社会问题,揭示事物的本质及其发展规律和方向,给读者以启迪。通常有事件述评、问题述评、形势述评、事态述评、思想述评、工作述评等。

(六)短新闻

短新闻是一种更加简洁的消息形式。以篇幅短小为特点,一般只包括一句或者几句话。

例文

一种保健口罩在京面市

一种获得国家专利的保健口罩日前在北京东升福利体育用品厂开始批量生产。这种口罩由消毒口罩和精制药芯两部分组成。通过口、鼻熏吸达到防病治病的效果。

(七)标题新闻

所谓标题新闻,是用标题反映新闻事实的一种报道形式。其特点是:以题代文,题含文意,标题和新闻内容完全融为一体。

例文

△英国医疗监管机构 NICE 驳回拜耳将肝癌药物 Nexavar 纳入医疗服务的申请,称其太贵。

△8 月 27 日下午,广州菲罗门(美国)科学仪器有限公司的专家为海光药物研究所全体人员及质量保证部 QC 进行了 Kinetex TM 核－壳技术在高效液相色谱中应用的培训。

第五章 契据类应用文写作

第一节 概 述

一、契据类应用文的内涵

在社会生活中,亲朋邻里之间,个人与单位之间,单位与单位之间,经常会发生财产交易、经济往来等社会关系。为保证这种关系能顺利进行,往往需要签订一个当事双方都必须遵守的条文,通常把这个条文叫做契据。契据类应用文包括各种条据、契约或合同、意向书、协议书等实用文书,它们是双方或多方当事人对于某事或某问题经过协商取得一致意见,并确定了各自的权利和义务关系,用书面的形式将其固定下来而订立的文书。通过订立契据,当事双方的权利与义务以书面形式获得明确规定,从而起到对当事双方行为进行规范和督促的作用,一方面可以保障双方约定的内容得以执行,另一方面作为文书证据,一旦双方遇到争议或纠纷,可以据此辨明是非曲直,化解争议,并督促当事人履行其所承诺的义务。

在契据类应用文中,有许多是涉及经济生活的,如各种租赁或买卖契约,各种经济性或生产性合同、意向书、借条、领条、收据等;有的则主要涉及民事行为,如对于各种问题的协议书。契据类应用文写作的目的在于明确当事人双方或多方在经济生活和日常生活中各自的权益、责任和义务,确立人与人之间、个人与组织之间、组织与组织之间的经济活动关系、利益分配关系、财产权属关系及其各种买卖、典押、租赁、转让、借贷、继承、委托关系等。例如在土地买卖交易行为中契据的订立,既可以使转让人在交易中获得约定的经济收益,也可以使受让人所获得的转让得到相应的保证,长期安全地使用和占有土地。双方的权利与义务依凭契据的订立获得了明确的规定,权益得到了有效的保障。因而契据具有重要的规范行为和凭证依据作用。

二、契据类应用文的文体特征

为了有效沟通、顺利交往,在长期社会实践中,人们逐渐对契据文体进行了或议定或约定俗成的形式化概括,逐渐形成了契据类应用文的基本书写规范及其独特的文体特征。

(1)契据类应用文,一般由契据名称、契据事由、契据本体、契据签署、契据日期五部分组成,有时还附有相关附件。内容简单的条据、凭证,其构成可有所简化,但不可缺项。

(2)契据类应用文,一般有比较规范的格式,反复使用或基本通用的契据,有时有相对固定的格式,可按定式填写的办法完成。只是在契据本体部分,可根据订立内容在条款的具体设定上适当增加或删减。

(3)契据类应用文,有的需要法律公证,有的不需要法律公证。但只要符合法律、政策的规定,只要当事人各方签署承认,均具有法律效力,受到法律保护。

（4）契据类应用文要表述准确，不生疑义；分条列出，条理清楚，条款完备；语言使用要精确、简明、贴切、恰当。

（5）契据类应用文在文字表述上，以说明为主，标点符号和各种度量单位的使用应准确严谨。

三、订立契据须具备的法律条件

契据在涉及当事人双方或各方的经济或民事权益、责任和义务时，作为人们行为的证据被使用，因此在订立时须具备一定的法律条件，才能保证契据内容的合法性和契据履行时的法律效力。具体需满足如下的法律条件：

（1）双方当事人必须都具有行为能力，无行为能力的人的意愿表达无效。无行为能力人包括未成年人，精神病患者等等。

（2）订立契据一定要经过约定的程序。这种约定的程序一般表现为邀约和承诺两项，只有一方邀约一方承诺，才能构成同意事项。

（3）必须具备法定的方式。契据的法定方式就是指契据上必须具备的项目，它包括双方姓名、立据原因、标的物的名称和内容、约定条件、订约日期、证人、签章等。契约一经订立，不得随意涂改。

（4）签约双方必须是建立在平等自愿的基础之上，一方不能将自己的意愿强加给另一方。

（5）不得违反法律强制或禁止的规定。所谓强制，即法律规定非如此不可的事项，便不能违背规定去订契据。所谓禁止，就是法律规定所不准的事项，如走私、赌博、贩卖毒品、贩卖人口等。凡涉及违法条款的内容，即使是形式上完备的契据也在法律上被视为无效。契约的执行不能对国家和其他个人有任何损害。

（6）不得以不可能的付给物为契据标的。契据类应用文因其对当事人较强的规范性与约束力，在格式要求上与书信、启事等其他应用文文体不同，写作时应严格按照该类应用文的格式要求书写。一般而言，契据类应用文包括：1. 契据的名称，如房契、地契等；2. 立契的原因和目的；3. 契据的正文，它是甲乙双方订立契据的主要内容，一般以条款形式出现，须用准确、简练的语言说明双方各自的权利和承担的义务，用词不能模棱两可，含糊不清；4. 契据的结尾：署名和日期。

第二节　条　据

一、条据的含义和分类

条据是契据类应用文中最简单的一类，它是单位之间、单位与个人之间，在收、领、借钱、财、物品时所写的凭据。如收条、领条、借条、欠条等。条据在日常生活中有着广泛的用途。

根据内容和性质的不同，条据可分为两类：一类是凭证式条据，如借条、欠条、收条、领条等；一类是说明式条据，如请假条、留言条、托事条、意见条等。

凭证式条据是人们在事务往来中，为了记录事实，证明钱、物的交流情况，明确自己的责任而当场写出的作为底据的凭证文书。它是供对方用于保存或查考的依据，其目的在于避免事后发生纠纷而无据对证。

说明式条据是人们在相互交往中,为了说明事项、反映情况、陈述要求时面交或转交他人的简便书信。它是人们在日常生活、学习和工作中处理事务、交流信息的一种联络方式。

二、条据的结构与写法

条据的结构要素犹如一部机器的零部件,如果残缺不全,就会影响到整体正常的运转处理,影响到条据内容的完整表达,会损害其现实的效用。

条据在内容写作上需要写明四点:一是拟提交的对象,即写给谁;二是什么事情;三是谁写的;四是什么时候写的。在格式上要求:

(1)一般要有标题,标明该条据的性质、类别,如请假条、借条、收条或"今借(收、领)到"等字样。标题在文字格式上要略大于正文字体,位于居中位置。

(2)顶格写拟提交人,即收条人的姓名、称呼。

(3)正文是条据的主体和核心内容,在拟提交人后另起一行空两格写向对方说明的事情,要求文字准确、简练、逻辑清楚,标点正确。如涉及到钱和物的数量,数字要使用中文大写,而且前边不能空字,后边要加"整"字,以免日后涂改,毁损契据的原意。

(4)正文写完后,在条子的右下方署上写作人的名字,如果是重要的事情还要有签章。在署名的下一行空一格写上年月日,重要的事情一定不要漏写年,以便日后审核查对,必要时还可把具体订立的时间也注上。凭证式条据和说明式条据因在现实生活中发挥的作用不同,在写作格式上也略有差异。

(一)凭证式条据

凭证式条据的写作格式基本相同,通常由标题、正文、落款三部分组成。

(1)标题:第一行居中以稍大于正文字体书写条据的名称,如"借条"、"欠条"或者写"今收到"、"今领到"等字样。

(2)正文:第二行空两格书写正文,应写清楚什么人,什么东西(钱或物),如钱款数目、物品品名、数量等。钱、物数字必须大写,借条和欠条要写明原因和归还日期。正文结尾处另起一行空两格书写"此据"字样。也可省略不写。

(3)落款:在正文右下方分行署上立据单位的名称或个人姓名及立据日期。有的条据还须加盖公章或私章。

凭证式条据是一种凭证文书,因此内容一定要具体、准确、严密,语言要简洁、明了,在写这类条据时要注意在涉及钱物时须当面点清,查看仔细,确信无误后再写条据。钱款或物品的名称要规范、准确,数量必须大写,钱款要写清币种,如"人民币"、"港元"等,末尾要加"整"字。条据上的数字不能随意改动,如必须改动,应加盖印章,以示负责。

(二)说明式条据

说明式条据的写作格式与书信大体相同,除"请假条"外,一般不用标题,主要由称呼、正文、落款等部分组成。

(1)称呼:在首行顶格书写收条人的姓名或称谓。平时怎么称呼,就怎么写。称呼之后加冒号,表示下面有话要说。

（2）正文：自第二行空两格起，开门见山、简明扼要地书写要说明的事项或要表达的意思。结尾处可视具体情况写上"此致""敬礼"之类表示礼貌的敬语或表示感谢之类的话语。

（3）落款：在正文右下方分行署上写条人的姓名和日期。

说明式条据是一种简便书信，通常以陈述某一件事为主，因此要求篇幅短小，语言简练，切忌冗长拖沓，不知所云。

三、各类常用条据的写作格式

（一）借条

借条，又称借据，是单位或个人借用组织或个人钱物时写给对方的凭证性条据。钱物归还后，借条即作废，应收回销毁。

借条的写作格式如下：

（1）标题：借条的标题可以由两种方式构成：其一，直接由文种名构成，即在正文上方居中位置以稍大字体写上"借条"或"借据"作为标题。其二，在第一行居中写上"今借到"字样，而正文的其他内容放在下一行空两格处写，这是一种省去标题的写法。

（2）正文：另起一行，空两格书写正文。正文部分要具体写明被借方的单位名称或个人姓名，所借钱物的名称、数量、品种、型号。借钱金额要使用大写。借用单位的现金或财物，还应写明作何用途。其次写明归还的具体日期或大致时间，有较为复杂的情况，则要写明归还的方法。正文通常以"此据"二字结尾。

（3）落款：在正文右下方分行签署借者的单位名称（包括经手人姓名）或个人姓名，以及写借条的日期。正规的借条还应在落款处加盖单位公章或私人印章。

（二）欠条

欠条是指人们在经济交往中，因不能及时结清单位或个人钱物时写给对方的一种凭证性条据。

欠条通常适用于下列几种情况：一是借了他人的钱、物，只归还了其中的一部分，还有一部分拖欠未还，此时需就拖欠部分写张欠条；二是借了他人钱、物，事后补写的凭据，也可称作欠条；三是欠了他人的钱款，当时不能支付或不能全部支付而写的欠条。

欠条的写作格式如下：

（1）标题：在首行居中位置写上"欠条"二字，作为标题。

（2）正文：自第二行空两格起书写正文。正文部分具体写明被欠方的姓名，所欠钱、物的名称，已归还的数量，仍拖欠的数量，归还剩余的尚拖欠部分的时间，最后以"此据"二字结束。

（3）落款：在正文右下方分行书写欠者姓名及日期。

（三）收条

收条是收到单位或个人交来或送来的钱物时写给对方的一种凭证性条据。

收条是日常生活和工作中常用的一种应用文书，单位或个人上交有关钱款和物品时，对方需开据收条，以示证明；单位之间的钱物往来，除开据正式发票的情况外，也需开据收条。

收条的写作格式如下：

（1）标题：在首行居中书写"收条"或"收据"作为标题，或写"今收到"字样。

(2)正文:另起一行空两格起开始书写正文。正文应写明下列内容:交来或送来钱物的单位名称或个人姓名,收到的钱款的数目或物品的种类、数量、规格等,以及钱物的用途或目的。

(3)落款:在正文右下方分行写上收到钱物的单位名称或个人姓名,以及收到钱物的日期。

(四)领条

领条是个人和组织从相关单位或个人处领取钱物时,写给发放机构或发放人的一种凭证性条据。

领条是钱物发放和领取活动的凭据,发放人可据此报销、结账,领取人表示已如数领到。它是发放和领取钱物时经常使用的应用文书。

领条的书写格式如下:

(1)标题:在首行正中以较大字体书写"领条"或"今领到"字样作为标题。

(2)正文:自第二行起空两格书写正文。正文部分的内容主要是写明从何处领到何物,以及领到的钱、物的具体数目、品种、数量等。

(3)落款:在正文右下方分行签署领取人或经办人的单位名称或个人姓名,及领取日期。重要的领条要加盖单位公章或私人印章。

(五)请假条

请假条是一种特殊的最简短的书信,是个人因事或因病不能正常上学、上班、出席会议或者参加集体活动时,写给学校、单位有关负责人的说明事由,请求准假的便条。

根据请假原因的不同,请假条一般分为事假条和病假条两种。病假条有时还须附医院开具的诊断书以作情况说明的佐证。

请假条是一种简短的书信式便条,除标题外,其写作格式与书信基本一致,包括称谓、正文、敬祝语(可省略)、落款。

(1)标题:在首行正中以较大字体写上"请假条"三字作为标题。

(2)称谓:在第二行顶格书写收条人的姓名或称谓。

(3)正文:另起一行空两格起书写正文。正文主要说明请假的理由及具体时间,这部分一定要用准确、简约的话把"为什么请假"、请假的时限叙述清楚,理由要充分,情况要真实。正文的结语,要写上"请求批准"的字样。

(4)敬祝语:正文结尾处,另起一行写上表示礼貌的祝语或敬辞,如"此致敬礼"。此致和敬礼需分两行书写,此致在正文左侧空两格书写,敬礼在下一行顶格处书写。

(5)落款:在正文右下方分行署上请假人的姓名和日期。

(六)留言条

留言条是登门拜访而未见其人或有事告之他人而未遇其本人时留下的便条。

留言条是一种说明事项、传递信息的简短书信,一般不加标题。其书写格式如下:

(1)称呼:在首行顶格书写收条人的姓名或称谓。

(2)正文:自第二行空两格起书写正文。正文内容主要是说明来访的目的,约定再次拜访的时间、地点,或简要陈述所要告之的事情。结尾处写上表示礼貌的祝语或敬辞。

(3)落款:在正文右下方分行署上写条人的姓名和日期。日期可写星期几,上午或下午,乃至几点钟。

写留言条须注意以下几点：

一是留言条具有一定的信息公开性，因此在内容上要注意不要涉及隐私和机密问题。

二是交代事情要简明扼要，准确完整。

三是如写给十分熟悉的人，可直呼其名，也不必写敬祝语。

（七）托事条

托事条是有事要托别人办理，而被托人又不在时留下的便条。托事条也是一种简短的书信式便条，其写法与留言条相同。写托事条时须注意，言辞要诚恳友好，所托事宜一定要交代清楚。

（八）意见条

意见条是就日常生活、学习或工作中存在的一些问题，向有关机构、部门或人员反映情况、提出意见或建议时写的便条。意见条亦属于一种简短的书信式便条，写法同上。写意见条时需注意，在反映问题时应本着客观理性的态度，切忌将过激情绪或看法带入。

例文一

借　条

为参加学校新年联欢会文艺汇演，我班借用校学生处锣鼓一套，演出后（12 月 31 日）即归还。

此据

经手人：高三 4 班刘永刚（签名）

××××年×月×日

例文二

欠　条

因购书款未带足，尚欠博雅书店人民币壹佰伍拾圆整。拟于两天内归还。

此据

经手人：育才中学　杨小东

2009 年 5 月 16 日

例文三

收　条

今收到李冰老师归还数码相机一部，完好无损。

此据

××学院××系

经手人：张玉山

××××年×月×日

例文四

领　条

今领到办公室新发办公用品碳素笔伍拾支、打印纸贰拾本、笔记本叁拾个、订书机贰个,特此为据。

秘书科:张彤

××××年×月×日

例文五

请假条

张老师:

我昨天夜里感冒发烧(39.5℃),今天早晨起床仍然头痛,我上午要到医院看病,下午在家休息,明天到校上课,特向您请假一天,请批准。

此致

敬礼!

学生:王心月

××××年×月×日

例文六

留言条

高越同志:

李主任要你把2009年第三季度的考勤记录表马上送到行政楼306去。

孙　兴

×年×月×日

例文七

托事条

刘先生:

听说您明天将赴京开会,今有一事相托:请代为购买一套北京大学出版社出版的《全球通史》一套。谢谢。

此致

敬礼!

李立明拜托

××××年×月×日

例文八

意见条

后勤处:

校教学楼 301 教室上课用的话筒出现了故障,影响了正常的教学。此事已反映多次,至今仍未解决,希尽快派人维修或更换。

高一(5)班语文教研组孟欣

××××年×月×日

第三节 经济合同

一、经济合同的概念、分类和特点

(一)经济合同的概念

经济合同是指两个或两个以上平等主体的自然人、法人、其他组织之间为实现一定经济目的,经双方(或几方)当事人协商,依法签订的用于设立、变更、终止其民事权利义务关系的协议。当事人既可以是法人,也可以是享有民事权利主体资格的公民个人。所谓法人,是依法独立享有民事权利和承担民事义务的组织,如企事业单位、机关、社会团体等。在我国,法人应具备下列条件:(1)依法成立;(2)有必要的财产和经费;(3)有自己的名称、组织机构和场所;(4)能独立承担民事责任。

经济合同被人们广泛应用于社会生产、生活领域,它与公司、企业的生产经营和人民群众的生活密切相关,经济合同的签订和履行,有利于加强企业的经营管理,有利于社会团体的专业化合作,有利于涉外经济贸易往来,有利于保障社会主义市场经济的健康发展,有利于保护经济合同当事人的合法权益;有利于维护社会经济秩序,促进我国的社会主义现代化建设。

(二)经济合同的分类

经济合同从不同的角度,按不同的标准,可以分为不同的种类,常见的分类有以下几种:

1. 根据合同涉及内容分类

根据合同涉及内容的不同,《中华人民共和国合同法》将经济合同分为 15 种。

(1)买卖合同:是指出卖人转移标的物的所有权于买受人,买受人支付价款的合同。

(2)供用电、水、气、热力合同:是指供应人与用户就供应人向用户供应电力、自来水、燃气、热力等,用户按约定支付价款而签订的合同。

(3)赠与合同:是指赠与人将自己的财产无偿给予受赠人,受赠人表示接受赠与的合同。

(4)借款合同:是指借款人向贷款人借款,到期返还借款并支付利息的合同。

(5)租赁合同:是指出租人将租赁物交付承租人使用、收益,承租人支付租金的合同。

(6)融资租赁合同:是指出租人根据承租人对出卖人、租赁物的选择,向出卖人购买租赁物,提供给承租人使用,承租人支付租金的合同。

(7)承揽合同:是指承揽人按照定做人的要求完成工作,交付工作成果,定作人给付报酬的合同。

(8)建设工程合同:是指承包人进行工程建设,发包人支付价款的合同。

(9)运输合同:是指承运人将旅客或者货物从起运地点运输到约定地点,旅客、托运人或者收货人支付票款或者运输费用的合同。

(10)技术合同:技术合同是当事人就技术开发、转让、咨询或者服务订立的确立相互之间权利和义务的合同。

(11)保管合同:是指保管人保管寄存人交付的保管物,并返还该物的合同。

(12)仓储合同:是指保管人储存存货人交付的仓储物,存货人支付仓储费的合同。

(13)委托合同:是指委托人和受托人约定,由受托人处理委托人事务的合同。

(14)行纪合同:是指行纪人以自己的名义为委托人从事贸易活动,委托人支付报酬的合同。

(15)居间合同:是指居间人向委托人报告订立合同的机会或者提供订立合同的媒介服务,委托人支付报酬的合同。

2. 按照格式和写法分类

(1)条款式合同:即用文字记述的方式,将各方协商一致的内容分条列项依次写成的合同。

(2)表格式合同:即把合同中的主要条款分项设计、印制成表格形式的合同。各方当事人在签订合同时,只需把达成的协议逐项填写到表格中。这种情况一般是由一方定出条件,只要另一方同意按表中项目填写即可。

(3)条款和表格式合同:这种合同,用表格形式固定共性内容,用条款另写协商形成的意见。

(三)经济合同的特点

经济合同具有以下三个特点:

1. 合法性

经济合同是当事人之间的合法行为。当事人双方或多方在订立合同时,当事人双方或多方必须具备法律规定的合法资格,合同的内容、具体条款必须遵照《中华人民共和国合同法》的有关规定,须遵守相关法律法规;当事人之间在签订合同时必须履行合法的手续,经过反复协商,一致同意后方可签订。合法的经济合同一经签订,将受到法律的保护,任何单位和个人不得非法干预。

2. 互利性

经济合同是当事人双方(或多方)基于平等的法律地位达成的协议,因而当事人在合同中的权利义务应当是对等的。在订立合同时,应当遵循自愿公平、诚实信用、协商一致、互惠互利的原则,当事人任何一方不得将自己的意志强加给另一方。

3. 制约性

经济合同是当事人之间充分协商,确立彼此之间法律关系的法律行为。一旦依法成立,即具有法律效力。合同对当事人双方(或多方)都具有法律约束力,它要求当事人双方(或多方)必须依法按照合同规定行使权利和履行义务,任何一方不得擅自变更或解除合同。否则,必须承担由此引起的相关法律责任和法律后果。

二、经济合同的结构与写法

经济合同都有相对固定的写作模式,在结构上一般可分为:标题、正文、结尾几个部分。其中正文部分是经济合同的主体部分,主要对当事人双方(或多方)订立合同的目的、协商议定的合同条款进行陈述说明。

(一)标题

标题即合同的名称,有五种写法。①只写合同的种类,如"建设工程承包合同"、"房屋租赁合同"、"供热合同"、"家具建材销售合同"、"贷款合同"、"商品房预售合同"等。②可以将经营范围和经济合同种类作为经济合同的标题,如"轻工产品供应合同"、"建筑施工物资租赁合同"。③将经济合同有效期和经济合同种类作为经济合同的标题,如"××××年第二季度建材销售合同"、"2008年货物运输合同"等。④将签约单位名称和经济合同种类作为合同的标题。如"××市××公司与××市××厂购销合同"。⑤将以上四种写法结合起来作为合同的标题。如"××市××公司与××市××厂2007年1季度钢材水路货物运输合同"。

在写作格式上要将标题写在经济合同第一行居中位置,有的还在标题右下方标注合同的编号。

标题下方另起一行写订立合同的双方当事人,即上下并列写明当事人双方(或多方)单位的全称及法定代表人姓名或自然人姓名。一般要在单位名称前写"订立合同单位",有的还要标明合同的性质。如在借款合同中可分行分别书写"借款人"、"贷款人";在购销合同中可写"出卖人"、"卖受人";在财产租赁合同可写"承租方"、"出租方"。名称第一次出现时要写全称。为了行文方便,一般会在全称后加括号注明双方约定的固定指代:甲方、乙方。如在《个人住房贷款合同》中在借款人后加括号书写"以下简称甲方",在贷款人后加括号书写"以下简称乙方"。这样将甲乙方注明后,在正文行文时凡是涉及借款人和贷款人的事项时就不必将双方的全称反复书写,在内容的阅读上也不会将二者混淆了。

如果订立合同时还有第三方,则定为丙方。如在《个人住房担保贷款借款合同》中就涉及借款人、贷款人和保证人三方。那么保证人在该合同中就可定为丙方。在合同中不能出现"我方"、"你方"、"他方"这样的提法,以免引起混乱。

(二)正文

正文是合同的核心部分。一般用条款或表格的形式写出双方具体商定的合同内容。

正文开头是合同的引言,首先要开宗明义说明订立合同的根据、目的,并说明订立合同双方经过了平等的友好协商等。如在房屋销售合同中可这样写引言:"根据《中华人民共和国合同法》、《中华人民共和国城市房地产管理法》、《××市城市房地产转让管理办法》及其他有关法律、法规的规定,买受人和出卖人在平等、自愿、公平、协商一致的基础上就商品房买卖事宜达成如下协议";在商品销售合同中可这样开头:"为维护买卖双方的合法权益,根据《中华人民共和国消费者权益保护法》、《中华人民共和国商品质量法》、《中华人民共和国合同法》等法律规定,签订本合同";在贷款借款合同中可这样引出正文:"甲方向乙方申请借款,乙方经审查同意发放贷款。为维护甲乙双方之间的利益,明确各自的权利、义务,甲乙双方依据有关法律规定,经协商一致,订立本合同,共同遵守执行。"

接下来是正文的主体内容,需要根据双方协商的结果,分项逐条写明双方协议的具体内容。按照合同法规定,合同的议定条款主要包括:

1. 标的

标的,是合同双方当事人权利与义务共同指向的对象,是当事人双方要达到的经济目的,既可以是某种实物或货币,也可以是某项工程、劳务、科技成果或专利权、商标权等。如,购销合同的标的通常是商品;供应合同的标的是物质;运输合同的标的是承运人提供的劳务;科技合同的标的是科研成果;工程承包合同的标的是承揽人提供的设备、劳务;借款合同的标的是货币金额;租赁合同的标的是出租人交付的租赁物等。任何经济合同都有一定的标的,并且标的一定要具体明确。没有标的或标的不明确,合同的执行就会受阻,当事人双方的特定权益将无法获得保障。

2. 数量和质量

数量和质量是对标的的精确量化,是衡量标的的指标,经济合同必须明确规定标的的数量、计量单位和计量方法。数量是从量的尺度来说明标的的具体计量,是用重量、体积、长度、面积、个数等作为计量单位的,也可以用包装单位,如箱、包等,但必须注明每个箱、包内含有多少基本计量单位。标的的数量必须精确无误,因为它是衡量当事人双方权利义务的大小的尺度。质量是从质的尺度来说明标的内在素质(包括物理的、机械的、化学的、生物的)和外观形态的综合状况,是标的的特征,反映着标的的产品或劳务的优劣程度。质量一般通过标的的品种、规格、型号、性能、款式、标准、材质等体现。如在家具销售中,在写家具质量时可将商品品牌、商品名称、规格型号、颜色材质、产地等属性标明。此外,还要明确产品的技术标准、等级、检测依据等。有国家标准、部颁标准、省(市)标准的,要按标准执行,没有规定标准的,则由当事人双方协商确定标准。

3. 价款或酬金

价款或酬金又叫合同标的价金,它是取得产品、接受劳务等成果的一方向对对方所支付的代价。以实物为标的的叫"价款",以劳务为标的的叫"酬金",二者统称为"价金"。价款或者酬金均以货币数量来表示,是合同当事人等价有偿交换的经济关系的具体标志。

凡是有偿合同,都必须有明确的价款或酬金。撰写合同中价款或酬金的条款时,应写明三个方面的内容:一是标的价金和计算标准;二是给付价款或酬金的结算方式、付款方式、付款期限,注明是否给付定金及金额、开户银行名称及账号等。例如在商品销售合同中,在货款的支付方式上应注明是一次性付款、交付定金,还是预付款、尾款,付款的形式是现金、银行卡,还是支票、购物券/卡等;三是在签订涉外合同时,要特别注明用何种货币计价和结算。在偿付劳务时,必要时还应在酬金的支付额度上注明是"扣除所得税之前,还是扣除所得税之后",以免日后发生分歧,给劳务付出方造成一定的经济损失。

4. 履行的期限、地点和方式

合同中必须明确规定履行合同义务的期限、履行地点和履行方式。履行的期限指履行合同的时间要求,是享有标的的一方要求对方履行合同义务的时间规定。履行的地点指履行合同的具体地点,即交付、提取标的的地点,是分清双方责任的重要依据之一。如:建设工程承包合同的履行地点即建筑工程所在地。履行方式指采取何种方法来实现合同所规定的当事人双方的权利和义务。期限、地点和方式往往是合同中最容易引起纠纷的地方,因此,当事人在签订合同时,相关的规定越具体明晰,越能明确当事人双方在履行合同时所应承担的具体工作和责任,越有利于双方对工作的统筹安排,对合同义务的履行,同时它也对双方的行为起到一种有效的制约作用。

5. 违约责任

合同的违约责任规定,是对当事人一方出现过错致使合同不能履行或者不能完全履行时的制裁措施,即违约所应支付的违约金或经济赔偿,发生意外事故的处理和应负的法律责任。违约责任的条款对于双方当事人都是一种强有力的约束,同时也是对遵守合同一方利益的一种有效维护,它对于维护合同的法律严肃性,督促双方依法履行合同具有重要的约束作用。在订立合同时,对违约责任应写明以下三点:一是当事人双方未履行合同时应该担负的具体责任;例如在房屋销售合同中,需要写明买受人逾期付款责任和出卖人逾期交房责任;二是制裁的具体措施;三是出现不可抗力因素时,当事人之间的处理办法。所谓的不可抗力,是指不能遇见、不能避免并且不能克服的客观情况,如遭遇地震、风暴、火灾、水旱等灾害。如在房屋销售合同中不可抗力一款可这样规定:"因不可抗力不能按照约定履行本合同的,根据不可抗力的影响,部分或全部免除责任,但因不可抗力不能按照约定履行合同的一方当事人应当及时告知另一方当事人。"关于不可抗力违约责任的规定视合同性质、内容的需要而列,有时也可省去。

6. 争议解决方式

为解决在合同履行过程中可能出现的问题,也必须将合同的变更、解除、争议仲裁事项在签订合同时协商清楚,并明确、具体地写入合同条款。在该条款中主要规定在合同履行过程中如双方发生争议或纠纷,应采取哪些基本的解决方式。如在房屋销售合同中可这样规定争议解决方式:"本合同在履行过程中发生的争议,由双方当事人协商解决;协商不成的,按照下列两种方式解决:①提交××仲裁委员会仲裁;②依法向人民法院起诉。"

(三)结尾

合同的结尾通常包含附则和落款两个部分。

1. 附则

附则一般包括合同的份数、保管、有效期及附件说明等。如规定:"本合同一式×份,甲、乙方各执一份,具有同等法律效力。"合同中如有表格、图纸、实样照片等附件,应在正文后另起一行写"附件"字样,把附件的名称及件数详细列出,如在房屋销售合同中"房屋平面图"即可放在附件中以佐证合同内容。合同中未尽的事宜,可放在补充条款中加以另行说明。

2. 落款

合同的落款包括署名和日期。在正文末尾的下方写明合同双方的单位名称、法定代表人或自然人姓名并签名盖章。如需公证、鉴证或双方主管部门签证的,应写明公证、鉴证和签证机关名称,并加盖公章。最后,在署名下方写上合同签订的具体时间,包括年月日。

此外,有的合同还注明合同的签订地点,签约双方的通讯地址、邮政编码、联系电话、传真、开户银行及账号等。

三、经济合同写作的注意事项

拟写和签订合同应注意以下的基本事项:

1. 合同订立须遵照国家相关法律法规

经济合同所涉及的条款内容必须符合法律规定。《中华人民共和国合同法》明确规定："当事人订立、履行合同，应当遵守法律、行政法规，尊重社会公德，不得扰乱社会经济秩序，损害社会公共利益。"

合同的合法性包含三项内容：一是订立合同的过程要符合法定程序和手续，如签订合同的双方代表必须具有法人代表或自然人资格等；二是合同的内容要符合法律规定。如购销合同中，不得有毒品、黄金、文物、妇女、儿童之类的买卖行为；三是合同纠纷的处理要遵守法律规定。

经济合同纠纷的处理，一般有四种途径：①协商。即发生纠纷时，双方协商解决；②调解。即请第三者介入进行调解；③仲裁。即由仲裁机关如××仲裁委员作出裁决。申请仲裁时间是从权利被侵害之日起一年内提出，超过期限一般不予受理；④诉讼。即依法向人民法院起诉，请求法院判决和裁定。

如果合同内容违反国家的相关法律、法规，不仅被视为无效合同，不受法律保护，还要依法追究其法律责任。

2. 合同订立须遵循平等互利原则

经济合同是两个或者两个以上当事人之间的协议，当事人在合同关系中的法律地位是平等的。合同的订立必须贯彻平等互利、协商一致、等价有偿的基本原则。《中华人民共和国合同法》规定："合同当事人的法律地位平等，一方不得将自己的意志强加给另一方。当事人依法享有自愿订立合同的权利，任何单位和个人不得非法干预。"不允许任何一方依靠金钱、权势等欺骗或胁迫对方签订"单方合同"、"霸王合同"、"不平等条约"，从而损害对方或者第三方利益，进而影响社会公平。

3. 合同条款须完备

合同一经签订就具有法律效力，对双方的行为都有约束作用。这就要求合同在签订时，双方必须将执行合同时所发生的基本情况写清楚，明确责、权、利，将每一条款的规定都写具体明确，条款的排列要合理有序，项目要完整无缺，不允许出现用语模糊，含糊其辞的现象。否则合同在履行中很容易出现执行不力，相互扯皮的现象，引发经济和法律纠纷。

4. 合同语言须准确周密

合同是契约文件，是以文书的形式将当事双方的权利义务加以规定的、具有法律效力的严肃文体。因此在语言使用上最忌讳使用笼统、含糊、歧义的文字、语词，每一个词，每一句话在拟写时都要仔细斟酌，要用明确的说明性语言将语意准确地表述出来。语词的表达上要精准明晰、行文要严谨周密。拟写好后要逐字逐句地检查有无疏漏，否则一个很小的纰漏，都可能会带来极大的损失。

5. 合同变更补充须慎重

经济合同一经订立，自双方签字（盖章）之日起即生效，不得擅自修改、增删内容。双方如果根据具体情况对合同中未约定、约定不明或不适用的内容需要签订书面补充协议进行变更或补充时一定要慎重，依法遵照相关的法律程序来进行。《中华人民共和国合同法》规定："依法成立的合同，对当事人具有法律约束力。当事人应当按照约定履行自己的义务，不得擅自变更或者解除合同。依法成立的合同，受法律保护。"如果因情况变化必须有所变更、修改甚至废除时，须经双方协商同意并承担应负的责任。若有修改，应在修改处加盖双方印章或另附合同附件。

例文一

房屋租赁合同

出租方(甲方):李××

承租方(乙方):王××

根据《中华人民共和国合同法》及有关规定,为明确甲、乙双方的权利义务关系,经双方友好协商,特签订本合同,以便共同遵守。

第一条 甲方将自有的坐落在××市××街××住宅区×号楼×号房屋,建筑面积_____平方米,使用面积_____平方米,主要家用设备_____,由乙方租用。

第二条 租赁期限

租赁期限1年,甲方从2008年1月1日起将出租房屋交付乙方使用,至2009年1月1日收回。

第三条 租金和租金交付办法

甲乙双方议定月租金为×元,按半年交,由乙方分别在6月、12月两个月当月的15日以现金的方式当面将租金(半年合计租金金额)交付给甲方,先付后用。甲方收取租金时必须出具收据为凭,无收租金凭据乙方可拒付租金。

第四条 租赁期间房屋的修缮责任

租赁期间房屋的正常维修由甲方承担。甲方对出租房屋及其设备应定期检查、及时修缮,做到水电、门窗正常使用,以保障乙方的居住质量和安全。大修或因不可抗力因素造成的损失由双方协商解决。

第五条 违约责任

1. 甲方未按合同第一条的约定向乙方交付符合要求的房屋,负责赔偿_____元。

2. 甲方未按照合同第四条及时修缮房屋,给乙方造成财产损失的,负责赔偿_____元。

3. 乙方逾期交付租金,除仍应补交欠租外,并按租金的____%按天数计算,给甲方交付违约金。

4. 乙方擅自将承租房屋转给他人使用,甲方有权责令乙方停止转让行为,终止租赁合同,同时应交付违约金_____元。

5. 甲方如要收回房屋,应提前一个月通知乙方。否则乙方有权继续租住。

第六条 争议的解决方式

在契约履行期间如发生争议,双方应协商解决。

协商不成的,任何一方均可向房屋租赁管理机关申请调解,调解无效时,向市工商行政管理局经济仲裁委员会申请仲裁,也可以向人民法院提起诉讼。

第七条 其他约定事宜

1. ……

2. ……

第八条 本合同有效期限:×年×月×日至×年×月×日

第九条 本合同未尽事宜,甲乙双方可共同协商,协定补充协议。补充协议经双方签字确认后,与本合同具有同等法律效力。

本合同一式两份,甲、乙双方各执一份。自签订之日起开始生效。

出租方:(盖章)　　　　　　　　　承租方:(盖章)

法定代表人:(签名)　　　　　　　法定代表人:(签名)

单位联系地址:　　　　　　　　　单位联系地址:

电话:　　　　　　　　　　　　　电话:

委托代理人:(签名)　　　　　　　委托代理人:(签名)

例文二

××市××窗帘布艺城订货合同

合同编号:＿＿＿＿＿＿＿＿

需方(甲方):＿＿＿＿＿＿＿

供方(乙方):＿＿＿＿＿＿＿

为了维护消费者、经营者的合法权益,根据《中华人民共和国消费者权益保护法》、《中华人民共和国合同法》有关规定,签订本合同并共同遵守。

一、甲方向乙方订购商品内容及金额:

品名	货号	产地	成品规格 宽(米)×高(米)	用料规格 长度×幅数	总用料 (米)	单价 (元)	金额 (元)

洗涤方法: □干洗 □水洗 □其他	备注:
缩水说明: □严重 □轻微 □无	
合计金额:人民币　　　　　　元 　　　　　(大写)　　　　　元整	

二、货款的支付方式

合同签订时,甲方向乙方支付预付＿＿＿＿＿＿＿＿元,安装验收合格后甲方一次性付清余款＿＿＿＿＿＿＿＿元。

三、交货时间

交货时间:卖方于＿＿＿＿＿＿＿＿年＿＿＿＿＿＿＿＿月＿＿＿＿＿＿＿＿日送货至客户家中并免费为其

安装。特殊约定＿＿＿＿＿＿＿＿＿＿＿。

电话预约：双方需自签订合同之日起三个月内合同履行完毕，否则原合同作废需重新签订新合同。

四、验收确认

窗帘及布艺产品制作安装完毕，甲方需及时验收，签字认可，甲方签收前出现的商品问题，视同乙方责任，根据实际情况，由乙方负责修理、更换或退货；甲方签收后出现的商品问题，视同甲方责任，因属根据甲方要求特质商品，若无质量问题则乙方不予换货、退货，故请甲方签订合同及验收时认真验明所定商品货号、规格、颜色等详尽内容。

五、违约责任

合同签订后，乙方应按合同规定按时交货。在甲方按合同约定支付货款及相关费用后，乙方未按期交货，每延迟 1 天按合同款的 0.5％支付违约金。如超过 10 天，甲方有权终止合同（进口及特殊商品以双方特殊约定时间为准）。乙方除退还甲方已交预付款外，按照合同款的 1％按日向甲方支付违约金。如甲方因非质量问题要求解约，则甲方所交纳预付款作为违约赔偿金，不予退还。

六、产品维修

售出的窗帘（包括乙方负责安装的窗帘杆）保修期为壹年。

七、纠纷解决

1. 双方协商解决；2. 商城协调解决；3. 相关行政管理机构调解；4. 向商城所在地人民法院提起诉讼。

八、本商城对乙方提供商品承担质量担保责任，对经本商城盖章认证的合同，如遇与乙方协商解决不成时本商城负责为您解决。

九、本合同经甲、乙双方及主办商城签字、盖章后生效，三方各执一份，具有同等法律效力。

甲方：　　　　　乙　方：　　　　　商城确认（章）

地址：　　　　　商户号：

电话：　　　　　电　话：　　　　　认证人签字：

（为便于向您提供及时准确的售后服务，请准确填写以上内容）

签约日期：＿＿＿＿年＿＿＿＿月＿＿＿＿日

商城地址：××××××××××××

咨询热线：×××××××××

服务热线：×××××××××

例文三

个人住房担保贷款合同

借款人：（甲方）王××

住址：

有效证件名称及号码：

电话：

邮政编码：

开户银行及账号：

贷款人：(乙方)××银行股份有限公司××支行

住址：

法定代表人：

电话：

邮政编码：

保证人：(丙方)××市住房贷款担保中心

住址：

法定代表人：

开户银行及账号：

电话：

邮政编码：

甲方向乙方申请借款，由丙方提供第三方保证，乙方经审查同意发放贷款。为维护甲、乙、丙三方利益，明确各自的权利、义务，甲、乙、丙三方依据有关法律规定，经协商一致，订立本合同，共同遵守执行。

第一条　住房担保贷款

1.1　甲方向乙方申请借款，乙方经审查同意发放贷款，贷款明细见下表：

住房担保贷款明细表

贷款币种：人民币
贷款金额：大写＿＿＿＿＿＿＿＿＿＿＿＿＿　小写＿＿＿＿＿＿＿＿
贷款利率：(年)息＿＿＿＿＿％，按＿＿＿＿＿结息
贷款期限：＿＿＿＿月，从＿＿＿＿年＿＿＿＿月＿＿＿＿日至＿＿＿＿年＿＿＿＿月＿＿＿＿日
贷款用途：此贷款只能用于购买＿＿＿＿＿＿＿＿＿＿

1.2　提款方式

本贷款由乙方以转账形式一次性划入售房单位在××银行开立的存款账户(户名与账号)：＿＿＿＿＿＿。

1.3　贷款利息

自贷款发放之日起计算。本合同履行期间，如遇国家利率调整或计息方法变更，乙方无须通知甲方和丙方，本合同项下贷款利息或计息方法按国家有关规定做相应调整。

1.4　本合同所称债务是指甲方应向乙方偿还、支付的全部款项，包括贷款本金、利息、罚息、违约金、损害赔偿金及实现债权其担保权利的费用等。

1.5　在本合同履行期间，乙方及丙方均有权检查、监督贷款的使用情况。

第2条　贷款的偿还(略)

第3条　贷款担保方式

由丙方提供不可撤销的连带责任还款保证，并由甲方向丙方提供房产抵押作为还款保证。

本合同项下债务履行期间,如丙方担保能力发生明显变化时,乙方有权要求甲方在 30 日内更换符合乙方要求的保证人或提供符合乙方要求的抵押物、质押物以担保本合同 1.4 条款项下债务。

第 4 条　关于担保(略)

第 5 条　抵押(略)

第 6 条　违约事件及处理(略)

第 7 条　合同变更(略)

第 8 条　债权、债务转让(略)

第 9 条　费用(略)

第 10 条　特别条款(略)

第 11 条　甲、乙、丙三方约定的其他事项(略)

第 12 条　合同失效与终止

本合同自甲、乙、丙三方签字盖章后生效,至本合同项下的贷款本息和其他应付款项全部清偿完毕后终止。

第 13 条　法律适用及纠纷的解决

13.1　因本合同及本合同所发生的任何纠纷均适用于中华人民共和国法律、法规的规定。

13.2　发生纠纷时,各方应协商解决。协商不成,应将争议提交乙方所在的人民法院管辖。

第 14 条　附则

14.1　本合同一式三份,甲、乙、丙三方各执一份,具有同等法律效力。

14.2　本合同项下抵押房产的共有人同意该房产用作抵押,但甲方发生违法行为而导致处分抵押物时,愿意接受丙方的处置和司法机关的强制执行措施,并以处分抵押物所得价款偿还丙方的债权,并同意接受本合同的全部条款。

附表 1:抵押财产清单

甲方(印章):	乙方(公章):	丙方·(公章):
	法定代表人:	法定代表人:
	(或授权代理人):	(或授权代理人):
___年___月___日	年___月___日	年___月___日

由于篇幅原因,例文三合同中所需具备的基本项目已列举如上,在例文中我们以第 1、第 3、第 12、第 13、第 14 条为例,将具体的条款内容一并写明。其他项目下的条款可根据所要处理的具体事务及所要沟通的具体关系的特定需要,按照我们前文所提到过的写作原则与要求分别进行补充填写。

第四节　意向书

一、意向书的概念

意向书是双方或多方当事人经过初步洽谈协商,就某些事务达成共同意向、一致认识而签订的契约性文书。这里的当事人包括:国家、企事业单位以及经济实体与公民个人。在经济生活中,初次发生经济交往的当事人之间在洽谈某个合作项目时,往往由一方向另一方表明基本的合作意愿或提出初步的合作设想,经初步协商达成共识,而签订提请当事人双方(或多方)注意或供参考,约束其行为的协约文书。意向书是当事人之间进行实质性谈判的依据,是双方(或多方)正式签订协议书、合同的前奏和基础。

二、意向书的作用

意向书的主要作用是传达"意向",将当事人之间谋求合作的基本态度和设想用规范的文书表达出来,以提请双方加以关注,引导双方的业务与工作,促进双方利益的共赢,保证双方的业务、关系向着健康、友好、协作、互利的方向发展,为今后正式签订协议或合同打下扎实的基础。

意向书的作用具体可表现为以下三个方面:

(1)可用来向政府主管部门上报备案,作为立项的依据。

(2)可以为合作各方进行实质性谈判提供基础性和原则性依据。

(3)便于合作各方将合作意愿继续细化落实,开展各项后续工作。

三、意向书的特点

意向书不像经济合同那样是非常严肃的具有法律强制性的契约文书,意向书具有协商性、灵活性、临时性等特点。

(一)协商性

意向书因为是当事人之间初步合作意愿的表达,它仅是表示了双方在某些方面有进行合作的愿望、设想,因此在拟写意向书时一般多用商量的语气,有时还可使用假设、询问的语气。但是,这并不是表明写作意向书的态度和想法可以随意。因为意向书常常是签订协议与合同的序曲,如果意向书的内容总是与协议、合同相违,也会使当事人的信用受到质疑。当然由于签订协议与合同后,原有的意向书就失去意义,所以在签署协议与合同这些带有强制性特征的契约文书前,还需要当事双方认真审视一下原有的合作意向、设想是否合理、适当。

(二)灵活性

意向书的灵活性表现在两个方面:一是提出意向者可以随时改变自己的主张。意向书发出后,对方如有更好的意见,可以直接采纳,部分改变或全盘改变都是可能的。二是在同一份意向书里可以提出多种方案供对方选择,或者对其中的某项某款同时提出几种意见或方案,供对方比较和选择。只有坚持灵活性,才能使双方在平等互利的基础上充分协商,优化合作方式,最终通过实质性谈判,签署协议或合同。

(三)临时性

意向书是协商过程中各方基本观点的记录,一旦达成正式协议,便完成了意向书的使命。意向书不像协议、合同那样具有法律效力。

四、意向书的结构与写法

意向书一般由三个部分:标题、正文、落款组成。

（一）标题

意向书的标题有四种：

（1）协作双方的名称＋事由＋意向书，如《上海市××餐饮公司和台湾××食品集团合作经营××火锅连锁店意向书》。

（2）事由＋意向书，如《开展高新技术合作意向书》、《合作培训意向书》。

（3）协作双方的名称＋意向书，如《××厂与××公司意向书》。

（4）只写文种"意向书"三个字作为标题。

签订意向书当事人双方的名称，一般要使用全称。

（二）正文

正文是意向书的主体和核心部分，用以写明协作双方（或多方）达成意向的主要事项、具体合作方面，包括合作的项目、方式、程序、双方的义务等等。一般包括引言与主体两个部分。

1. 引言

引言主要写合作双方的单位名称、主要合作事项，它简要阐述签订意向书的依据、缘由、目的，回答"为什么做"的问题。这一部分要明确写明签约双方单位的名称和代表人姓名。为行文的方便，可在意向书中双方单位代表人后分别加括号注明一方是甲方，另一方是乙方，在意向书中提到两个单位共同履行的义务时，可简称"双方"。有的意向书引言比较简单，与经济合同的引言大致相似。有的意向书的引言写得比较具体，要说明双方谈判磋商的基本情况，包括洽谈的时间、地点、议题、协作原则、考察经过等，以为双方备忘意向达成的过程。引言常用"现达成如下意向"或"双方初步意向如下"等句过渡，引出正文的主体内容。

2. 主体

主体是解决协作各方"怎么做"的部分。通常采用条款式的结构表达合作各方达成合作意向的具体内容，确定当事人双方的权利和义务。

主体内容一般包括：①合作企业或项目的名称和拟定地址；②合作企业或项目的规模和经营范围；③各方投资金额比例；④利润分配和亏损分担；⑤原料、设备、技术、企业用地等各由何方提供；⑥合作事项实施步骤；⑦合作企业领导体制；⑧合作期限。

一般来说主体部分还应写明未尽事项的解决方式。最后在正文结尾写明意向书的份数、生效日期等。意向书一般不使用"必须、应为、否则"之类的词语。另外，意向书因不具有法律约束力，所以也不存在违约责任的条款。

（三）落款

意向书的落款包括三项内容：签订意向书各方当事人的法定名称、各方洽谈代表人的签名、签订意向书的日期。

五、意向书的写作要求

（一）结构要完整

一般而言，标题、正文、落款三部分缺一不可。

（二）内容要留有余地

意向书只是初步的合作意向，是双方签订协议、合同的先导和基础。在内容上不宜过于具体,条款要写得比较原则,对合作中涉及的问题应作概略性的表述,主要表明一种双方合作的意向性,不能把协议、合同的内容写进去。

(三)措辞要严谨

意向书尽管不具有法律效力,但是在写作时仍需用词准确、严谨,既保持原则性又不失热忱。重要内容不能疏漏,主要条款应尽量明确,尽可能为日后签署协议或合同做好必要的准备。

例文

城乡共建意向书

为认真贯彻落实党的十七大报告中提出的"建立健全城乡党的基层组织互帮互助机制"的要求,进一步拓展党建工作,把党的建设不断引向深入,为××镇新农村建设等各项事业的开展注入新的活力,××机关党委(甲方)与××区××镇党委(乙方)自愿结成共建单位,签订意向书如下:

一、共建目标

通过拉手连心,城乡互动,互帮互助系列活动,让共建单位了解新农村,感悟新农村,建设新农村。通过城乡互动,也让农村领悟来自城里的全新理念。促进城乡居民素质共同提高,拓展农民增收致富新渠道,实现文化、信息、资金、技术等多方面的资源共享,为新农村建设注入生机和活力。

二、共建原则

坚持自愿结对、求真务实、量力而行、多元互动、长效发展的原则。

三、共建内容

(一)开展党组织共建。甲方按照"实践科学发展、促进城乡和谐"的总体要求,组织本单位党员干部到××镇开展党员活动,乙方提供活动场地及相关条件;甲方可派党员干部参加乙方党组织生活,讲解当前国内国际形势,对农村经济社会发展进行专题解读;甲乙双方开展党组织联谊活动,加强横向沟通,促进互利共赢。

(二)推动资源共享。甲方发挥专业优势,为乙方提供产业发展方面的信息,向乙方提供发展的新思路;乙方利用基层优势,向甲方提供休闲和实践基地,可向甲方提供纯天然的本地农产品;甲乙双方共同搭建平台,为两单位交流创造条件,实现城乡之间的结对帮扶。

(三)发展实践基地。甲方可根据自己的需要选择乙方某村或者某产业基地作为实践基地,定期组员过来开展农业劳作、果品采摘、垂钓休闲,就国内国际形势、国家政策等方面,为当地民间大课堂提供讲座;乙方可组织村干部优秀村民代表到甲方进行交流学习,开阔视野;甲方单位成员和乙方村民可以进一步签订协议,承包种养村民的果树和土地。

(四)启动文化精神共建。乙方积极发掘本地文化资源,发展长城文化、板栗文化和红色文化,借助民俗文化旅游和板栗销售积极宣传本地文化,甲方可在文化精神领域方面帮助乙方策划;乙方组织大型板栗文化节和民间艺术活动,邀请甲方代表参加。

(五)促进群团对接。积极促进共建单位群团组织建设的对接,定期组织交流活动,实现信息、科技、文化的良性互动,优势互补、资源共享,使群团工作朝着积极向上的方向发展。

四、签订意向书

本意向书一式两份，××机关党委与××镇党委各存一份。

甲方(签章)：××机关党委 乙方(签章)：××区××镇党委

代表：×××（签字） 代表：×××（签字）

×××××年×月×日

第五节 协议书

一、协议书的概念和特点

(一)协议书的概念

协议书又称协议，它是国家机关、社会团体、企事业单位或个人之间，经共同协商订立的一种具有经济或其他关系的契约。

协议书的订立旨在促进协议各方统筹安排、分工负责、协同一致地完成当事人双方所共同议定的事项。作为凭据，协议书起到使当事人双方互相监督、互相牵制的作用，确保了双方合作的正常运行。

(二)协议书的特点

1. 协商性

协议书的签订要求当事人双方需在平等协商的基础上，经过充分交换意见、沟通磋商、谈判达成共识后，方可签订。

2. 制约性

协议书作为契约的一种，将双方洽谈商定的有关事项、各自的权利义务记载下来，与合同一样，一经当事双方签署即发挥法律效力，对签订各方都具有法律的制约性。

(三)协议书与合同的区别

协议书与合同一样，一经订立，都具有法律约束性，也基本采用分条列项的条款来说明协议内容，在结构与写法上与合同相近。

但二者也有明显的区别，协议书通常只是双方在一些原则问题上的协商、议定，合同则是在协议的基础上做出的具体规定。协议书的项目一般比合同多，但具体内容却不如合同具体，要比合同简单和概括。具体而言，有以下三方面的区别：

(1)协议书的内容一般比较框架性，往往是当事双方共同协商后达成的原则性意见。而合同的内容一般都比较详尽具体，明确细致。

(2)协议书的适用范围更为广泛，可以是共同商定的各方面的事物，而合同则主要是涉及经济关系方面的事项。

(3)合同一次性生效，而协议书签订以后，往往就具体问题还要签订合同，在条款中加以细则化，使其明晰、具体。

二、协议书的结构和写法

协议书在结构上与合同很相似，通常由标题、正文、落款三部分组成。

（一）标题

协议书的标题有四种：

（1）协议双方的名称＋事由＋意向书，如《广州市××厂和××公司技术转让协议书》。

（2）事由＋意向书，如《供暖协议书》、《房屋产权共有协议书》。

（3）协作双方的名称＋协议书，如《××厂与××公司协议书》。

（4）只写文种"协议书"三个字作为标题。

签订协议书双方的名称，一般要写明全称。

（二）正文

正文是协议书的具体项目，一般需写明协议双方或多方达成的基本事项。通常由引言和主体两部分组成。

引言主要说明签订协议的目的、根据、意义，如"就合作××事宜，经双方协商，对有关事项达成协议如下"。有的还写进签订本协议书的双方或多方单位的名称。

主体主要写明协议的具体内容，双方的权利义务关系，执行要求和法律效力等。要写得具体明确，简洁完整，避免疏漏，文字要准确无误，不允许有歧义。

（三）落款

写明协议的双方或多方单位的名称、代表姓名，并加盖公章。必要时还得写上鉴证单位和公证单位的名称，并加盖公章。最后写上签订协议的日期。

协议签订后未经协议各方协商，任何单位和个人都不能随意改动。如需更改，可以另行签订修订协议书，并由双方加盖公章后报签证机关备案才算有效。

三、协议书的写作注意事项

（一）要贯彻合法原则

任何协议书的草拟和签订，都必须遵照国家的法律、法规，符合国家的基本方针政策，符合人民利益和道德规范。

（二）要贯彻平等互利、协商一致、等价有偿的原则

协议必须是出于当事人的真正自愿和真实意愿的表达，是经过平等而充分协商后达成的协议。

（三）要贯彻协议，信守承诺

协议书是检验当事人双方信用的凭证，缔约双方应当切实履行协议规定的义务，信守承诺，才能在经济交往中获得良好信用，使协作事宜顺利完成。

例文

供暖协议书

用户单位：　　　　　　　　　　　（简称甲方）

供暖单位：　　　　　　　　　　　（简称乙方）

根据××市人民政府××号文件和××通知精神,双方经协商,同意达成协议如下:

一、甲方职工居住由乙方负责供暖的房屋,甲方同意按规定的收费标准,每年一次性向乙方交清本年度全冬的供暖费。职工用户标准为每平方米使用面积××元;单位用户标准为每平方米建筑面积××元。

二、乙方在国家规定供暖期内要保证供暖时间和室内温度,做好供暖服务。

三、每年5月1日~10月30日为交费期限,甲方同意在此期间由乙方委托银行以无付款期委托收款方式与甲方一次性结算供暖费,如超过期限按日累计加收1‰滞纳金。供暖开始甲方仍未交清上述费用,乙方可停止供暖。

四、甲方新增职工用户或职工因故变动住房,可不再重新签订《供暖协议书》,但甲方须督促职工到乙方办理"供暖费签证单"。甲方职工因故调动工作,甲方必须督促职工到乙方办理《供暖协议书》变更手续,不办者,仍由甲方负责缴纳供暖费。

五、本协议自签订之日起生效,一式叁份,甲方执一份,乙方执两份。

六、甲方委托乙方供暖的总户数、总面积及供暖费总金额,详见《职工用户单位供暖明细表》。

七、每年度的收费标准以《××市物价局》调价通知为准。

职工用户单位供暖费明细表

姓名	家庭住址	建筑面积	使用面积	应收金额（元）

甲方: 　　　　　　　　　　　乙方:

财务专用章: 　　　　　　　　财务专用章:

负责人名章: 　　　　　　　　负责人名章:

开户银行: 　　　　　　　　　开户银行:

账号: 　　　　　　　　　　　账号:

联系电话: 　　　　　　　　　联系电话:

　　　　　　　　　　　　　　××××年×月×日

第六章　社交礼仪类应用文写作

第一节　概　述

一、社交礼仪类应用文的涵义

礼仪是礼节和仪式的总称。我国是文明古国,是世界上有名的礼仪之邦,人们的社会交往活动和思想感情的交流,有许多是通过一定的礼仪形式和一定的文化活动方式来进行的。社交礼仪类应用文就是为礼仪目的或在礼仪场合使用的文书。它是个人、单位、社团、地区乃至国家之间交往使用的,反映一定礼节、仪式的文书的总称,是沟通人际关系的桥梁,是增进人与人之间团结、友谊和感情的纽带。礼仪类应用文是常用的应用写作文体之一。

二、社交礼仪类应用文的种类

社交礼仪类应用文的种类繁多。根据用途,主要可以分为以下几类:

一是邀请类,如:邀请书、请柬等。

二是迎送类,如:欢迎词、欢送词、答谢词等。

三是喜庆类,如:贺电、贺信、祝词、贺词等。

四是公关类,如:求职信、推荐信、感谢信等。

五是慰唁类,如:慰问信、唁电等。

三、社交礼仪类应用文的写作特点

社交礼仪类应用文与其他应用文体比较,有三个明显的特点:

(一)交际性

逢年过节、婚丧嫁娶、寿诞吉日、迎宾送客、邀约赴会等,通过使用祝贺信、慰问电、哀悼词、邀请函等各类礼仪类应用文,达到密切联系、沟通感情、增进友谊的目的。可见,交际性是礼仪类应用文的重要特点之一。

(二)礼节性

在社会生活中,人与人之间的交往,必须遵循一定的行为规范,从称呼、言谈、举止到仪容,都应表现出对别人的尊重、友好,而对自己有所克制,这就是人们通常说的礼貌。一旦失礼或施礼不当,往往会导致不良后果。在人际交往过程中,通过礼仪类应用文向他人表示尊敬、庆贺,或表示同情、哀悼等能给人以亲切、温暖、愉快、宽慰的感受。此外,人们在表示礼貌时还必须根据不同的场合、具体情况,遵循相应的民间习惯而采用相应的形式和语言,做到既有"礼",

又要有"节"。因此,礼节性是礼仪类应用文的又一个重要特点。

(三)规范性

礼仪类应用文种类繁多,但各种礼仪类应用文的用途都有比较严格的规定,而且有特定的格式和语言要求,行文时要严谨,符合规范要求。

第二节 邀请类

一、邀请书

(一)邀请书的概念

邀请书也叫邀请信,是向亲朋好友、专家学者或知名人士发出邀约,请其参加庆典、会议及各种活动事项的专用书信。

(二)邀请书的格式

邀请书作为书信的一种形式,可以参照一般书信的写法。

(1)称谓:可以是个人,也可以是组织,但要明确。

(2)开头:先致以简单问候,再说明信邀原因。

(3)正文:说明时间、地点及活动的内容。

(4)写清楚联系人、电话、地址、落款、日期。

(5)如有必要,还可以附上回函,请对方予以回复,以便安排相关事宜。

(三)邀请书应注意的事项

邀请书要给对方以充分的尊重,不要过于勉强,不要强加于人,以示"请"意,在"请"中希望对方应邀。

例文一

中国电信致广大合作单位邀请书

各合作单位:

为了更好地服务于各合作单位,规范福建省电信 IVR 平台的聊天业务,真正实现合作双方的共存、共赢、共发展,我公司决定开放聊天业务的合作。我们本着用心服务、客户至上的理念,以市场为导向,以诚信为基石,真诚期待您带领您的团队参与该合作业务。该业务建立在我公司 IVR 平台上,由我公司提供会议资源,负责技术开发或开发指导,负责后台维护,实现多合作单位之间以及与现有的电话 QQ 用户数据共享、互相邀请、留言等功能,最大限度发挥各企业推广成效。诚邀各合作单位参与该项目合作,共同发展福建聊天业务。

福建省电信有限公司信息产业分公司

2005 年 3 月 28 日

例文二

第二届中国国际航海博览会邀请书

2004 年 5 月 18～21 日，第二届"中国国际航海博览会"将在美丽的海滨城市青岛举办。在此，谨代表中国国际贸易促进委员会和青岛市人民政府，热诚邀请各界朋友光临青岛，参加这一盛会。

博览会将本着合作、交流、贸易、发展的宗旨，加强国际间的交往，全面展示当代国际港口、航运、造船、物流、海洋开发以及船艇、水上运动、水上休闲等领域的技术装备及关联产业与产品，促进中国与各国企业的贸易合作与技术交流。

青岛港是世界亿吨大港之一，与 150 多个国家和地区的 450 多个港口保持贸易往来，集装箱吞吐量稳居中国内地港口第三位，于 2004 年投入使用的青岛海西湾修造船基地，是中国最大的造修船基地。青岛在中国的海洋科技城，集中了近 25％的海洋科研、教育机构和约 50％的海洋科技人员。

青岛市作为 2008 年第 29 届奥运会帆船、帆板竞赛项目的举办城市，凭借得天独厚的港口贸易、海洋产业、旅游度假、会展服务的优势，已经成为中国最具活力和最美丽的城市之一。随着 2008 年奥帆赛的举办，青岛将成为国际著名的"帆船之都"和水上休闲胜地。

欢迎您参加中国国际航海博览会！

中国国际航海博览会组委会敬邀
2004 年 5 月 10 日

例文三

投标邀请书

_____：

1. 自治区科技厅决定在我区范围内对奶牛胚胎性别鉴定及移植技术的研究与开发项目进行招标，希望在本项目上具有实力的单位竞标。

2. 自治区科技厅通过公开招标择优选择承担单位，由中标单位负责完成该项目。

贵单位为该项目被邀请投标单位，请在 2002 年 11 月 13 日之前将邀请书回函传真或送达内蒙古科技咨询评估中心。（附邀请书回函格式）

3. 如有任何疑问或需澄清事宜，请书面或电话方式与以下人员联系：

联系人：×××，×××（自治区科技厅农村与社会发展处）
　　　　×××，×××（自治区科技咨询评估中心）
电　话：0471—×××××××（农村与社会发展处）；
　　　　0471—×××××××（科技评估中心）
传　真：0471—×××××××　0471—×××××××
联系地址：呼和浩特市新城西街 141 号科技大厦

内蒙古自治区科学技术厅（盖章）
2002 年 10 月 29 日

邀请书回函

内蒙古自治区科学技术厅：

　　我单位于 2002 年＿＿＿＿＿月＿＿＿＿＿日，收到贵单位的邀请书和招标公告。

　　我单位愿意参加＿＿＿＿＿＿＿＿＿＿＿＿＿＿项目的投标，按期购买招标文件，并按招标文件要求编制投标文件送达。

　　单位联系人：

　　联系电话：

　　单位全称：

　　通讯地址：

　　邮编：

　　单位盖章：

　　签名：

　　职务：

二、请柬

(一)请柬的涵义和特点

请柬，又称为请帖或柬帖，是指机关、团体或个人邀请有关人员参加会议、庆典或某些重要活动而发的礼仪性专用文书。

请柬具有书信的特点，但又和书信有所区别。书信是写信人在无法直接告知对方或者不便当面告诉对方某些事情时所采取的一种通过邮局或他人传递信息的方式，而请柬则多采用当面交给被邀请者的方式，以示对对方的敬重、礼貌和热情。所以，礼貌性、庄重性是请柬的基本特点。此外，短小、精美是请柬的另一个特点。无论是机关、团体还是个人，通常都是在举行比较隆重的庆典活动时才发请柬，因此，请柬在款式和装帧设计上一般都比较美观、精致。

(二)请柬的写作要求

请柬一般有两种样式：一种是单面的，另一种是双面的。它们的基本要求是一样的。请柬的篇幅有限，书写时应根据具体场合、内容、对象，认真措辞，行文应达、雅兼备。达，即准确；雅就是讲究文字美。在遣词造句方面，有的使用文言语句，显得古朴典雅；有的选用较平易通俗的语句，则显得亲切热情。不管使用哪种风格的语言，都要求庄重、明白，使人一目了然，切忌语言的乏味和浮华。

(三)请柬的写作格式

从写作格式上说，有标题、称谓、正文、敬语、落款和日期等。

1. 标题

双面柬帖封面印上或写明"请柬"二字，一般应做些艺术加工，即采用名家书法、字面烫金或加以图案装饰等。有些单面柬帖，"请柬"二字写在顶端第一行，字体较正文稍大。

2. 称谓

顶格写清被邀请单位名称或个人姓名,其后加冒号。个人姓名后要注明职务、职称、礼仪尊称等,如"××先生"、"××女士"。

3. 正文

另起行,前空两格,写明活动的内容、时间、地点及其他应知事项。

4. 敬语

一般以"敬请(恭请)光临"、"此致敬礼"等结尾。"此致敬礼"的书写格式是:"此致"另起一行,首行缩进两格,再另起行,顶格写"敬礼"。

5. 落款和日期

写明邀请单位或个人姓名,并在落款的正下方写明日期。

(四)请柬的注意事项

(1)文字要美观,用词要谦恭,要充分表现出邀请者的热情与诚意。

(2)语言要精练、准确,凡涉及时间、地点、人名等一些关键性词语,一定要核实准确。

(3)语言要得体、庄重。

(4)在纸质、款式和装帧设计上,要注意艺术性,做到美观、大方。

例文一

请　柬

××先生/女士:

　　兹定于 2005 年 3 月 14 日(星期一)上午 10:10 邀请国务院总理温家宝在人民大会堂三楼中央大厅会见采访十届全国人大三次会议的中外记者并回答记者提出的问题,请出席。

十届全国人大三次会议新闻发言人　姜恩柱

2005 年 3 月 12 日

例文二

请　柬

××先生/女士:

　　谨订于 2009 年 5 月 5 日(星期三)下午 5:30 在向阳渔港紫金厅为×××和×××举行婚礼,届时恭请光临。

×××家长谨订

××××年×月×日

第三节　迎送类

一、欢迎词

（一）概念

欢迎词是单位或个人在公共场合为接待或招待友好团体、个人等来访者所作的表示欢迎的讲话稿。

（二）分类

1. 从表达方式上划分

（1）现场讲演欢迎词：一般由欢迎人在被欢迎人到达时在欢迎现场口头发表的欢迎稿。

（2）报刊发表欢迎词：这是发表在报刊或公开发行刊物上的欢迎稿，它一般在客人到达前后发表。

2. 从社交的公关性质上划分

（1）私人交往欢迎词：私人交往欢迎词一般是在个人举行较大型的宴会、聚会、茶会、舞会、讨论会等非官方的场合下使用的欢迎稿。通常要在正式活动开始前进行。私人交往欢迎词往往具有显著的即时性、现场性、灵活性。

（2）公事往来欢迎词：这样的欢迎词一般在较庄重的公共事务中使用。公事往来欢迎词一般要有事先准备好的得体的书面稿，文字措辞上的要求较私人交往欢迎词要正式和严格。

（三）写作格式

欢迎词的结构由标题、称呼、正文、落款四部分构成。

1. 标题

标题既可以用欢迎场合或对象加文种构成，如《在校庆75周年纪念会上的欢迎词》，也可以直接用文种"欢迎词"作标题。

2. 称呼

面对宾客，宜用亲切的尊称，如"亲爱的朋友"、"尊敬的领导"等。

3. 正文

说明欢迎的情由，可叙述彼此的交往、情谊，说明交往的意义。正文一般可有开头、中段和结尾三部分构成。

开头通常应说明现场举行的是何种仪式，发言者代表什么人向哪些来宾表示欢迎。

在正文的中段部分一般要阐述和回顾宾主双方在共同的领域所持的共同的立场、观点、目标、原则等内容，较具体地介绍来宾在各方面的成就及在某些方面作出的突出贡献，同时要指出来宾本次到访或光临对增加宾主友谊及合作交流所具有的现实意义和历史意义。

正文的结尾通常再次向来宾表示欢迎，有时也需要表达出对本次合作的良好祝愿。

4. 落款

欢迎词的落款部分一般要署上致词单位名称、致词者的身份、姓名，并署上成文日期。

（四）写作注意事项

欢迎词是出于礼仪的需要而使用的，因此要十分注意礼貌。具体而言，就是要注重以下几点：

1. 有针对性

一是要看对象，根据不同的对象表达不同的情谊；二是要看场合，该严肃则严肃，该轻松则轻松。

2. 措辞要慎重

切勿信口开河，同时要注意尊重对方的风俗习惯，应避开对方的忌讳，以免发生误会。

3. 热情而不失分寸

一方面态度上应真诚、热情、谦逊、有礼；另一方面，语言上应亲切、饱含真情、注意分寸、不卑不亢。同时还要注意多用口语化语言，给人以"宾至如归"的感觉。

4. 篇幅短小

欢迎词是一种礼节性的外交或公关辞令，宜短小精悍，言简意赅，不必长篇大论。

例文一

周恩来总理在欢迎尼克松总统宴会上的讲话

总统先生、尼克松夫人，女士们、先生们，同志们、朋友们：

首先，我高兴地代表毛泽东主席和中国政府向尼克松总统和夫人，以及其他的客人们表示欢迎。同时，我也想利用这个机会代表中国人民向远在太平洋彼岸的美国人民致以亲切的问候。尼克松总统应中国政府的邀请，前来我国访问，使两国领导人有机会直接会晤，谋求两国关系正常化，并对共同关心的问题交换意见，这是符合中美两国人民愿望的积极行动，这在中美两国关系史上是一个创举。

美国人民是伟大的人民。中国人民是伟大的人民。我们两国人民一向是友好的。由于大家都知道的原因，两国人民之间往来中断了二十多年。现在，经过中美双方共同努力，友好往来的大门终于打开了。目前，促使两国关系正常化，争取和缓紧张局势，已经成为中美两国人民强烈的愿望。人民，只有人民，才是创造世界历史的动力。我们相信，我们两国人民这种共同愿望，总有一天要实现的。

中美两国的社会制度根本不同，在中美两国政府之间存在巨大分歧。但是，这种分歧不应当妨碍中美两国在相互尊重主权和领土完整、互不侵犯、互不干涉内政、平等互利和和平共处五项原则的基础上建立正常的国家关系，更不应该导致战争。中国政府早在1955年就公开声明，中国人民不想同美国打仗，中国政府愿意坐下来同美国政府谈判，这是我们一贯奉行的方针。我们注意到尼克松总统在来华前的讲话中也说道："我们必须做的事情是寻找某种办法使我们可以有分歧而又不成为战争中的敌人。"我们希望，通过双方坦率地交换意见，弄清彼此之间的分歧，努力寻找共同点，使我们两国的关系能够有一个新的开始。

最后我建议为尼克松总统和夫人的健康，为其他美国客人们的健康，为在座的所有朋友和同志们的健康，为中美两国之间的友谊干杯！

例文二

中国国家主席胡锦涛会见中国国民党主席连战的欢迎词

尊敬的连战主席和夫人,尊敬的吴伯雄副主席、江丙坤副主席,尊敬的国民党大陆访问团的全体成员:

大家好!

四月的北京春意盎然,在这美好的季节里,我们迎来了中国国民党主席连战先生率领的国民党大陆访问团。今天的会见是我们两党主要领导人历史性的会见,我为此感到非常高兴。

首先,我代表中共中央向连主席和夫人,向各位副主席,向访问团的全体成员表示热烈的欢迎,并致以良好的祝愿。

有朋自远方来,不亦乐乎。你们的来访是中国共产党和中国国民党关系史上的一件大事,也是当前两岸关系当中的一件大事。

从你们踏上大陆的那一刻起,我们两党就共同迈出了历史性的一步,这一步既标志着两党的交往进入了新的发展阶段,也体现了我们两党愿共同促进两岸关系发展的决心和诚意。我们共同迈出的这一步,必将记载在两岸关系发展的史册上。

当前,两岸同胞都希望两岸关系走向和平、稳定、发展的光明前景。我们多次表示,欢迎认同"九二共识"、反对"台独"、主张发展两岸关系的台湾各政党、团体和代表性人士同我们开展交流和对话,共同推动两岸关系的改善和发展。

昨天全国政协贾庆林主席和连战主席以及访问团的成员进行了很好的会见,陈云林主任和林丰正秘书长也进行了工作会谈,等一会儿我还要和连主席交换意见。我想,我们一定能够在促进两岸关系发展和两党交往等问题上达成重要共识。

虽然我们两党目前还存在一些分歧,但只要我们双方都能够以中华民族的根本利益为重,以两岸同胞的福祉为重,就一定能够求同存异,共同开创美好的未来。

今年是孙中山先生逝世80周年,连主席和访问团的全体成员在南京敬谒了中山陵。中山先生是伟大的爱国主义者和民族英雄,是中国民族革命的伟大先行者,他为民族独立、民主自由、民生幸福,为国家的统一和富强贡献了毕生精力。他在全国各族人民和一切爱国人士当中有着崇高的威望,中国共产党人始终对他怀着崇高的敬意,从来就是中山先生革命事业的坚定支持者、合作者、继承者。中山先生也把中国共产党人当做自己的好朋友。在当年,中国内忧外患的情况下,中山先生第一个喊出了"振兴中华"的口号,这理应继续成为我们两岸的中国人共同的追求和责任。中山先生为中华民族和中国人民留下了许多珍贵的精神遗产,值得我们永远地继承和发扬。

在当前两岸形势复杂变化的形势下,我们两党都要深入地体察两岸同胞的所愿所想,深刻地把握两岸关系和世界大势的发展趋向,要以我们积极的作为向两岸同胞展示两岸关系和平稳定发展的前景,要向世界表明两岸的中国人有能力、有智慧解决彼此的矛盾和问题,共同争取两岸关系和平、稳定、发展的前景,共同开创中华民族的伟大振兴。

我相信,国民党大陆访问团的这次访问,以及我们两党的交流对话,已经给两岸关系的改善注入了春天的气息,希望我们双方共同努力,争取两岸关系和平、稳定、发展的方向前进。

让我们两岸同胞一道在和平、发展的道路上不断开拓前进。

非常感谢连主席和各位听完我的欢迎辞,谢谢大家。

例文三

新生入学欢迎词

新入学的同学们:

欢迎你们,欢迎你们来到北师大珠海分校,欢迎你们加入北师大传播学院这个大家庭!我们知道,同学们,特别是第一次进入北师大珠海分校的同学们,心情一定非常激动。是的,因为你们即将踏入的是一个繁花似锦的校园,一个令人眷念的故地,一片生生不息、蓬勃向上的热土。在这里,我们传播学院的全体教师向你们表示由衷的祝贺和热烈的欢迎!

但是,生活就总体而言总是朴素的,因此也是平凡的。当这个激动期过去之后,你会发现,即使大学的生活也不像想象得那么令人激动。也许公寓宿舍有种种不便;也许食堂的饭菜不合自己的口味;也许有些课程、甚至一些原来很看好的课程也很乏味;也许发现原来大名鼎鼎的教授也很平常;也许满怀热情提出的某些建议久久没有回复;也许考试成绩不很理想;也许许多老师都可能太忙,根本注意不到你的麻烦和困扰;也许你们很多人在入校之前暗暗下的决心很快就忘了……

我们这么说是因为我们也曾这么走过。生活注定会融化许多激情、理想、决心和追求,甚至会使生活变成仅仅"活着"。

刚刚跨入大学校园,我想你们都会问自己这样两个问题,"我来这儿做什么?""我将成为一个怎样的人?"是的,人生犹如夜航船,一个个始终警醒自己的问题就是一座座塔基,而你的回答,就是点亮自己的灯塔。当思索这两个问题时,你们正是在为大学 4 年或者更加长远的未来树一座灯塔,尽管前路漫漫,航灯闪烁,但一步步走来的你们将不断地修正航向,向着那个人生的坐标原点进发。

兴趣是学习的动力。我们希望同学们能够发现自己的兴趣,兴趣才是主动学习和知识创新的真正来源。其实,刻苦学习的人并不是因为他懂得了要刻苦,最主要是因为他从来没有感到学习的苦,"刻苦"从来都是局外人对行为的概括,而不是刻苦者的自我心理感受。

如果你们在北师大珠海分校的几年间能够找到这种感觉,那么,你的内心、你心目中的世界每一天都会是鲜亮的。

"长风破浪会有时,直挂云帆济沧海"。同学们,让我们揽万卷文采,汲百代精华,踏实地走好每一步,共同携手,在新世纪的伟大征程中谱写壮丽的青春之歌!

祝大家在北师大传播学院的 4 年里快乐、幸福!

学院全体教师

2003 年 9 月

二、欢送词

（一）概念

欢送词是行政机关、企事业单位、社会团体或个人在公共场合欢送友好团体回归或亲友出行时致辞的讲话稿。

（二）分类

按表达方式来分可分为现场讲演欢送词和报刊发表欢送词两种。按社交的公关性质来分可分为私人交往欢送词和公事往来欢送词两种。

（三）写作格式

同欢迎词一样，欢送词的结构也由标题、称呼、正文和落款组成。

1. 标题

标题的写法一般有两种。单独以文种命名，如《欢送词》；由活动内容和文种名共同构成，如《在××研讨会结束典礼上的讲话》。

2. 称呼

称呼要求写在开头顶格处。要写出宾客的姓名称呼，如"尊敬的各位先生们、女士们"、"亲爱的×××大学各位同仁"。

3. 正文

欢送词的正文一般由开头、主体和结尾三部分构成。

（1）开头：开头通常应说明此时在举行何种欢送仪式，发言人是以什么身份代表哪些人向宾客表示欢送的。

（2）主体：欢送词在这一部分要回顾和阐述双方在合作或访问期间在哪些问题和项目上达成了一致的立场、取得了哪些有突破性的进展，陈述本次合作交流中双方的合作和交流给双方所带来的益处，阐述其深远的历史意义。对于私人欢送词还应注意表达双方在共事合作期间彼此友谊的加深增进以及分别之后的想念之情。若为朋友送行，还要加上一些勉励的话。

（3）结尾：通常在结尾处再次向来宾表示真挚的欢送之情，并表达期待再次合作的心愿。亲朋远行尤其要表达希望早日团聚的惜别之情。

4. 落款

欢送词在落款处要署上致词的单位名称、致词者的身份、姓名，并署上成文日期。

（四）注意事项

一是称呼要用尊称、注意宾客身份，致辞要恰到好处，感情要真挚、诚恳。

二是要表达亲朋远行时的感受，所以依依惜别之情要溢于言表。当然格调也不可过于低沉。尤其是公共事务的交往更应把握好分别时所用言辞的分寸。有句古诗说得好："相见时难别亦难"，中国人重情谊这一千古不变的民族传统精神在今天更显得突出。

三是要注重语言。遣词造句也应注意使用生活化的语言，使送别既富有情趣又自然得体。

例文一

欢送词

尊敬的王团长、女士们、先生们：

　　晚上好!

　　首先,我代表公司领导班子及全体员工,对你们访问的圆满成功表示热烈的祝贺。

　　几天来,我们之间进行了真诚的合作和友好的交流,将会促进双方事业的快速发展。你们无私的传经送宝和虚心好学的精神让人钦佩、使我们受到鞭策。

　　明天,你们就要离开我地,在即将分别的时刻,我们依依不舍,尽管相处的时间是短暂的,但我们之间的友谊是长久的。我国有古语:"来日方长,后会有期"。我们热情地欢迎大家在方便的时候再来做客,我们的友好合作也会日益加强。

　　祝大家万事如意,一路顺风。

××化工股份有限公司总经理:蔡××

××××年×月×日

例文二

校党委副书记曹××同志在 2004 届学生毕业典礼上的讲话

即将离校的同学们,老师们:

　　今天,我们怀着激动的心情,在这里隆重举行××××高等专科学校 2004 届学生毕业典礼,热烈欢送 1974 名即将离开母校走向社会的毕(结)业生们,在此,我代表学校党委、校行政对付出辛勤汗水并取得优异成绩的 2004 届毕业生们表示诚挚的祝贺,祝贺你们完成了人生历程中非常重要的大学阶段,祝贺你们即将开始你们的人生事业!

　　一分耕耘,一分收获。3 年前的秋天,同学们带着家长的嘱托、师友的厚望走进××××高等专科学校,开始了大学的学习和生活。1000 多个日日夜夜里,同学们以自己的勤奋和努力,储备了知识,提高了技能;以自己的青春的热血和汗水为人生中最美好的大学年华增添了光彩,为自己的青春做了最好的注解。在学校的 3 年时光里,同学们努力学习,勤奋实践,以一份满意的答卷回报了对你们寄予希望的老师、家长和亲友。今天,你们毕业走向社会,将要去实现你们的理想、追求和抱负,在社会大舞台上谱写自己无悔人生的新篇章,对此,作为你们的老师,非常羡慕你们,同时也衷心地祝福你们。

　　2003 年的春天,在"非典"肆虐的时候,同学们与学校站在了一起,和衷共济,众志成城,为我校取得抗击"非典"的伟大胜利作出了贡献,学校被××省人民政府评为"抗击'非典'先进基层党组织"和"先进集体"。同样是 2003 年,我校隆重举行了百年校庆,隆重热烈的庆典活动宣传了我校的形象,展示了我校师生的风采,其中也包含了同学们付出的努力和母校对同学们的期望。2004 年,在全校老师和同学们的共同努力下,我校被评为××省先进集体、××市先进集体,同学们为母校争了光。对此,我要代表学校向同学们表示感谢。

　　截至 6 月份,我校今年的毕业生就业率已经超过了 94%,化学工程系更是达到了 100%

（包括对口升学）。如此喜人的成绩的取得，与老师们的辛勤教育和同学们的努力拼搏密不可分，同时也是我校一贯坚持正确的办学方向和以教学为中心的"工学并举、崇尚实践"的办学理念的结果。我校的校训是"道艺兼修、敬业乐群"，这是学校对大家的期望，同时也应是大家对社会的承诺。同学们就要离开学校走向社会了，在此，我要向同学们提几点希望：

第一，志存高远，融入社会，以社会责任为己任。

"国之兴衰，系于人才"。加强教育，造就人才，实现跨世纪的飞跃，争取中华民族的伟大复兴，已是全社会的共识，是全国人民共同奋斗的目标。作为新一代大学生，你们责无旁贷。青年人只有树立了崇高的理想，才能具有永不枯竭的奋斗之源。你们的理想、知识、能力，对于祖国和民族的未来关系重大。我国改革开放和现代化建设，为你们施展才华、实现志向提供了广阔的舞台。海阔凭鱼跃，天高任鸟飞。希望你们无论在什么工作岗位上都要牢记报效祖国、振兴中华的神圣职责，要担负起历史的重任，做一个无愧于时代的社会主义事业的建设者和接班人。

第二，实践中不断学习，创新中提升个人价值。

同学们的大学学习生活暂时告一段落，新的学习又即将开始。当今科技和社会发展日新月异，只有不断学习，夯实文化科技知识基础，才能承担起建设祖国的神圣职责。同学们要加强实践，在实践中锻炼和提高自己。艰辛知人生，实践长才干，这是古往今来许多人成就一番事业的经验总结。大家应当坚持到改革和建设的第一线去，到艰苦和困难的地方去。在工作实践中磨炼意志，增长见识，充分发挥你们的聪明才智，为社会的发展作出贡献。同时要热爱科学，崇尚科学精神，勇于实践与创新，努力做科学探索和创新的先锋，并把它作为你们未来生活中神圣的使命。

第三，踏实苦干，自强不息。

希望大家爱岗敬业，踏实工作，勤勤恳恳，砺练心志，在平凡的工作岗位上建功立业。无论大家即将踏上怎样的人生道路，都需要首先树立远大的理想，在埋头苦干的磨炼中，不断缩短理想与现实的差距。在工作中，我们要干一行爱一行，爱一行精一行，用自己的青春和热情、智慧和知识谱写自己奉献祖国、服务社会的人生之歌。"创业维艰，奋斗以成"，成功永远属于有崇高理想、坚定信念和艰苦奋斗的人们。要坚决克服好高骛远，"大事做不来，小事不想做"的不良作风。在前进的道路上难免会遇到各种各样的困难，希望大家要有充分的思想准备，要有百折不挠、坚忍不拔的意志。

同学们，目前正是我国改革与发展的关键时期，机遇与挑战并存。今天你们以母校为荣，明天学校必将因为有你们而感到骄傲！我相信在座的毕业生一定会继续发扬优良校风，创造更大的成绩，超越先辈，创造伟业，为母校争光。请同学们经常与学校保持联系，当你们事业有成时，不要忘了向母校报喜；当你们遇到困难和挫折时，母校老师和同学会给予你们最大的帮助和支持。

最后，祝大家身体健康，事业有成，万事如意，祝同学们一路顺风。

谢谢大家。

三、答谢词

（一）概念

答谢词一般是由代表宾客发表的对主人的热情接待表示感谢的讲话稿，与欢迎词相对应，但有时也用来表达答谢人对亲朋好友、领导同事或其他给予自己关怀帮助的人的感谢。答谢词在写法格式上与欢迎词有很多相同的地方。

（二）格式

答谢词的结构由标题、称呼、正文、落款 4 部分构成。

1. 标题

一般用文种"答谢词"做标题。

2. 称呼

与欢迎词同。

3. 正文

正文一般由开头、中段、结语三部分组成。开头对主人的热情接待表示感谢。中段畅叙情谊，或表明自己来访的意图、诚意，申述有关的愿望。结语表达祝愿，或再次表示谢意。

4. 落款

（三）注意事项

首先，在礼仪场合，必要的客套话是不能省略的，比如"感谢"、"致敬"之类热情洋溢、充满真情的词语。但言语措辞要表达出答谢人的诚意来。

其次，在异地做客，要了解当地的民情、风俗、尊重对方习惯。

再次，应注意照应欢迎词。主人已经致词在前，作为客人不能"充耳不闻"。答谢词要注意与欢迎词的某些内容照应。这是对主人的尊重。即使预先准备了答谢词，也要在现场紧急修改补充，或因情因境临场应变发挥。

最后，篇幅力求简短。欢迎词、答谢词都是应酬性讲话，而且往往是在一次公关礼仪活动刚开始时发表的，下面还有一系列的活动等着进行，因此，篇幅要力求简短，不宜冗长拖沓，以免令人生烦。

例文一

答谢词

×部长，××饮料厂公关部的同志们：

我们今天初临贵境，刚下飞机就得到你们的热情接待。刚才×部长还给我们详细介绍了情况和经验，给我们周到地安排了参观、吃饭和休息，使我们感到就像回到家里一样亲切、温暖。谨让我代表参观团的全体同志向你们——并通过你们向厂领导和全体职工致以衷心的感谢！

××饮料厂因其生产的高级××牌健康饮料质量上乘和慷慨捐助群众性体育活动而闻名全国。我们虽然远在千里之外的大西北，××饮料的名声也早已如雷贯耳。我们这次慕名远道而来,不仅想看看你们是怎样生产、学习和生活的,而且想要学习你们改革开放的新思想、新观念和宝贵经验。刚才×部长介绍的3条经验已经使我们感到耳目一新。在今天的参观访问中,我们一定能够学到更多的东西。我们参观团的成员全部来自企业,虽然不都是做饮料的,还有做电器的、做机械的、做家具的,等等,但我们相信,你们的宝贵经验对于我们都会有极大的帮助和启发。

再次感谢东道主的盛情!

谢谢!

例文二

新娘新郎致答谢词

各位亲朋好友、各位领导、各位女士、各位先生:

人生能有几次最难忘、最幸福的时刻,今天我们才真正从内心里感到无比激动,无比幸福,更无比难忘。今天我和心上人××小姐结婚,有我们的父母、长辈、亲戚、知心朋友和领导在百忙之中远道而来参加我俩婚礼庆典,给今天的婚礼带来了欢乐,带来了喜悦,带来了真诚的祝福。借此机会,让我俩再一次地真诚地感谢父母把我们养育成人,感谢领导的关心,感谢朋友们的祝福。

请相信我,我会永远深深爱着我的妻子,通过我们勤劳智慧的双手,一定会创造美满的幸福家庭。

最后,请大家与我们一起分享这幸福、快乐的夜晚。

祝大家万事如意、心想事成。

谢谢!

新郎:××

新娘:××

第四节　喜庆类

一、贺电

(一)概念

贺电是用电报的形式拍发给对方表示祝贺、赞颂的一种电讯文书。贺电一般篇幅短小,感情充沛,文字明快。它多是领导机关或领导人以代表人物名义发给有关单位、集体或个人的。贺电也可以登报、广播,这时往往会产生很大的鼓舞作用。

(二)格式

贺电的格式一般由标题、称谓、正文、结尾和落款五部分构成。

1. 标题

标题写在第一行的中间位置,一般情况下由文种名构成,在第一行正中书写"贺电"二字。

2. 称谓

顶格写明被祝贺单位或个人的名称或姓名。写给个人的,要在姓名后加上相应的礼仪尊称如"先生"或"女士",称呼之后要用冒号。

3. 正文

贺电的正文要写明祝贺的原因,自己祝贺的心情,由衷地表达自己真诚的慰问和祝福,并提出希望和共同理想。

4. 结尾

结尾要写上祝愿的话。如"此致敬礼"、"祝争取更大的胜利"等。

5. 落款

写明发文的单位全称或个人的姓名,并署上成文的日期。

(三)注意事项

贺电讲究简洁明确,致达迅速,通过电报向对方表示祝贺,它一般适用于:

其一,对取得巨大成绩,作出卓越贡献的集体或个人表示祝贺。

其二,有什么大的喜事发生,诸如结婚、大型庆典、晚会或其他庆祝活动等。

其三,国家选出新的领导人时友好国家发电祝贺。

其四,对重要人物的寿辰表示祝贺等。

例文一

贺　电

统一俄罗斯党主席普京阁下:

在统一俄罗斯党第九次代表大会成功召开和你当选党主席之际,我谨代表中共中央并以我个人的名义,向你表示诚挚的祝贺和良好的祝愿! 相信在你的领导下,统一俄罗斯党一定会在实现国家繁荣富强的崇高事业中发挥更大作用。

中国共产党与统一俄罗斯党有着密切的友好合作关系。多年来,两党交往增进了双方的了解和信任,丰富了中俄战略协作伙伴关系的内涵。中国共产党愿在独立自主、完全平等、互相尊重、互不干涉内部事务原则基础上,进一步巩固和深化同贵党的友好合作关系,推动中俄关系继续全面深入发展。

祝俄罗斯国家繁荣昌盛、人民幸福安康!

祝中俄两党、两国友好合作关系不断巩固和加强!

中国共产党中央委员会总书记　胡锦涛

2008 年 4 月 16 日于北京

例文二

中共中央、国务院、中央军委贺电

总装备部、工业和信息化部、中国科学院、国家国防科技工业局、中国航天科技集团公司、中国电子科技集团公司并参加神舟七号载人航天飞行任务的全体同志：

神舟七号载人航天飞行获得圆满成功，中共中央、国务院和中央军委向圆满完成这次飞行任务的英雄航天员，向所有参加这次任务的广大科技工作者、干部职工和部队官兵表示热烈的祝贺和亲切地慰问！

神舟七号载人航天飞行圆满成功，实现了我国空间技术发展具有里程碑意义的重大跨越，标志着我国成为世界上第三个独立掌握空间出舱关键技术的国家。这是我国航天科技领域的又一重大胜利，是中国人民在建设中国特色社会主义伟大进程中取得的重大突破。对于增强我国经济实力、科技实力、国防实力和民族凝聚力，鼓舞全党、全国各族人民夺取全面建设小康社会的新胜利，开创中国特色社会主义新局面具有重大而深远的意义，祖国和人民将永远铭记你们的历史功勋！

发展载人航天技术，和平开发利用太空，始终是中国人民的不懈追求，希望你们在以胡锦涛同志为总书记的党中央领导下，高举中国特色社会主义伟大旗帜，坚持以邓小平理论和"三个代表"重要思想为指导，深入贯彻落实科学发展观，大力弘扬"两弹一星"精神和载人航天精神，自力更生、艰苦奋斗、团结协作、拼搏进取，为继续推动我国航天事业发展，为实现中华民族伟大复兴不断作出新的更大贡献！

中共中央 国务院 中央军委

2008 年 9 月 28 日

二、贺信

（一）概念

贺信是表示庆祝的书信的总称，指的是党政机关、企事业单位、社会团体或个人向其他集体单位或个人表示祝贺的一种专用书信。它是日常应用文写作的重要文体之一。如今，贺信已成为表彰、赞扬、庆贺对方在某个方面所作贡献的一种常用形式，兼有表示慰问和赞扬的功能，具有交际与社会礼仪的作用。

（二）格式

贺信的格式一般由标题、称谓、正文、结尾和落款五部分构成。

1. 标题

贺信的标题写在第一行的中间位置，最好写明发布贺信的单位或者个人以及祝贺的活动或会议的名称，如"江苏省教育厅致南京交通职业技术学院建校 50 周年贺信"。

2. 称谓

顶格写明被祝贺单位或个人的名称或姓名及尊称。

3. 正文

贺信的正文要祝贺对方所取得的令人鼓舞的成绩及其积极作用，简述对方的光辉历程和值得学习的精神，表示相应的肯定和表扬，并表达诚挚的愿望和慰问。

4. 结尾

结尾要写上祝愿的话。如"此致敬礼"、"祝您健康长寿"等。

5. 落款

写明发信的单位全称或个人的姓名,并署上成文的日期。

(三)注意事项

贺信除直接送交或邮寄外,可以用大红纸抄写张贴或者登在报刊上。就内容而言,应注意:

1. 通信双方的关系

明确是个人对个人,还是个人对集体;是机关对机关,还是机关对个人;是上级对下级,还是下级对上级。

2. 内容要切题,要紧扣祝贺的主旨

在贺信中虽然也可以表示自己的想法、态度或者意见,但是一定要与祝贺的主旨紧密相连。

3. 语词语气

要热情诚恳,用词要朴实,评价要中肯,不宜过多地使用溢美之词,要避免应付、敷衍性文字的出现。

例文一

贺　信

铁道部、青海省、西藏自治区党委和人民政府,青藏铁路全体参建干部职工:

青藏铁路全线铺通,是我国社会主义现代化建设取得的一个重大成就,对于实施西部大开发战略,对于加快青海、西藏经济社会发展,对于改善沿线各族群众生活、加强民族团结、共同实现全面建设小康社会的宏伟目标,都具有十分重要的意义。我代表党中央、国务院,向你们表示热烈的祝贺和诚挚的慰问!

建设青藏铁路,是党中央、国务院从推进西部大开发,实现我国各民族共同繁荣发展的大局出发作出的一项重大决策。建设这条世界上海拔最高、线路里程最长的高原铁路,是人类铁路建设史上前所未有的壮举。四年多来,各参建单位和广大干部职工坚持以科学发展观为指导,发扬挑战极限、勇创一流的青藏铁路精神,顽强拼搏,开拓进取,勇克难关,胜利完成了全线铺通的任务,谱写了我国铁路建设史的新篇章。

希望你们再接再厉,乘胜前进,高标准、高质量地做好工程配套和运营准备工作,全面实现建设世界一流高原铁路的目标,确保青藏铁路如期投入运营,造福沿线各族群众,为全面建设小康社会、加快推进社会主义现代化作出新的贡献。

胡锦涛
2005 年 10 月 12 日

例文二

中华人民共和国教育部贺信

中央美术学院：

　　值此中央美术学院建校 90 周年之际，谨向全校师生员工和广大海内外校友致以热烈的祝贺和诚挚的问候！

　　建校 90 年来，中央美术学院以建设民族美术教育事业为己任，秉承兼容并蓄、广揽人才、崇尚学术的优良传统，培养了大批高素质的艺术人才，为我国民族文化事业的发展作出了重要贡献。新中国成立后，特别是改革开放以来，中央美术学院全面贯彻党的教育方针，坚持正确的办学方向，紧紧抓住国家实施科教兴国战略和人才强国战略的重大历史机遇，不断加大改革力度，更新教育理念，突出办学特色，在人才培养、学术研究、社会服务等方面取得了可喜成绩，已成为我国艺术教育领域高素质人才培养、高水平学术研究和高层次文化交流的重要基地，在海内外享有崇高的声望。

　　希望你们认真学习贯彻党的十七大精神，全面贯彻落实科学发展观，发扬优良传统，立足民族文化，勇于探索，开拓创新，不断提高教育教学质量和办学水平，为推动社会主义文化大发展大繁荣，为实现中华民族的伟大复兴作出新的更大的贡献。

中华人民共和国教育部

2008 年 10 月 18 日

三、祝词、贺词

（一）概念

　　祝词一般是指行政机关、企事业单位、社会团体或个人在喜庆场合对某人或某项即将开始的工作、事业表示祝愿和希望的言词或文章。贺词是行政机关、企事业单位、社会团体或个人在喜庆场合对某人或某项已经取得成功的工作、事业表示祝贺的言词或文章。

　　祝词和贺词所包含的涵义并不相同。祝词一般的对象是事情未果，表示祝愿、希望的意思；而贺词一般对象是事情已见成果，表示庆贺、道喜的意思。因此，祝词和贺词的区别是显而易见的。祝词在事前祝福，贺词在事后庆贺。但在某些场合，祝词、贺词也可以互用。所以这里我们将其归为一类进行介绍。祝词和贺词的写作方法、注意事项同前面所讲的贺电和贺信有很多相似之处，可以对照学习。

（二）种类

　　祝（贺）词的种类可以从不同的角度来划分。

1. 祝颂对象

　　根据不同的祝颂对象，祝（贺）词大体上分为以下 4 种：

　　（1）事业祝（贺）词：这是常用的一种祝（贺）词，多用于祝贺会议开幕、工程竣工、剪彩、新年，以及某社团、机构、报刊创办或节日纪念日等。

(2)寿诞祝(贺)词:寿诞祝(贺)词的对象主要是老年人,其主要内容,一是庆祝、祝愿某人幸福、健康、长寿;二是赞颂其品性、功德。

(3)婚嫁祝(贺)词:既庆贺新婚,又祝愿新人今后婚姻和谐美满。

(4)酒宴祝(贺)词:酒是人们交往中的一种媒介形式。酒宴上的祝(贺)词,目的是向赴宴的宾客表达一种庆贺和祝福,以酒助兴。

2. 表达形式

根据表达形式的不同,祝(贺)词又可分为两类:

(1)现场即席致辞:一般说来,在较为随意轻松的场合,可以即兴表示祝贺;但在公共事务场合,为庄重严肃起见,应按事先拟好的祝(贺)词发言。

(2)电传:祝贺人有时无法到场祝贺,在这样的情况下,可以用书信的方式祝贺,也可以拍发电报、传真或用电子邮件来表示祝贺之意,这就是前面所讲的贺电或贺信。

(三)格式和写法

祝词、贺词通常由标题、称呼、正文和落款四部分组成。

1. 标题

祝词、贺词的标题一般由两种方式构成。一种是由致词者、致词场合和文种共同构成。如《周恩来总理在欢迎尼克松总统宴会上的讲话》。另一种是由致词对象和致词内容共同构成。如《贺紫荆山国庆集体婚礼》、《在谢××先生和王××小姐婚礼上的祝词》。

2. 称呼

称呼写在开头顶格处,写明祝词或贺词对象的姓名。一般要在姓名后面加上称谓甚至有关的职务头衔,以示敬重。如"尊敬的史密斯博士"。

3. 正文

正文一般由三项内容构成。

(1)开头:向对方致意,并说明自己所代表的组织或个人,向对方及其事业、成就表示祝福、贺喜。

(2)主体:概括评价对方已取得的成就。

(3)结尾:展望未来美好前景,再次向对方表示衷心的祝贺。

4. 落款

落款处应当署上致词单位名称或致词人姓名,最后还要署上成文日期。

(四)写作要求和注意事项

第一,祝(贺)词是在喜庆的场合对祝贺对象的一种真诚的祈颂祝福和良好心愿的表达,喜庆性是它们的基本特点。因此,在措辞用语上务必体现出一种喜悦、美好之情。语言要求充满热情、喜悦、鼓励、希望、褒扬之意,以便使对方感到温暖和愉快,受到激励与鼓舞。

第二,祝词不应使用辩论、谴责批评等词句和语气。

第三,颂扬与祝贺要恰如其分,过分的赞美之词会使对方感到不安,自己也难免有诌媚之嫌。

第四,除了一些特别正规的场合,祝(贺)词文体上可以多种多样,既可以用一般的应用文体,也可以采用诗、词、对联等其他文体样式。为了能够表达诚挚的祝愿,可以适当地体现祝贺方的个性特色。

例文一

为庆祝朱总司令 60 大寿的祝辞

亲爱的总司令朱德同志：

你的 60 大寿，是全党的喜事，是中国人民的光荣！

我能回到延安亲自向你祝寿，使我万分高兴。我愿代表那些反动统治区千千万万见不到你的同志、朋友和人民向你祝寿，这对我更是无上荣幸。

亲爱的总司令，你几十年的奋斗，已使举世人民公认你是中华民族的救星，劳动群众的先驱，人民军队的创造者和领导者。

亲爱的总司令，你为党、为人民真是忠贞不贰，你在革命过程中，经历了艰难曲折，千辛万苦，但你永远高举着革命的火炬，照耀着光明的前途，使千千万万的人民，能够跟随着你充满信心向前迈进！

在我们相识的 25 年当中，你是那样平易近人，但又永远坚定不移。这正是你的伟大！对人民你是那样亲切关怀，对敌人你又是那样憎恶仇恨，这更是你的伟大。

全党中你首先和毛泽东同志合作，创造了中国人民的军队，建立了人民革命的根据地，为中国革命写下了新的纪录，在毛泽东同志旗帜之下，你不愧为他的亲密战友，你称得起人民领袖之一！

亲爱的总司令，你的革命历史，已成为 20 世纪中国革命的里程碑，辛亥革命、云南起义、北伐战争、南昌起义、土地革命、抗日战争、生产运动，一直到现在的自卫战争，你是无役不与。你现在 60 岁了，仍然这样健壮，相信你会领导中国人民达到民族解放的最后胜利，亲眼看到独裁者的失败，反动力量的灭亡！

你的强健身体，你的快乐精神，象征着中国人民的必然兴旺。

人民祝你长寿！

全党祝你永康！

周恩来

（见延安《解放日报》1946 年 11 月 30 日）

例文二

酒宴祝词

女士们，先生们，朋友们：

今天，在迎来 5 年一度的经贸盛会——中国哈尔滨第五届边境、地方经济贸易洽谈会之际，我谨代表洽谈会筹备委员会热烈欢迎国内外工商界新老朋友到会，洽谈贸易和经济技术合作项目，进一步加强相互了解，加深友谊，共同促进双方友好合作的发展，并预祝各位在本届洽谈会上取得丰硕成果。

让我们共同干杯！

第五节　公关类

一、求职信

(一)概念

求职信是指求职者写给招聘单位的信。求职信的作用就是求职者在与招聘单位谋面之前进行的自我介绍、自我推荐,其目的是给招聘者单位一种最初印象,使其对自己有一个基本的了解。

求职者利用信函,尽可能重点扼要地介绍自己的水平和才能,以及求职的心情,根据招聘单位的要求提供必需的材料。求职信对于求职者来说是公平竞争、一展才华的手段,对招聘者来说是尽我所需、择优录用的依据。因此,求职信应具备以下特点:

1. 目的鲜明突出

求职者写求职信的唯一目的,就是要让招聘单位领导看过信后能够对自己有个良好的印象,以便为将来被录用打好良好基础。

2. 内容单一明了

为了达到被录用的目的,就要求求职信的内容一定要围绕这一目的简明扼要,只要能够使对方了解自己的水平、能力和才华即可,其他内容待面试的时候再详谈。

3. 语气中肯平和

求职信一般采用叙述和说明的表达方式,要求语气平和、中肯,态度真挚、谦恭。在陈述情况的同时,表明诚意。实事求是、彬彬有礼地展现自我。

(二)格式

求职信的格式与普通书信大致相同,均包括称呼、问候语、正文、敬语、信尾及附件六个部分。

1. 称呼

一般分为两种情况:一是如果不知对方姓名,那就写"××企业总经理"、"××厂长"等;如果知道姓名,那就写"×××",称呼后加上"先生"、"女士"、"小姐",以示尊敬。位置在第一行顶格单独写。称呼后要用冒号,表示下面有话要说。

2. 问候语

它是对收信人的礼貌表示。对于普通书信而言,由于收信人各不相同,情况又千差万别,故要求既应有礼节性还要有针对性。但对于求职信而言,由于收信人固定,所以只强调礼节性,写上"您好"、"近好"即可。位置在称呼下一行,要空两格,用感叹号。有些人习惯直接紧跟称呼后问候,这在普通信件中尚可,但由于求职信的性质比较特殊,所以最好规范。

3. 正文

正文包括连接语、主体和结束语三个部分。

(1)连接语:说明写信的缘由。因为求职信一般是看到报上的招聘广告或听到别人介绍后写的,所以开门见山写"看到××报×月×日刊登的招聘广告,本人很感兴趣,特此应聘",也可客气而礼貌地写"感谢贵公司给我这次竞争的机会。我久仰贵公司的实力和经营方式,早想到此供职。若能如愿,将不胜荣幸,现将本人介绍如下……"

(2)主体:可分以下三个层次来写。

第一层,概括介绍。即写一份自传,介绍自己的姓名、性别、出生年月日、所学专业、最高学历;上学、工作的几个阶段;性格特点。

第二层,重点介绍。对刚毕业的学生来说,重点介绍在校期间各科中最突出的能代表自己水平的专业及成绩,尤其是与招聘单位对口或接近的专业成绩,介绍自己学习的深度及广度。若是已经参加工作者,就介绍自己的工作经历、在本岗位上的突出贡献,如参加过什么项目,研制过什么产品,解决过什么难题。重点介绍的另一内容即个人的特点、爱好、擅长。比如自己身体健康、高大,酷爱体育运动,篮球、排球、乒乓球都能参加比赛;擅长文艺演出,组织策划过大型活动;喜欢书画艺术等等。社会非常需要专业精通而业余爱好广泛的人才,这样与同等条件的应聘者相比,被录用的可能性要大得多。

第三层,表明愿望。说明自己对本工作的喜爱和迫切心情,再谈谈入选后的想法、打算或计划,使招聘方的主管人员仿佛看到"新鲜血液"正在其单位的机体内汩汩流淌,从而增强录用的决心和信心。

(3)结束语:在正文即将结束时,简单概括一下全文的内容,加深招聘方对自己的印象。求职信常用的结束语有"如蒙赐复,不甚感谢"、"若认为本人条件尚可,请惠予面试,本人将准时赴试"、"静盼佳音"、"若被招聘,将十分荣幸"等。

4. 敬语

出于礼节,信的最后往往写一两句祝颂的话或敬语,常用的有"此致敬礼"、"此礼"、"祝您事业有成"、"祝您鹏程万里,事业发达"等等。敬语的格式、位置既可以采用二行式,也可以采用一行式,前者是指在正文后紧接着写"此致",另起一行顶格写"敬礼";后者则放在一行里。

5. 信尾

依次写出求职人的姓名、时间、联系地址、邮政编码、联系电话,位置在敬语的右下方。

6. 附件

它指的是对求职人有用的材料,如个人自传或履历表、学历证明、学位证明及各种获奖证书的复印件等。

(四)写作要求

第一,注意求职信的格式(包括信封的书写)。一旦称呼、问候等不规范甚至有错误,就会给招聘方主管人员造成不好的第一印象,甚至会导致其阅读终止;即使是敬语格式出错,往往也会被细心、精明的主管人员所挑剔,可能会影响求职者的入选。

第二,应聘的时间,即年、月、日不仅要写清楚,而且要写全。因为求职信的时效性较强。

第三,信尾的五项也要写全写清楚,尽量方便招聘方,同时也能够显示出求职人的认真、细致。

第四,最重要的一点,就是信的内容一定要真实、朴实,切忌夸夸其谈,挥洒无度,给人一种华而不实之感;同时也不要谦虚过度,缩手缩脚,以避平庸无能之嫌。

例文一

求职信

××公司总经理：

　　您好！

　　从《××日报》招聘启事上，看到贵公司急需几名通信工程方面的人员，非常高兴，真心希望能成为贵公司的一员。

　　我叫×××，男，1977年4月6日出生，是××邮电学院电信工程系2001级毕业生。

　　我学习的专业是"通信工程"，与贵公司专业对口。附表是我所学的课程及成绩，希望贵公司满意。

　　为了拓宽自身的知识面，弥补专业的局限性，我自学了邻近专业和相关学科的一些课程。主要有《数字信号处理（二）》、《随机过程》、《数值分析（一）（二）》、《移动通信》、《数字图像处理技术》、《纠错码》等课程，并广泛涉猎了《编码调制理论》、《综合业务网》、《卫星通信》、《统计无线电技术》等多方面的知识，以使自己能够适应现代技术的发展，为从事不同方面的工作打下一个良好基础。

　　在技术实践方面，除了圆满完成学校所规定的实习和设计课程外，还参加了学校科技协会。作为一名科技协会的会员和负责人，我组织和参加了协会的各项科技活动，如电子小制作竞赛、校外无线电义务维修等。我曾经亲自设计和制作过数字报时钟、抢答器、电子门锁、无线对讲机等多种电子器件，在实践中积累了较多的经验。在参加"全国第一届电子设计大赛"的活动中，我有幸获得了"××省赛区三等奖"的证书。

　　我的业余爱好比较广泛，尤其喜好体育运动及书法艺术。踢足球和打篮球是我的特长。自上高中起我便多次获得校、市书法大赛的一等奖和特等奖，作品曾在市里展出。大学期间，我曾任电信系《电信绿鸽》的责任编辑，该报在校内受到广大师生的好评。

　　希望以上资料能引起贵公司的兴趣并得到回复。祈盼佳音。

　　谨祝

　　顺达

×××

2010.1.11

联系地址：××邮电学院男生公寓315室

邮政编码：×××××××

联系电话：×××××××××

附表：在校四年学科及成绩一览表

二、推荐信

（一）概念

　　推荐信就是有一定权威和影响的人向用人单位介绍求职者情况的函件，与求职信的实质一样，所不同的仅是求职信是求职者自己写，而推荐信是由推荐人写。推荐信是用人单位录取人员的重要依据。用人单位往往很重视求职者在学习和专业中反映出来的多方面的特点,而这些特点多依赖于推荐信的推荐。推荐信的作用与求职信相同,希望用人单位录用求职者,具有目的性、单一性及平和性。因此,推荐人必须熟悉被推荐人的学习情况、工作能力、创造能力和品行特点。如果推荐人在国内外学术界、企业界等诸方面享有盛誉,那么他写的推荐信就具有很大的效力。

（二）格式

一般情况下,推荐信由标题、称谓、开头语、正文、结尾、署名和日期六个部分组成。

1. 标题

主要是注明信的性质,一般情况下写成"推荐信"的字样。在特殊情况下,也可加一些特殊的标题,例如专家之间推荐人才时,可写成"×××是×××研究领域可用人才的推荐信"。

2. 称谓

称谓既可以是具体单位的名称,也可以是单位的某个人。如"×××公司"、"×××公司人力资源部"或者"×××公司领导"。将相同的推荐信大量寄发的时候,可将推荐信打印出来,称呼一栏空出一定的位置,针对每一个寄发对象填写不同的称呼。在称呼之后,要标注冒号。

3. 开头语

在称谓之后先写问候语"您好",表示对单位或个人的礼貌、尊敬,然后再写明用人信息获取的途径,以及介绍被推荐人。如"近从××报纸上获悉贵公司,我谨推荐××同学到贵公司工作"。开头语表述应简洁明确、干脆利落,不宜过多过长。

4. 正文

推荐信的正文,首先必须详细介绍被推荐者的基本情况,包括姓名、性别、年龄、毕业学校、专业、职称、职务等。然后介绍值得推荐的理由和事实,包括被推荐者的工作经历、业务专长、工作业绩,适合什么岗位的工作等。

5. 结尾

向用人单位再次表明希望能够任用被推荐者的愿望。如"切盼贵公司能考虑我的推荐意见,给予他展示才能的机会"等。

6. 署名和日期

在信的最后,写上推荐人,并注明推荐的具体时间。

（三）注意事项

1. 实事求是

推荐信一般是用来表达推荐方的意见和愿望,其作用是提请用人单位重视,并为他们的研究决策提供一定的参考依据。因此,写作时必须写清推荐的理由,实事求是地反映被推荐者的具体情况和长处,绝不能隐瞒实情和夸大被推荐者的能力和学识。

2. 语气委婉

推荐者不管自己辈分、职位多高,年龄多大,都不可以使用命令的语气,强制命令用人单位,以免使对方为难。应该态度诚恳,语词婉转,留有余地。在推荐信开头可以开门见山直趋主题,但最好稍做问候。

3. 重点明确

在正文中首先应注意写明推荐者和被推荐者之间的关系,如师生、上下属等。文中介绍被推荐者情况时,不必面面俱到,只需交代大概情况,如学业、品质、能力、性格等,而对于推荐的理由则应详细、充分地表达。

例文一

推荐信

杨经理:

您好!

来函已阅。得知您处急需一名宣传公关人员,适逢 2009 年大学生毕业之际,特向您举荐我的学生,中文系毕业生刘×。

刘×,女,22 岁,中共党员。2005 年考入××大学中文系汉语言文学专业学习。刘×思想品质好,思路敏捷,洞察力强,学习刻苦,工作踏实。她最大的特点是对事业具有极大的热情和极强的毅力,无论学习还是工作,不出色完成决不罢休,样样工作从不示弱。

刘×在校以优秀和良好的成绩通过了所有课程。英语成绩优异,口语相当熟练;计算机操作名列前茅。曾多次获得学科单科奖,三次被评为"三好学生"。尤其擅长写作,几年来在省级报刊上发表短篇小说、散文多篇,在校刊上发表了十多篇各类体裁的文学作品,她的文风正如她的作风:精密、深刻。

刘×一贯严格要求自己,对同学真诚,对工作积极。连续四年担任班长,所在的班级被评为优秀集体,她个人也被评为校级优秀学生干部。她口才流利,组织能力强,曾多次成功地组织了系和全院的演讲比赛,并获得过第一名。

刘×非常适合这份工作,她也渴望得到这份工作。详细情况,她将前往与您面谈。望接洽,望录用!

顺祝

兴旺发达

宁××
2009.3.7 于××大学

三、感谢信

(一)概念

感谢信是在得到有关单位或个人给予的关心、支持或帮助后,向对方表示感谢的信函。感谢信的使用范围很广,感谢相助、感谢捐赠、感谢祝贺、感谢鼓励、感谢探访等都可以使用。感谢信可以张贴,也可以通过邮寄方式寄给报社、杂志社予以刊登,还可以在电台、电视台等媒体播出。

感谢信的特点:一是确指性,被感谢者是特定的单位或个人;二是事实性,缘由为已成事实,时间、地点和事项确凿、真实,对收信人为自己做的好事了然于胸,把对方带给自己的好处都写清楚,不要含糊其辞;三是感激性,饱含对对方的感激之情,表示感谢的话要合乎人际交往的习惯,语气不宜过分卑屈,在谢意之外,如果准备允诺别人什么事情,应注意切实可行,且保证说到做到。

(二)分类

按照感谢的对象不同,可分为普发性感谢信和专指性感谢信两种。普发性感谢信,是指对众多的单位或大众表示感谢;专指性感谢信,则是指被感谢者为特定的单位或个人。

按照感谢的内容不同,可分为感谢援助、感谢祝福、感谢指导等。

(三)格式

从感谢信结构而言,通常因类型不同而稍有差异。个人间的感谢信不需要公开,因而不需要标题,只有称呼、正文、敬辞、署名、日期这五个部分;个人对团体或团体对团体间需要公开于外的感谢信,则要求由标题、称呼、正文、结尾、署名、日期六部分组成。

1. 标题

一般有三种写法:第一种即写文种"感谢信";第二种由受文单位和文种组成,如"致×××的感谢信";第三种由发文机关、受文单位和文种组成,如"××总公司致×××商场的感谢信"。私人间较随便的感谢信则不必写出标题。

2. 称呼

写被感谢的单位名称或个人姓名,后缀"先生(女士)"、职务、职称等。

3. 正文

感谢信的正文部分一般写两个方面的内容:一是简述事迹,说明经对方帮助产生的效果;二是对对方的品德加以评价和颂扬,表示感谢,并进一步表达向对方学习的态度和决心。

4. 结尾

要写上表示敬意和感谢的话语。如"此致敬礼"、"致以最诚挚的敬礼"等。

5. 署名和日期

在正文右下方署上写感谢信的单位名称或个人姓名和日期。

(四)注意事项

首先,叙事要简洁,内容要真实,有关人物、事件、时间、地点、原因等要交代清楚;

其次,评价和颂扬对方良好的行为及品德,既要有高度,又要适度;

最后,情感要真挚,文字要精练。

例文一

感谢信

××公司:

　　×月×日下午,我公司业务员××和×××到欧尚超市购物,不慎丢失皮包一个,内有人民币若干元、身份证一张以及发票单据若干张。当我们发现后正在焦急寻找时,贵公司职工×××女士主动将捡到的皮包送到我公司。我们再三感谢并表示要赠送纪念品,×××女士却说:"这是我应当做的!"一再表示不能接受纪念品。她这种拾金不昧的高尚品德,使我们公司的员工深受感动,纷纷表示要向×××女士学习! 在此特对贵公司×××女士和贵公司深表谢意,并建议对×××的高尚行为予以表扬。

　　此致

　　敬礼!

××××公司

××××年×月×日

例文二

感谢信

敬爱的火车站派出所民警同志:

　　你们好!

　　我怀着无比激动的心情给你们写这封信!

　　2007年2月25日下午我回广州,离火车开车只有不到一个钟头了,我一时心急,在过安检时不慎丢失皮包一个,内有数码照相机一台、结婚证一本、户口簿一本,还有公司机密光盘一张。当我发现的时候,火车已驶离了车站。正在焦急时,我的手机收到了一条短信息:"我是衡阳站派出所民警,您的包现在我所,请速与我所联系,电话×××××××××!"我见此,立刻激动万分。遇见这样好的铁路公安,我真是太幸运了! 后来,我了解到是衡铁公安一位刚参加工作的姓马的女同志主动地、非常负责地将我遗失的皮包送到了派出所,并及时地通知我。然而我的手机碰巧打不通,她又发短信与我联系,终于使我的包失而复得。对此,我再次表示衷心的感谢!

　　由于工作原因,不能登门致谢,还请谅解! 小马同志对工作极端负责,这种拾金不昧的高尚品德,使我和我们公司的员工深受感动,纷纷表示要向小马同志学习! 大家纷纷赞赏如今的衡阳拥有一片和谐的天空,衡铁公安堪称是"致力民生意真切,为民解忧情长传!"我在此特对衡铁公安和小马同志深表谢意,并建议对小马同志的高尚行为予以表扬。

　　此致

　　敬礼!

×××

2007年3月1日

第六节　慰唁类

一、慰问信

(一)概念

　　慰问信是以组织或个人的名义对在某方面做出特殊贡献或遇到重大损失及巨大灾难的集体或个人表达关切致意、问候同情的一种书信。慰问信可以直接寄给本人,也可以一式两份,即由本人和本人所在单位各一份。同时,也可以登报或广播。

（二）分类

一是向作出贡献的集体或个人表示慰问,鼓励他们戒骄戒躁,继续前进;

二是向由于某种原因而遇到重大损失或巨大灾难的广大群众表示同情和安慰,鼓励他们战胜暂时的困难,加倍努力,迅速改变现状。

三是节日慰问。

（三）格式

1. 标题

第一行正中写"慰问信"三个字,或者写"×××致×××的慰问信"。若字数较多,可将"慰问信"三个字写在第二行正中,字体可稍大些。

2. 开头

写被慰问的单位或个人的称呼。如果写给个人,应在姓名之后加上"同志"、"先生"等字样,后加冒号,顶格写。

3. 正文

另起一行,空两格写慰问的内容。应分段写以下几个方面:

(1)说明写慰问信的背景、原因。如"正当举国人民在欢度国庆的节日里……",或者是"正当全国人民生产建设捷报频传的时候,你们在×××方面取得了×××成绩……",或者是"正当你们和全国人民一道为实现祖国的四化而努力奋斗时,突然遇到了××自然灾害……"等具体的背景和形势,接着写表示深切慰问的话,如"致以节日的慰问"、"致以亲切的慰问"等。

(2)概括地叙述对方的先进思想、先进事迹,或者战胜困难、舍己为人、不怕牺牲的可贵品德和高尚风格。然后,向对方表示慰问和学习。

4. 结尾

表示共同的愿望和决心。如"让我们携起手来,为早日实现祖国的四个现代化而共同战斗"或者"……困难是暂时的,最后的胜利一定属于我们!"等。接着写祝愿的话,如"祝你们取得更大的成绩"、"祝节日愉快"等等。但"祝"字后边的话应另起一行,空两格写,不得连写在上文末尾。

5. 署名

另起一行在右下方署上单位名称或个人姓名。署名下方写上发出慰问信的年、月、日。

例文

中共云南省委致驻滇中国人民解放军和中国人民武装警察部队慰问信

驻滇中国人民解放军和中国人民武装警察部队全体官兵,全省烈军属和荣誉、复员、退伍转业军人,军队离退休干部:

正当全省深入开展学习实践科学发展观活动,积极应对国际金融危机影响,全力推进全省经济社会又好又快发展之际,迎来了中国人民解放军建军82周年,中共云南省委、云南省人民政府及全省4500多万各族人民,向你们致以节日的祝贺和亲切的慰问!

多年来,驻滇中国人民解放军和中国人民武装警察部队始终坚持以邓小平理论和"三个代表"重要思想为指导,深入贯彻落实科学发展观,全面贯彻党的十七大和十七届三中全会精神,大力培育"忠诚于党、热爱人民、报效国家、献身使命、崇尚荣誉"的当代革命军人核心价值观,不断加强部队革命化、现代化、正规化建设,增强官兵的责任感和使命感,战斗力显著提高。同时,大力支持和参与云南地方经济建设,广泛开展拥政爱民活动,奋勇抢险救灾,积极参与扶贫帮困、助学兴教、生态保护和社会主义新农村建设,用实际行动弘扬了人民军队听党指挥、服务人民、英勇善战的优良传统,展示了我军特别能吃苦、特别能战斗、特别能奉献的精神和人民军队威武之师、文明之师的良好形象,为云南的经济发展和社会进步作出了新的贡献,赢得了全省各族人民的广泛赞誉。全省烈军属和荣誉、复员、退伍转业军人、军队离退休干部,保持革命本色,艰苦奋斗,无私奉献,再立新功。在建军82周年之际,省委、省政府和全省各族人民向你们表示诚挚的感谢并致以崇高的敬意!

省委、省政府将一如既往地支持国防和军队现代化建设,不断强化全民国防教育,扎实做好各项保障工作;切实加强国防后备力量建设,建立和完善快速高效的国防动员体制;认真落实拥军优抚安置政策,广泛开展拥军优属活动,积极为驻滇部队、烈军属和荣誉、复员、退伍转业军人、军队离退休干部排忧解难;继续深入开展军民共建社会主义精神文明和创建双拥模范城(县)活动,进一步巩固和发展军政军民同呼吸、共命运、心连心的良好局面。

军民同心绘蓝图,携手并肩创辉煌。让我们更加紧密地团结在以胡锦涛同志为总书记的党中央周围,高举中国特色社会主义伟大旗帜,进一步坚定信心、扎实工作、锐意进取,奋力推进全省经济全面发展、人民安居乐业、社会和谐稳定,为建设富裕民主文明开放的和谐云南而努力奋斗,以优异成绩迎接新中国成立60周年!

祝同志们节日快乐,身体健康,工作顺利,阖家幸福!

中共云南省委
云南省人民政府
2009年7月31日
(引自《云南日报》)

二、唁 电

(一)涵义

唁电是向丧家表示吊问的电报。它既可以表示对死者的悼念,又可以向丧家表示安慰和问候。

(二)种类

1. 单位团体之间拍发的唁电

这类唁电所悼念的死者多是原机关单位或群众团体的主要领导人或在某方面有建树,为社会作出了巨大贡献的杰出人物、英雄模范、艺术家、科技工作者,以及其他方面的知名人士等。因为吊唁方与逝者不在一地,来不及前往悼念,故而以唁电形式表示哀悼和慰问。

2. 以个人名义向丧家拍发的唁电

这类唁电的发出者同逝者生前往往是志同道合的朋友,有过密切交往或深受其教诲、关怀、帮助，故而在惊闻噩耗后，拍发唁电以表悼念之情。

3. 国与国之间拍发的唁电

这类唁电一般发给逝者所在国的政府机关或其他相应的重要机构。逝者一般为国家的重要领导人或为两国之间的和睦关系、经济发展作出过巨大贡献的重要人物。

(三)格式

无论是哪种类型的唁电，一般而言，都由标题、开头、正文、结尾和落款几部分构成。

1. 标题

唁电标题的构成有两种形式。一种是直接由文种名称构成，如直接在第一行正中书写"唁电"两字；另一种由逝者亲属姓名或单位名称和文种名共同构成，如《致许广平女士的唁电》。

2. 开头

唁电开头是收电方的单位或逝世者家属的称呼。收电者是家属的，一般应在姓名后边加"同志"、"先生"、"女士"、"夫人"等相应称呼。

3. 正文

正文通常由以下几项内容构成：

(1)直接抒写噩耗传来之后的悲恸心情，话无须多。

(2)以沉痛的心情，简述双方在交往中，逝者生前所表现的优秀品德及功绩。

(3)表达致电单位或个人对逝者遗志的继承和决心，或表达要在逝者优秀品德或精神的感召下奋勇前进的意愿或决心等。

(4)向逝者家属表示亲切的问候和安慰。

4. 结尾

唁电结尾，一般写上"肃此电达"、"特电慰问"等字样。

5. 落款

落款写在右下方，要写明拍发唁电的单位名称或个人姓名。然后在此下面还要署上发电时间。

(四)注意事项

拍发电报一般要求短小精悍，用语简洁明了，所以写唁电应尽量避免用修饰语，篇幅要短小。唁电表达的是一种悲恸之情，因此应写得深沉、淳朴、自然、催人泪下，万不可油腔滑调。叙述死者生前品德、情操、功绩时，要突出重点，不可一一赘述或本末倒置。

例文一

致许广平女士的唁电

上海文化界救国联合会转许广平女士鉴：

　　鲁迅先生逝世，噩耗传来，全国震悼。本党与苏维埃政府及全苏区人民，尤为我中华民族失去最伟大的文学家，热情追求光明的导师，献身于抗日救国的非凡领袖，共产主义苏维埃运动之亲爱的战友，而同声哀悼。谨以至诚电唁。深信全国人民及优秀的文学家必能赓续鲁迅先生之事业，与一切侵略者、压迫势力作殊死的斗争，以达到中国民族及被压迫的阶级之民族和社会的彻底解放。

　　肃此电达

中国共产党中央委员会

苏维埃中央政府

1936 年 10 月 22 日

例文二

唁　电

华罗庚同志治丧办公室：

　　惊闻我国著名数学家华罗庚同志不幸逝世的消息,使我十分悲痛! 回想去年国庆前夕,罗庚同志偕同科协诸同志来看我时,他的精神振烁,言谈稳重,学者风度犹历历在目。而今骤然谢世,怎不令人惆怅惋惜! 罗庚同志是国际上杰出的数学家,一生精勤不倦,奋斗不息,即使在受到严重挫折、屈辱时,他为学术,为祖国的赤诚之心丝毫未减。他在数学上造诣之深世所公认。他治学严谨,强调学以致用,堪为学术界的楷模。他使数学密切结合国民经济的发展,为我国"四化"建设作出重大贡献。他的不幸逝世是国家和学术界的一大损失! 请转达我的哀悼之意和向罗庚同志家属表示慰问之心,并望节哀。

　　顺致

　　敬礼!

聂荣臻

19××年×月×日

第七章 病历写作

第一节 病历书写的基本要求

病历是指医务人员在医疗活动过程中形成的文字、符号、图表、影像、切片等资料的总和，包括门(急)诊病历和住院病历。它是医务人员通过问诊、查体、辅助检查、诊断与鉴别诊断、治疗、护理等医疗活动获得有关资料，并进行归纳、分析、整理形成医疗活动记录的行为。包括医师、护士为患者诊断、治疗、护理的记录以及各种检查报告。它反映了病人发病、病情演变、转归和诊疗情况的全过程，是临床医师进行正确诊断、抉择治疗和制定预防措施的科学依据，也是总结医疗经验、充实教学内容和进行科研的重要资料；有时还为政法工作提供真实可靠的素材。完整的病历可以充分体现出医疗质量和学术水平的高低。因此，为了提高病历质量，医护人员必须以极端负责的精神和实事求是的科学态度，细心地采集病史，认真地书写病历，客观地反映患者的病情。

病历书写应遵循以下基本要求：

(1)病历书写应当客观、真实、准确、及时、完整，重点突出、层次分明；表述准确，语句简练、通顺；书写工整、清楚，标点符号正确。病历书写过程中出现错字时，应当用双线划在错字上，保留原记录清楚、可辨，并注明修改时间，修改人签名。不得采用刮、粘、涂等方法掩盖或去除原来的字迹。

(2)病历应当按照规定的内容书写，并由相应医务人员签名。实习医务人员、试用期医务人员(毕业后第一年)书写的病历，应当经过本医疗机构注册的医务人员审阅、修改并签名。审查修改应保持原记录清楚可辨，并注明修改时间。修改病历应在72小时内完成。进修医务人员由医疗机构根据其胜任本专业工作实际情况认定后书写病历。

(3)病历书写应当使用蓝黑墨水、碳素墨水，需复写的病历资料可以使用蓝或黑色油水的圆珠笔。计算机打印的病历应当符合病历保存的要求。

(4)病历书写应当使用中文和规范的医学术语，通用的外文缩写和无正式中文译名的症状、体征、疾病名称、药物名称等可以使用外文。患者述及的既往所患疾病名称和手术名称应加引号。

(5)上级医务人员有审查修改下级医务人员书写的病历的责任，病历应当按照规定的内容书写，并由相应医务人员签名。

(6)门诊病历即时书写，急诊病历在接诊同时或处置完成后及时书写。

(7)住院病历，入院记录应于次日上级医师查房前完成，最迟应于患者入院后24小时内完成。

(8)危急患者的病历应及时完成，因抢救危急患者未能及时书写病历的，应在抢救结束后

6 小时内据实补记,并注明抢救完成时间和补记时间,详细记录患者初始生命状态和抢救过程及向患者及其家属告知的重要事项等有关资料。

(9)病历书写一律使用阿拉伯数字书写日期和时间。

(10)疾病诊断及手术名称编码依照《国际疾病分类》(ICD-10、ICD-9-CM-3)的规范要求书写。

(11)各项记录均必须有完整的日期,并按年、月、日的顺序填写(如 2010.7.15)。急诊、抢救等记录应注明时、分,采用 24 小时制和国际记录方式。如 2010 年 7 月 3 号下午 3 点 5 分,可写成 2010-07-03,15:05(月、日、时,分为单位数时,应在数字前加 0)。

(12)各种表格栏内必须按项认真填写,无内容者画"/"或"—"。每张记录用纸均须完整填写眉栏(患者姓名,住院号,科别,床号)及页码。

(13)各项记录书写结束时应在右下角签全名,字迹应清楚易认。上级医师审核签名应在署名医师的左侧,并以斜线相隔。

(14)凡药物过敏者,应在病历中用红笔注明过敏药物的名称。

(15)对需取得患者书面同意方可进行的医疗活动,应当由患者本人签署知情同意书。患者不具备完全民事行为能力时,应当由其法定代理人签字;患者因病无法签字时,应当由其授权的人员签字;为抢救患者,在法定代理人或被授权人无法及时签字的情况下,可由医疗机构负责人或者授权的负责人签字。

因实施保护性医疗措施不宜向患者说明情况的,应当将有关情况告知患者近亲属,由患者近亲属签署知情同意书,并及时记录。患者无近亲属的或者患者近亲属无法签署同意书的,由患者的法定代理人或者关系人签署同意书。医疗美容应由患者本人或监护人签字同意。

(16)规范使用汉字,简化字、缩写字和度、量、衡单位,要严格按照国家规定,或者国际通用书写标准的规定书写,不得杜撰,避免错别字。两位以上的数字一律用阿拉伯数字书写,一位数字一律用汉字。

(17)各种检查报告单应分门别类按日期顺序呈叠瓦状粘贴整齐。

(18)使用表格式病历必须基本符合住院病历格式的内容和要求,包括本、专科的全部内容,经省辖市卫生行政部门审批后,报省卫生行政部门备案。

第二节　病历的内容及要求

一、住院病历

(一)入院病史的收集

询问病史时要对患者热情、关心、认真负责,取得患者的信任和协作,询问时既要全面又要抓住重点;应实事求是,避免主观臆测和先入为主。当病人叙述不清或为了获得必要的病历资料时,可进行启发,但切忌主观片面和暗示。

住院病历的格式与内容

1. 一般项目

包括:姓名,性别,年龄,婚姻,民族,职业,出生地,现住址,工作单位,入院时间,记录时间,病史叙述者、可靠程度。

填写要求：

(1)年龄要写明"岁"，婴幼儿应写"月"或"天"，不得写"成"、"孩"、"老"等。

(2)职业应写明具体工作类别，如车工、待业、教师、工会干部等，不能笼统地写为工人、干部。

(3)地址：农村要写到乡、村，城市要写到街道门牌号码；工厂写到车间、班组，机关写明科室。

(4)急危重者的入院时间、记录时间要注明几时几分。

(5)病史叙述者：成年患者由本人叙述；小儿或神志不清者要写明代诉人姓名及与患者的关系等。

2. 主诉

主诉是指病人就诊的最主要的原因，包括症状、体征及持续时间。主诉多于一项则按发生的先后次序列出，并记录每个症状的持续时间。根据主诉能产生第一诊断。主诉语言要简明精炼，一般不超过1～2句，20字左右。在一些特殊情况下，疾病已明确诊断，住院目的是为了进行某项特殊治疗(手术、化疗)者可用病名，如白血病入院定期化疗。

3. 现病史

现病史是病史的主体部分。围绕主诉，按症状出现的先后，详细记录从起病到就诊时疾病的发生、发展及其变化的经过和诊疗情况。其内容主要包括：

(1)发病情况：记录发病的时间、地点、起病缓急、前驱症状、可能的原因或诱因。

(2)主要症状特点及其发展变化情况：按发生的先后顺序描述主要症状的部位、性质、持续时间、程度、缓解或加剧因素，以及演变发展情况。

(3)伴随症状：记录伴随症状，描述伴随症状与主要症状之间的相互关系。

(4)发病以来诊治经过及结果：记录患者发病后到入院前，在院内、外接受检查与治疗的详细经过及效果。对患者提供的药名、诊断和手术名称需加引号，以示区别。

(5)发病以来一般情况：简要记录患者发病后的精神状态、睡眠、食欲、大小便、体重等情况。

与本次疾病虽无紧密关系、但仍需治疗的其他疾病情况，可在现病史后另起一段予以记录。

(6)凡与现病直接有关的病史，虽年代久远亦应包括在内。

(7)凡意外事件或可能涉及法律责任的伤害事故，应详细客观记录，不得主观臆测。

4. 既往史

既往史是指患者本次发病以前的健康及疾病情况，特别是与现病有密切关系的疾病，按时间先后记录。其内容主要包括：

(1)既往一般健康状况。

(2)有无患过传染病、地方病和其他疾病，发病日期及诊疗情况。对患者以前所患的疾病，诊断肯定者可用病名，但应加引号；对诊断不肯定者，简述其症状。

(3)预防接种史，外伤、手术史，以及输血史等。

(4)药物、食物和其他接触物过敏史。

5. 系统回顾

(1)呼吸系统:有无慢性咳嗽、咳痰、呼吸困难、咯血、低热、盗汗、与肺结核患者密切接触史等。

(2)循环系统:有无心悸、气急、咯血、发绀、心前区痛、晕厥、水肿及高血压、动脉硬化、心脏疾病、风湿热病史等。

(3)消化系统:有无慢性腹胀、腹痛、嗳气、反酸、呕血、便血、黄疸和慢性腹泻,便秘等病史。

(4)泌尿生殖系统:有无尿频、尿急、尿痛、排尿不畅或淋漓、水肿、腰痛等病史。肾毒性药物应用史,铅、汞化学毒物接触或中毒史以及下疳、淋病、梅毒等性病史。

(5)造血系统:有无头晕、乏力、皮肤或黏膜瘀点,紫癜、血肿,反复鼻出血、牙龈出血,骨骼痛,化学药品、工业毒物、放射性物质接触史等。

(6)内分泌系统及代谢:有无畏寒、怕热、出汗、食欲异常、烦渴、多饮、多尿、头痛、视力障碍、肌肉震颤、性格、体重、皮肤、毛发和第二性征改变等病史。

(7)神经精神系统:有无头痛、失眠或嗜睡、意识障碍、晕厥、痉挛、瘫痪、视力障碍、感觉异常及运动异常、性格改变、记忆力和智能减退等病史。

(8)肌肉骨骼系统:有无关节肿痛、运动障碍、肢体麻木、痉挛、震颤、萎缩、瘫痪史等。

6. 个人史

(1)出生地及居留地,有无血吸虫病疫水接触史,是否到过其他地方病或传染病流行地区及接触情况。

(2)生活习惯及嗜好:有无烟酒嗜好及其使用程度、年限,有无其他异嗜物和麻醉毒品摄入史,有无重大精神创伤史。

(3)职业和工作条件:劳动保护情况及工作环境等。有无工业毒物、粉尘、放射性物质接触史。

(4)冶游史,有无婚外性行为,有无患下疳、淋病、梅毒等性传播疾病史。

(5)对儿童患者,除需了解出生前母亲怀孕及生产过程(顺产、难产)外,还要了解喂养史、生长发育史。

7. 婚姻、月经及生育史

(1)结婚与否、结婚年龄、配偶健康情况。若配偶死亡,应写明死亡原因及时间。

(2)女性患者的月经情况,如初潮年龄、月经周期、行经天数、末次月经日期、闭经日期(或绝经年龄)等。记录格式如下:

初潮年龄;行经期(天)/月经周期(天);末次月经时间(或绝经年龄)。

并记录经量、颜色、有无血块、痛经、白带(多少及性状)等情况。

(3)已婚女性妊娠胎次、分娩次数,有无流产、早产、死产、手术产、产褥热史,计划生育情况等。男性患者有无生殖系统疾病。

8. 家族史

(1)父母、兄弟、姐妹及子女的健康情况,有无与患者同样的疾病,有无与遗传有关的疾病。如已死亡,应记录死亡原因及年龄。

(2)家族中有无结核、肝炎、性病等传染性疾病。

(二)体格检查

体格检查必须认真、仔细,按部位和系统顺序进行,既有所侧重,又不遗漏阳性体征。对病人态度要和蔼、严肃,集中思想,手法轻柔,注意病人反应,冷天要注意保暖。对危急病人可先重点检查,及时进行抢救处理,待病情稳定后再做详细检查;不要过多搬动,以免加重病情。其具体内容如下:

1. 生命体征

体温(T)(℃)、脉率(P)(次/min)、呼吸频率(R)(次/min)、血压(BP)(kPa)。

2. 一般情况

发育(正常与异常),营养(良好、中等、不良、肥胖),神志(清晰、淡漠、模糊、嗜睡、谵妄、昏迷),体位(自主、被动、强迫),面容与表情(安静,忧虑,烦躁,痛苦,急性、慢性病容或特殊面容),检查能否合作。

3. 皮肤及黏膜

颜色(正常、潮红、发绀、苍白、黄染、色素沉着)、温度,湿度,弹性,有无水肿、皮疹、淤点淤斑、皮下结节或肿块、蜘蛛痣、肝掌、溃疡及疤痕,毛发生长分布情况等。

4. 淋巴结

全身或局部淋巴结有无肿大,(部位、大小、数目、硬度、活动度、粘连、瘘管、局部皮肤有无红肿、波动、压痛、瘘管、疤痕等)。

5. 头部及其器官

(1)头颅:大小,形状,有无压痛、肿块、疤痕,头发(量、色泽、分布)。婴儿需记录前囟门大小、饱满或凹陷。

(2)眼:眉毛(脱落、稀疏),睫毛(倒睫),眼睑(水肿、运动、下垂),眼球(凸出、凹陷、运动、斜视、震颤),结膜(充血、出血、苍白、水肿、滤泡),巩膜(黄染),角膜(云翳、白斑、软化、溃疡、瘢痕、反射、色素环),瞳孔(大小、形状、对称或不对称、对光反射及调节与辐奏反射)。

(3)耳:听力,有无畸形、分泌物、乳突压痛。

(4)鼻:有无畸形、鼻翼扇动、分泌物、出血、阻塞、有无鼻中隔偏曲或穿孔和鼻窦压痛。

(5)口:口腔气味,有无张口呼吸,唇(畸形、颜色、疱疹、皲裂、溃疡、色素沉着),牙(龋齿、缺齿、义齿、残根,注明位置),牙龈(色泽、肿胀、溃疡、溢脓、出血、铅线),黏膜(发疹、溃疡、出血、色素沉着),舌(形态、舌质、舌苔、溃疡、运动、震颤、偏斜),扁桃体(大小,充血、分泌物、假膜),咽(色泽、分泌物、反射、悬雍垂位置),喉(发音清晰或嘶哑、喘鸣、失音)。

6. 颈部

是否对称,有无强直、颈静脉怒张、肝-颈静脉回流征、颈动脉异常搏动,气管位置,甲状腺(大小、硬度、压痛、结节、震颤、血管杂音等)。

7. 胸部

(1)胸廓(对称、畸形、有无局部隆起或塌陷、压痛),呼吸(频率、节律、深度),乳房(大小、乳头、有无红肿、压痛和肿块),胸壁有无静脉曲张、皮下气肿等。

(2)肺脏

视诊:呼吸运动(两侧对比),呼吸类型,有无肋间隙增宽或变窄。

触诊:呼吸活动度、语颤(两侧对比),有无胸膜摩擦感、皮下捻发感。

叩诊:叩诊音(清音、浊音、实音、过清音、鼓音及其部位),肺下界、肺下界移动度。

听诊:呼吸音(性质、强弱、异常呼吸音及其部位),有无干、湿性罗音及胸膜摩擦音,语音传导(增强、减弱、消失)等。

(3)心脏

视诊:有无心前区隆起。心尖冲动或心脏搏动的位置、范围、强度。

触诊:心尖冲动的性质、位置,有无震颤(部位、期间)和心包摩擦感。

叩诊:心脏左、右浊音界(相对浊音界),可用左、右第二、三、四、五肋间距正中线的距离(cm)表示,须注明锁骨中线到前正中线的距离(cm)。

听诊:心率,心律,心音(强弱、P_2 与 A_2 强度的比较、有无心音分裂、额外心音),有无杂音(部位、性质、收缩期或舒张期或连续性、强度、传导方向以及与运动、体位和呼吸的关系;收缩期杂音强度用六级分法,如描述 3 级收缩期杂音,应写作"3/6 级收缩期杂音";舒张期杂音分为轻、中、重三度)和心包摩擦感。

8. 血管检查

(1)桡动脉:脉搏频率,节律(规则或不规则、脉搏短绌),强度、有无奇脉、交替脉,动脉壁的性质、紧张度。

(2)周围血管征:有无毛细血管搏动、射枪音、水冲脉、动脉异常搏动。

9. 腹部

(1)视诊:外形(对称、平坦、膨隆、凹陷),呼吸运动,胃肠蠕动波,有无皮疹、色素、条纹、疤痕、包块、腹壁静脉曲张及其血流方向、疝和局部隆起(器官或包快)的部位、大小、轮廓,腹部体毛。

(2)触诊

腹壁:腹壁紧张度,有无压痛、反跳痛、液波震颤感及包块(部位、大小、形态、硬度、压痛、搏动、移动度、表面情况)。

肝脏:大小(右叶以右锁骨中线肋下缘、左叶以前正中线剑突下至肝下缘多少厘米表示),质地(Ⅰ度:软;Ⅱ度:韧;Ⅲ度:硬),表面(光滑度),边缘,有无结节、压痛和搏动。

胆囊:大小,形态,有无压痛,Murphy 征。

脾脏:大小,质地,表面,边缘,移动度,有无压痛摩擦感,脾脏明显肿大时以二线测量法表示。

肾脏:大小,形状,硬度,移动度,有无压痛,有无膀胱膨胀,肾及输尿管压痛点。

(3)叩诊:肝上界在第几肋间,肝浊音界(缩小、消失),有无肝区叩击痛、移动性浊音、高度鼓音及肾区叩击痛。

(4)听诊:肠鸣音(正常、增强、减弱或消失、金属音),有无振水音、血管杂音。

10. 肛门及直肠

视病情需要检查。有无肿块、裂隙、创面。直肠指诊(括约肌紧张度,有无狭窄、肿块、触痛、指套染血;前列腺大小、硬度,有无结节及压痛)

11. 外生殖器

根据病情需要做相应检查。

(1)男性:包皮,阴囊,睾丸,附睾,精索,有无发育畸形,鞘膜积液。

（2）女性：必要时请妇科检查。男医师检查必须有女医护人员陪同。包括外生殖器（阴毛、大小阴唇、阴蒂、阴阜）和内生殖器（阴道、子宫、输卵管、卵巢）

12. 脊柱及四肢

（1）脊柱：有无畸形（侧凸、前凸、后凸）、压痛、叩击痛。

（2）四肢：有无畸形、杵状指（趾）、静脉曲张、骨折、水肿、肌肉萎缩、肢体瘫痪或肌张力变化，关节红肿、疼痛、压痛、积液、脱臼、强直、畸形。

13. 神经系统

（1）生理反射：浅反射（角膜反射，腹壁反射，提睾反射），深反射（肱二头肌反射，肱三头肌反射，膝腱反射，跟腱反射）。

（2）病理反射：Babinski 征、Oppenheim 征、Gordon 征、Chaddock 征、Hoffmann 征等。

（3）脑膜刺激征：颈项强直，布鲁辛斯基（Brudzinski）征，克尼格（Kernig）征。

（4）必要时做运动、感觉及神经系统其他检查。

14. 专科情况

记录专科疾病的特殊情况，如外科情况、眼科情况、妇科情况等（参见各专科病历书写要点）。

（三）实验室及器械检查

记录与诊断相关的实验室及器械检查结果及检查日期，包括患者入院后 24 小时内应完成的检查结果。

实验室检查：血、尿、粪常规检查，其他特殊检查。

器械检查：X 线、心电图、超声波、肺功能、同位素检查。

如系入院前所做的检查，应注明检查地点及日期。

（四）病历摘要

简明扼要、高度概括病史要点，体格检查、实验室检查及器械检查的重要阳性和具有重要鉴别意义的阴性结果，字数以不超过 300 字为宜。

（五）诊断

诊断名称应确切，分清主次，顺序排列，主要疾病在前，次要疾病在后，并发症列于有关主病之后，伴发病排列在最后。诊断应尽可能地包括病因诊断、病理解剖部位和功能诊断。

（六）入院诊断

入院诊断由主治医师在病人入院后 72 小时内做出。写在初步诊断的下方，并注明日期。

（七）修正诊断

凡以症状待诊的诊断以及初步诊断、入院诊断不完善或不符合，上级医师应作出"修正诊断"，修正诊断写在住院病历或入院记录末页中线左侧，并注明日期，修正医生签名。

住院过程中增加新诊断或转入科对转出科原诊断的修正，不宜在住院病历、入院记录上作增补或修正，只在接收记录、出院记录、病案首页上书写，同时于病程记录中写明其依据。

（八）诊疗计划

通过初步了解病人全面情况后，拟定诊疗计划，列出须解决的问题和解决办法。一般常规检查不列入计划,临时措施,如症状治疗不列入诊疗计划。

(九) 签名

住院医师、实习医师在初步诊断的右下角签全名,字迹应清楚易认。上级医师审核签名应在署名医师的左侧,并以斜线相隔。

二、入院记录

入院记录的内容与住院病历大致相同,是完整病历的缩影,是较为详细的摘要,应能反映疾病的概况和要点。其内容如下:

(1)一般项目、主诉:同住院病历。

(2)现病史:基本内容与住院病历相同,主要记述病史中的重要部分,着重描述阳性症状及有鉴别诊断意义的阴性症状等。

(3)过去及系统回顾,个人史,婚姻、月经及生育史,家族史(主要记述与本次住院疾病有关的内容)。

(4)体格检查:先记述体温、脉搏、呼吸、血压及一般情况,再按系统顺序,全面而又突出重点地记述阳性体征及有鉴别诊断意义的阴性体征。

(5)实验室和器械检查:记录重要的阳性结果或有鉴别诊断意义的阴性结果。

(6)诊断:同住院病历。

(7)记录者签名。

三、再住院病历(再入院记录)

(1)病人因旧病复发而再次住院,由实习医师、进修医师或低年资住院医师书写"第×次再住院病历",高年资医师书写"第×次入院记录"。

(2)如因旧病复发再次住院,需将过去病历摘要及上次出院后至本次入院前的病情与治疗经过详细记入现病史中,但重点描述本次发病情况。

(3)如因新患疾病而再次住院,须按住院病历或入院记录的要求书写。并将以前住院诊断情况记入既往史中。

(4)既往史、个人史、家族史可以从略,只补充新的情况,但需注明"参阅前病历"及前病历的住院号。

四、24 小时内入、出院记录和 24 小时内入院、死亡记录

(1)入院不足 24 小时出院的患者,可以书写 24 小时内入、出院记录。

内容:姓名、性别、年龄、婚姻、出生地、民族、职业、工作单位、住址、供史者(注明与患者关系)、入院时间、记录时间、主诉、入院情况(简要的病史及体检)、入院诊断、诊治经过、出院时间、出院诊断、出院医嘱、医师签全名等。

(2)入院不足 24 小时死亡的患者,可以书写 24 小时内入院、死亡记录。

内容:姓名、性别、年龄、婚姻、出生地、民族、职业、工作单位、住址、供史者(注明与患者关系)、入院时间、记录时间、主诉、入院情况(简要的病史及体检)、入院诊断、诊治经过(抢救经过)、死亡时间、死亡原因、死亡诊断、医师签全名等。

五、病程记录

病程记录是反映病人住院期间的病情演变和诊治经过及其他特殊情况的记录。

(一)病程记录的完成时间

1. 首次病程录

急诊危重病人及时完成,慢诊病人8小时内完成。

2. 一般病程录

病危病人随时记录,重病人每天记录,并注明具体记录时间(几时几分);一般病人每天记录一次,病情稳定的患者至少3天记录一次病程记录;对病情稳定的慢性病、恢复期的病人至少5天记录一次;手术后病人应连续记录3天,以后视病情要求记录。

(二)病程记录内容

1. 首次病程录

首次病程录内容包括:姓名、性别、年龄、职业等一般项目,摘要记述和分析疾病的特征,实验室检查和器械检查,提出初步诊断和诊断依据,制定初步的诊疗计划(包括检查项目、治疗护理措施等)。危重抢救病人应详细记录抢救情况、用药剂量、方法和执行时间以及向家属或单位交代的情况,并提出观察病情变化的注意事项。上级医师应及时审阅、签名。

2. 一般病程录

(1)病人的自觉症状、心理活动、睡眠、饮食、大小便等情况的变化,新症状的出现及体征的改变,并发症的发生等,分析可能的原因和处理意见。

(2)对现病史或其他方面的补充资料。

(3)及时、如实地记录上级医师查房时对病情的分析和诊疗意见、病例讨论、其他科会诊时提出的诊治建议及执行情况等,应能反映出"三级"查房的情况。

(4)治疗计划的执行情况、疗效和反应,实验室、特殊检查的结果及判断,诊疗操作经过、所见、病人状态及不良反应等。

(5)住院期间诊疗方案的修改、补充及其依据。

(6)家属及有关人员的反映、要求(必要时可请家属或单位领导签字,并注明与患者关系及签字日期)。

(7)对住院时间较长的病人,应每月做出阶段小结,包括阶段病情及诊疗情况,目前病人的情况,目前诊断、目前情况、诊疗计划,必要时重新修订诊疗计划,医师签名。交(接)班记录、转科记录可代替阶段小结。

(三)病程记录的分工及修改

首次病程记录由经治医师或值班医师书写;一般病程记录以经治医师书写为主,但上级医师必须随时检查其正确性,做必要的修改和补充并签字。

(四)病程记录书写注意点

(1)病程记录应确切,重点突出,简明扼要,有分析、综合、判断、诊疗计划等,切忌"流水账"。

(2)记录上级医师查房或家属、单位意见和要求时,应写明上述人员的全名。

抢救病例的抢救记录由经治医师书写,主治医师审签,记录患者危重病名,病情危重情况,采取的抢救措施,抢救起始时间,参加抢救的医务人员姓名及职称(职务)。

六、交(接)班记录

在经治医师发生变更之际,交班医师和接班医师分别对患者病情及诊疗情况进行简要总结,此外还需床边交接班。交班记录应在交班前由交班医师书写完成,接班记录由接班医师在接班 24 小时内完成。内容包括:

交班记录应简明扼要地记录患者的主要病情,已肯定的诊断及其依据,尚未肯定的拟诊意见。已进行的治疗、反应及效果。手术病人的手术方式和术中发现。今后注意事项,对病情观察和处理的重点,尚须进行的检查项目及其准备情况,有待采取治疗措施及建议。接班医师应在复习病历及有关资料的基础上,重点询问病史及体格检查并书写接班记录,扼要记录治疗经过和对病例的分析、今后的诊断,治疗的具体计划及注意事项。

交班记录紧接病程记录书写,不另立专页,但需在横行适中位置标明"交班记录"。接班记录紧接交班记录书写,并在横行适中位置标明"接班记录"。

七、转出(入)记录

转出(入)记录,指患者住院期间需转科时,经转入科室会诊并同意接收后,由转出科室和转入科室经治医师分别书写。转出记录内容包括一般项目,病情小结,入院诊断,诊疗经过,目前情况,目前诊断,转科目的,以及提请接收科注意事项,转出记录需经主治医师审签。转出记录紧接病程记录书写,并在横行适中位置标明"转出记录"。

患者转入后,接收科经治医师应写转入记录,紧接"转出记录"书写,在横行适中位置标明"转入记录"。其内容包括入院日期,转入日期,患者一般项目,转入前病情,转入理由,转入本科后的问诊、体检及重要检查结果,转入后的诊断及治疗计划。转入记录应在转科后及时书写,最迟不超过 24 小时。

八、会诊申请和会诊记录

病人在住院期间,因病情需要或出现他科情况需邀请院内外有关科室会诊时,由住院医师填写"会诊申请单",也可由实习医师填写,主治医师审签,院外会诊需科主任或主任医师审签。会诊单的书写应简明扼要,内容包括简要病史、体征、重要实验室和器械检查资料、拟诊疾病、申请会诊的理由和目的。若病情急,须在会诊单左上角写上(或盖章)"急"字样,并注明送出的具体时间(几时几分)。

被邀会诊的科室接到会诊单后,急诊病人应及时会诊,普通病人在 24 小时内会诊。单科会诊由会诊医师直接在会诊单上书写会诊记录(注明具体时间),提出诊断及治疗意见;多科或多人会诊由经治医师书写会诊记录,紧接病程记录,不另立专页,但需在横行适中位置标明"会诊记录"。并记录参加会诊的人员姓名、职称及单位,主持人审核签名。

九、病例讨论记录

病例讨论记录包括疑难病例讨论记录、手术前讨论记录、死亡病例讨论记录;除死亡病例讨论记录外,其他各项讨论记录不另立专页,仅在横行适中位置标明"疑难(手术)病例讨论记录",各项病例讨论记录由经治医师负责整理后及时书写。

(一)疑难病例讨论记录

疑难病例讨论记录指对确诊困难或疗效不佳病例讨论的记录。由科主任或具有副主任医师以上专业技术任职资格的医师主持。记录内容包括讨论日期,主持人及参加人员姓名、职称;病情简介,诊治难点,与会者讨论要点。记录者签名,主持人总结并审签。

(二)手术前病例讨论记录

手术前讨论指患者病情较重或手术难度较大及新展开的手术,对拟实施手术方式和术中可能出现的问题及应对措施所作的讨论记录。凡甲、乙类手术和特殊手术必须进行手术前病例讨论。术前讨论应在术前准备完成后进行。记录内容包括讨论日期,主持人及参加人员的姓名及职称;术前准备情况,手术指征,手术方式,手术体位,入路、切口,手术步骤,术中注意事项,预后估计,麻醉和术中及术后可能出现的意外及防范措施。记录者签名,主持人总结并审签。

家属或单位代表对手术治疗的意见和要求,填入"手术同意书"。

十、手术记录

手术记录由手术医师书写,特殊情况下可由第一助手书写,但第一助手书写的手术记录必须由手术者审签。如系表格式专页,按表格项目填写。在手术后及时(当日、当班)完成。其内容包括:

(1)手术日期及时间。

(2)手术前诊断。

(3)手术名称。

(4)手术中诊断。

(5)手术医师。

(6)麻醉方法和麻醉医师。

(7)麻醉前用药及术中用药。

(8)手术经过。如病人体位、皮肤消毒及铺巾方法,手术切口、显露方法,探查过程和发现,决定继续手术的依据,手术的主要步骤,所用缝线的名称和粗细号数,缝合方式,引流材料的名称、数目及其放置位置,吸出物或取出物的性质和数量,送检化验,培养、病理标本的名称及病理标本的肉眼所见情况。术中及手术结束时病人的情况和麻醉效果,出血量及输血量,术中用药等。术毕敷料及器械的清点情况。

(9)术中如遇意外,应详细记录其抢救措施及过程。

十一、手术后病程记录

(1)手术结束应及时写术后医嘱。

(2)手术后病程记录应另立专页,并在横行适中位置标明"术后记录"。由手术者或第一助手在手术结束后及时书写,扼要记录手术时间、麻醉方式、术中诊断、手术方式、手术简要经过、引流物、术后处理措施、术后应特别注意观察的事项等。术后病程记录应连记3天,以后按病程记录规定要求记录。伤口愈合情况及拆线日期等应在术后病程记录中反映。

十二、出(转)院记录

出(转)院记录是病人住院诊治过程的小结,由经治医师书写,上级医师审签。出(转)院记录书写在"出院记录"专页上,一式两份,一份与病历一起留存归档,另一份交患者或其近亲属。

出(转)院记录内容包括:

(1)一般项目:姓名、性别、年龄、入院时间、出(转)院时间、床号、住院号、住院天数、入院诊断、出(转)院诊断等。

(2)住(转)院诊疗经过:入院时主要病史、阳性体征、实验室检查阳性结果、住院期间的病情变化、诊治措施(包括手术方式、药物用量、用法)及疗效等。

(3)出(转)院时情况:出院时尚存在的主要症状、阳性体征、实验室结果等。

(4)出(转)院诊断及各诊断的治疗结果(治愈、好转、未愈、其他),或转院诊断及转院原因。

(5)出(转)院时医嘱:包括休息时间、饮食、继续治疗(药物剂量、用法、疗程期限)、复诊时间及注意事项。或转院时病情及注意事项等。

(6)门诊随访要求。

十三、死亡记录

病人住院期间因救治无效死亡者,应在死亡后立即完成死亡记录,由经治医师在24小时内书写,科主任或具有副主任医师以上专业技术任职资格的医师审签。死亡记录另立专页,并在横行适中位置标明"死亡记录"。其内容与出院记录大致相同,但必须着重记述抢救经过及死亡情况。其内容包括:

(1)一般项目:姓名、性别、年龄、住院号、入院科别、入院时间、死亡时间(注明时、分)、住院天数、入院诊断、死亡诊断、记录时间(注明时、分)。

(2)入院时情况:主要症状、体征,有关实验室及器械检查结果。

(3)诊疗经过:入院后病情演变及诊治情况。重点记录死亡前的病情变化和抢救经过,死亡原因和死亡时间(具体到分钟)。

(4)死亡诊断。

(5)与患者近亲属商谈尸检的情况。

十四、病历首页填写要求

(1)首页各项不得空缺,确无内容时,须在该项目内划一斜线,或注明具体原因(如:身份证"未发")。

(2)首页各项一律用蓝黑墨水笔填写。

(3)凡须填写数字时,一律用阿拉伯数字。

(4)年龄须写明"岁",婴幼儿应写明"月"或"天"。不得写"成"、"孩"、"老"等。

(5)工作单位及地址。

(6)联系人指家属、领导、同事等,不得写"患者"、"本人"。

(7)疾病名称应写全称。

(8)入院后确诊日期指主要诊断确立的日期。入院诊断未经修正,填写入院诊断确立的日期;入院诊断已经修改,填写修正诊断确立的日期。

(9)出院情况栏应在相应栏内打"√",分别对主要诊断、并发症及院内感染的疗效进行评定。

(10)过敏药物栏内用红墨水笔填写过敏药物的全称;无过敏史者用蓝黑墨水笔写"无"。

(11)血型未检者写"未检"。

(12)病案质量按《住院病历质量评定标准》评定后填。

十五、各种检查报告单贴写要求

检验报告单,依报告日期先后叠瓦式横贴在"检验报告粘贴单"上。每单退下 0.5～1cm,注意上下列齐,后一张盖前一张,露出"××医院检验报告单"字样,并在左侧用蓝黑墨水笔写上检查日期。

心电图、X线、脑电图、超声波等检查报告单,应贴在"特殊检查报告粘贴单"上,贴法同检验报告单。其他与病历纸等大的检查报告单,依报告日期置于"特殊检查报告粘贴单"之前。

十六、门诊病历

(1)门诊病历封面内容要逐项认真填写。病人的姓名、性别、年龄、民族、婚姻、工作单位或住址、门诊号、公(自)费由挂号室填写。药物过敏情况、住院号等项由医师填写。

(2)初诊病人病历中应含"五有一签名"(主诉、病史、体检、初步诊断、处理意见和医师签名)。其中:①病史应包括现病史、既往史以及与疾病有关的个人史,婚姻、月经、生育史,家族史等。②体检应记录主要阳性体和有鉴别诊断意义的阴性体征。③初步确定的或可能性最大的疾病诊断名称分行列出,如暂不能明确,可在病名后用"?"。④处理意见应分行列举所用药物及特种治疗方法,进一步检查的项目,生活注意事项,休息方法及期限;必要时记录预约门诊日期及随访要求等。

(3)复诊病人应重点记述前次就诊后各项诊疗结果和病情演变情况;体检时可有所侧重,对上次的阳性发现应重复检查,并注意新发现的体征;补充必要的辅助检查及特殊检查。三次不能确诊的患者,接诊医师应请上级医师会诊,上级医师应写明会诊意见及会诊日期和时间并签名。与上次不同的疾病,一律按初诊病人书写门诊病历。

(4)每次就诊均应填写就诊日期,急诊病员应加填具体时间。

(5)请求其他科会诊时,应将请求会诊目的、要求及本科初步意见在病历上填清楚,并由本院高年资医师签名。

(6)被邀请的会诊医师(本院高年资医师)应在请示会诊病历上填写检查所见、诊断和处理意见。

(7)门诊病人需要住院检查和治疗时,由医师填写住院证。

(8)门诊医师对转诊的病员应负责填写病历摘要。

(9)法定传染病应注明疫情报告情况。

第三节 病历排列顺序

一、在院病历排列顺序

(1)体温单(逆序)。

(2)医嘱单(逆序)。

(3)住院病历或入院记录(顺序,下同)。

(4)专科病历。

(5)病程记录(包括首次病程录、转科及接收记录、交接班记录等)。

(6)特殊诊疗记录单(术前小结、麻醉记录、手术记录、特殊治疗记录、科研统计表等)。

(7)会诊申请单。

(8)责任制护理病历。

(9)临床护理记录单(未停止特护前逆序,置于病历的最前面或另外单放)。

(10)特殊检查(心电图、同位素等)报告单。

(11)检验报告单。

(12)病历首页。

(13)住院病历质量评定表。

(14)门诊病历、住院卡。

(15)以前住院病历。

二、出院病历排列顺序

(1)病历首页。

(2)出院记录(或死亡记录及死亡病例讨论记录)。

(3)住院病历或入院记录。

(4)专科病历。

(5)病程记录。

(6)特殊诊疗记录单(包括术前小结、麻醉记录、手术记录、特殊治疗记录、科研统计表等)。

(7)会诊申请单。

(8)责任制护理病历。

(9)临床护理记录单(顺序)。

(10)特殊检查报告单。

(11)检验报告单。

(12)医嘱单(顺序)。

(13)体温单(顺序)。

(14)住院病历质量评定表。

(15)以前住院病历。

(16)死亡病人的门诊病历。

按上述顺序排列后,应复查每页一般项目是否填全;遗漏的应补填。再依次将每页用纸(包括首页)编号。经上级医师审核签名后送病案室存档。

第八章　医学论文写作

第一节　医学论文的定义和载体

一、医学论文的定义

医学论文是医学科学工作者对自己所从事的医学科学研究成果和某一学科领域的发展方向所进行的文字性总结。

医学科学工作者，无论是从事医疗、科研、预防工作，还是教学活动，都需要不断地进取，不断地获取知识与信息，也需要不断地进行学术交流，而学术交流的最重要的形式就是科技论文。医学论文是医学科学研究工作的文字记录和书面总结，是医学科学研究工作的重要组成部分；医学论文报道医学领域领先的科研成果，是医学科学研究工作者辛勤劳动的结晶，是人类医学科学发展和进步的动力。从事医学科研究工作的同志，经常撰写医学论文，不仅可以扩大视野，掌握国内、外医学动态，而且能提高科研设计能力和研究能力，以及教学能力和业务水平。反过来，如果科研能力、业务水平及教学能力提高了，工作成绩显著，又能写出高质量的医学论文，论文一经发表，即被社会所承认，也是该项目取得科研成果的必要途径。

二、医学论文的一般载体

（一）实验研究

医学实验研究一般围绕着病因、病理、生理、生化、药理、生物、寄生虫和流行病学等方面进行。主要包括：①对各种动物进行药理、毒理实验，外科手术实验；②对某种疾病的病原或病因的体外实验；③某些药物的抗癌、抗菌、抗寄生虫实验；④消毒、杀虫和灭菌的实验。

（二）疗效观察

疗效观察指的是：使用某种新药、新疗法，治疗某种疾病，对治疗的方法、效果、剂量、疗程及不良反应等进行观察、研究；或设立对照组对新旧药物或疗法的疗效进行比较，对比疗效的高低、疗法的优劣、不良反应的种类及程度，并对是否适于推广应用提出评价意见。

（三）临床分析

对临床上某种疾病病例（百例以上为佳）的病因、临床表现、分型、治疗方法和疗效观察等，进行分析、讨论，总结经验教训，并提出新建议、新见解，以提高临床疗效。

（四）病例（理）讨论

临床病例讨论，主要是对某些疑难、复杂、易于误诊误治的病例，在诊断和治疗方面进行集体讨论，以求得正确的诊断和有效的治疗。临床病理讨论，则是对少见或疑难疾病的病理检查、诊断及相关的讨论。

（五）病例报告

主要报告罕见病及疑难重症，虽然曾有少数类似报道但尚有重复验证或加深认识的必要。

（六）调查报告

在一定范围的人群里，不施加人工处理因素，对某一疾病（传染病、流行病、职业病、地方病等）的发病情况、发病因素、病理、防治方法及其效果进行流行病学调查研究，给予评价，并对防治方案等提出建议。

（七）文献综述

以某一专题为中心，查阅、收集大量国内外近期的原始医学文献，经过理解、分析、归纳、整理，写出综述，以反映出该专题的历史、现状、最新进展及发展趋势等情况，并做出初步的评论和建议。

（八）专题讲座

围绕某专题或某学科进行系统讲授，介绍医学发展新动向，传播医学科研和临床上实用的新理论、新知识、新技术、新方法，更新传统的理论、知识和技术，改善知识结构，推动医学科技进步。根据对象不同，可分为普及讲座和专业讲座。

第二节　医学论文的特点

医学所承担的任务是保护、维护和恢复人类的健康，而人是生产力各因素中最活跃的因素，是科学技术的承担者，只有保证人类的健康，才能保护生产力，才能开发和应用科学技术。作为保障人类健康的医学科学成果能够得到应用和推广，医学科技期刊和书籍功不可没。正是由于医学科技期刊或书籍作为记录科技成果的载体，才使得人们可以对前人、别人的科学研究成果进行学习、借鉴、推广和应用。

医学包括基础医学、临床医学、药物学等多个分支，每个不同分支的论文有不同的要求与特点，但也有共性的方面，归纳起来医学论文的特点有五个。

一、科学性

科学性是科研论文的"灵魂"和"生命"，它是医学论文最重要的特征，也是科研论文在方法论上的特征。这就使得科技论文能与文学、美学等文章区别开来。所谓科学性，包括科学的态度和科学的方法。

科学的态度就是要遵守实事求是的原则，科研论文要忠实于科学的事实，客观、真实地反映事物的本质和内在的规律。正确、恰当地评价自己和他人的工作，既不主观片面、以偏概全，也不能沽名钓誉、哗众取宠，更不能只凭自己的好恶随意取舍素材而做出结论。它必须依据足够、可靠的实验数据或事实作为立论的基础。这不仅是写作科研论文的基本要求，也是一个科研工作者必须具备的职业道德。

科学的方法是指从论文的选题、设计、实践到撰稿、发表所采用的方法是否符合科学的原理。比如，选题有无科学依据；研究设计是否符合统计学设计三原则，即对照、重复和随机化；

所选用的技术方法是否得当、成熟和先进；观察指标是否精确；论据是否充分；论证方法是否符合逻辑等等。没有科学的方法，就不可能取得可靠的科学结果。

具体来讲，进行科研设计，必须要有周密的考虑，排除一切对结果可能造成干扰的不利因素；要设立必要的对照组，甚至双盲对照研究；要对实验和观察的数据，进行统计学处理；无论是理论研究还是实验研究，对其结果的分析，都要从实际资料出发，得出恰当的结论，切忌空谈设想和抽象推理。

二、创新性

科研的灵魂是创新，论文是科研成果的反映，贵在创新。所谓"创"，是指医学论文所报道的主要科研成果是前人没有做过或没有发表的"发明"、"创造"，而不是重复别人的工作。所谓"新"，是指医学论文所提供的信息是鲜为人知的，而不是模仿抄袭的。

选题应该在医学领域的疑难问题、高新技术和空白点中确定，避免简单地低水平的重复。但是，任何学科的发展都离不开前人的工作，只有在继承或借鉴前人的成果基础之上，才能有所前进、有所发展。因此，以下几种研究都有不同程度的新意，都具有创新性：①虽然前人已有研究，但现在又出现了新的数据、新的结果；②国外已有报道，但国内未见到结合我国国情的研究和验证报道；③引进新的技术、新的原理；④其他人已有报道，但尚未推广应用，通过自己的应用，并有新的改进，促进了实用化、商品化，取得了显著经济效益和社会效益；⑤前人从未做过，创立了一个新的理论、新的专业，甚至建立了一个新的学科，这种独具创造性、全新的研究成果的论文是很少的。

创新性也是相对的，有的论文科学性很强，也有实用性，但只是他人工作的简单重复或证明，缺乏新意，也不是好的论文。

医学领域的创新性体现在国家级重大科研课题的推广应用，以及老药新用，古方今用等项目，也包括基础医学、临床医学和医学边缘学科等领域的推广应用性课题。例如：著名药理学家徐叔云教授经过长期科学研究的实践，最终发现抗炎药和免疫药原本是一个问题的两个方面，进而从理论上加以解释，然后又回到实践中加以论证，终于创建了抗炎免疫药理学这一崭新学科，从而得到了寻找和筛选抗炎免疫新药的新方法。

三、准确性

所谓准确性，是指对客观事物即研究对象的运动规律和性质表述的接近程度，包括概念、定义、判断、分析和结论要准确，对自己研究成果的估计要确切、恰当，对他人研究成果（尤其是在做比较时）的评价要实事求是，切忌片面、说过头话。

医学论文的作者对于所要解决的问题必须十分明确，所用数据必须准确，反复印证。论文中的引文，一定是作者亲自阅读的文献资料，引用要准确，用词要规范。论文推导出来的结论要合乎逻辑。在论文完成之前，哪怕是一个标点、一个字符、一个数据都必须核对得准确无误。

四、实用性

实用性也称应用性，它的基本要求：一是与临床联系的课题；二是可重复性。医学论文发表后，要对人类医学事业具有使用价值，是一种社会承认的劳动。发表论文的最终目的就是给同行参阅,效仿使用,推动医学事业的发展。

在对待实用性问题上,要正确处理好理论与实践、基础与临床、近期与远期的关系,不应该片面理解为只有解决近期临床实践中问题的课题才具有实用性。一般情况下,临床研究、新药临床应用和经验总结性论文,对临床工作具有直接的指导意义,实用性较强。基础医学理论的研究一般不直接解决临床医学的实际问题,这些论文的实用性较弱,但基础研究仍有它自己的价值。

从现代需要的观点出发,医学论文有的能解决防病治病的实际问题,具有实用价值;有的着眼未来,能促进医学科学技术的发展,具有较高的理论价值和社会价值。

结合我国经济发展的实际情况,基础研究工作应致力于理论与实践结合的选题,积极开拓对临床医学实践具有指导意义的研究课题。医学研究人员在科研中要不断增强实用性意识,从实用性角度去思考问题和设计课题。

五、规范性

规范性是医学论文写作的特征之一。只有共同遵守一定的规范性,作者在论文中所表达的思想才能具有专一性,不会被读者误解。医学论文的写作在长期的实践过程中已经逐渐形成了较为固定的格式,并早已列入标准化工作中。1978 年,欧美医学主要用英文出版的生物医学期刊的编辑在加拿大温哥华集会,成立了国际医学期刊编辑委员会,统一了对医学论文投稿的格式与要求,制定了《生物医学期刊对原稿的统一要求》(即"温哥华格式"或"温哥华标准"),这是世界范围内统一医学专业论文撰写格式的标准文件,它不仅用于指导作者如何撰写原稿,也成了期刊的出版格式。以后经过多次修改,目前使用的标准为第四版。1987 年我国也颁布了《中华人民共和国国家标准:科学技术报告、学位论文和学术论文的编写格式》(GB7713-87),于 1988 年 1 月 1 日起正式实施,规定了论文编写的格式必须按照标准规范文稿进行。上述国家和国际标准对论文的题目、作者、摘要、前言、方法、结果、讨论和参考文献的写法,都有严格的标准;对数字、计量单位、名词术语、省略语、标点符号、图与表格的制作和对统计学的处理等都有规范要求。凡不符合规范的文稿,不但会严重影响医学论文的应用价值,而且杂志或期刊编辑部会不予录用或因不规范而反复退修,以至延迟发表,使作者的科学研究因时效性问题而失效或失去价值。因此,凡是准备撰写论文的作者,必须了解和掌握医学论文的国家和国际标准,遵守医学论文的规范性原则,并仔细参阅拟投稿刊物的"投稿须知"或"稿约"的具体规定,按照刊物的要求与规范撰写和修改论文,以使论文能够顺利发表。

第三节　医学论文的作用

撰写医学论文,可以锻炼医学科研人员的逻辑思维能力,促进研究工作明朗化。通过对所搜集来的许多资料进行调整、清理、比较,使某些朦胧的、模糊的认识逐渐清晰起来;还能找出自己工作的某些不足。特别是经过专家的评审,肯定优点,指出不足,必定对论文的作者起到拓宽科研思路、完善科研成果的作用。同时,医学论文的发表,也会转化为生产力,推动医学事业的发展。医学论文又是记录医学科学发展的历史性、永久性文献。因此,必须以科学、严谨的态度和严肃、认真的学风撰写医学科研论文。

具体来讲,医学论文具有四大作用。

一、贮存科研信息的重要载体

医学科学工作者在科研完成之后,需要对其所研究的结果加以总结,并以论文或报告的形式阐明其发现和发明。否则,可能随着时间的推移,其发明与发现逐渐消失,致使后人可能再次重复前人所做的工作,发生不必要的人力与物力的浪费。因此,学术论文的写作就是贮存这些科研信息,使它成为以后新的发明、发现的基础(即站在巨人的肩膀上),以利于科学技术事业的延续和发展,不断地丰富人类科技宝库。人类文明的延续与发展,正是凭借着这种连续性,在不断地积累、创造、再积累、再创造的过程中实现的。

因此学术论文是贮存科研信息的重要载体,而写作论文则是总结科学发现的重要手段。

二、科研成果转化为生产力的重要媒介

早在 19 世纪,英国著名科学家法拉第就曾指出,对于科研工作,必须"开始它,完成它,发表它"(to begin,to end,to publish)。因为,任何一项科学技术的研究与发明,都是社会成员的个体劳动或局部承担的科研活动的结晶。对于全人类来说,很有必要将少数人的成果变成全人类的共同财富,这就需要相互交流、相互利用(也就是人们常说的科学技术没有国界),才能使科学技术不断地发展进步。而相互交流的方式之一就是利用科技论文付诸实施的。1997年 2 月 27 日出版的英国《自然》杂志,首次报道了利用克隆技术(无性繁殖)培育出的一只绵羊,它无疑是基因工程研究领域的一大突破,在世界引起了强烈的震动。因此学术论文也是传播科研信息的重要载体。而且按照公认惯例,科学成果的首创权,必须以学术论文的形式刊登在学术期刊上,才能得到承认,而新闻媒体传播,是得不到正式承认的。因此,科技期刊对科研成果的推广和应用,对成果的转化发挥了重要作用。

三、交流实践经验的最好形式

科研论文是如实记载技术进步的历史和表达科技成果的最好形式,是传递、存储科技信息的良好载体。它可以不受空间(地域)和时间的限制而广为传播。

在医学科研工作中,必须从他人的论文中获取新的信息,从他人的科技设计和构思方法中得到启迪,以进行分析比较,使自己的研究方案更科学、更合理、更有创新性。因此,通过科研论文的传播,可以交流学术思想,启迪学术思路。

从事临床及医疗工作一线的其他人员,通过不断地实践,积累出较多的成功经验和失败教训。而这些经验与教训是十分宝贵的。将它们进行科学的分析和总结,并以论文的形式发表交流,就能发挥巨大的指导与借鉴作用,造福于人民。

四、评价科研水平和科技成果的重要依据

每一项发明和发现,每一种新技术和新方法的应用,以及对某些问题的新见解,只有通过写出论文并公开发表才能得到社会认可。特别是实验研究工作,消耗了大量的人力、物力和财力,如果不发表其研究成果,只把它锁在保险柜中,实际是莫大的浪费。

科研论文的质量与数量是衡量与评价某一个人、单位、团体,甚至一个国家的科学技术发

展水平的重要依据。对于医学成果的评价,目前仍依赖于科研论文,因为没有论文就难以比较和判断其效益和创造性。也很难对一个做了许多科研工作,却又没有发表论文的人的贡献做出客观的评价。

第四节　医学科研论文的撰写原则

医学科研论文是医学科学研究成果的概括和总结,通过医学论文把科研课题的关键部分精练、明确地表达出来,发表于期刊,进行学术交流,并在实践中验证与发展,从而促进医学事业的发展。因此,学习、掌握医学科研论文书写的原则,写出高质量和高水平的研究论文,是科研工作的重要一环,具有十分重要的意义。

一、研究课题的选择原则

发表论文是为了进行学术交流,论文的学术价值取决于科研课题的本身。医学科研选题应遵循六个基本原则,即需要性原则、目的性原则、创新性原则、科学性原则、可行性原则和效益性原则。

(1)需要性原则:选题必须根据我国经济建设和社会发展的需要以及科学发展的需要。选择在医疗卫生保健事业中有重大意义或迫切需要解决的重大问题,还要善于把客观需要同本学科、本专业的发展有机地结合起来,积极开拓新的领域,形成新的学科优势和技术优势。

(2)目的性原则:科研选题必须要有明确的研究目标,研究内容要具体,研究目标要集中。

(3)创新性原则:科学研究的灵魂是创新,科研选题必须具有创新性。在前人科研发展的基础上,解决前人没有解决或没有完全解决的问题。选题前要特别清楚本课题研究领域国内外研究状况,发表的论文要了解,没发表的论文也要了解,这是选题的首要前提。创新包括理论创新和技术创新,如提出新的概念、理论、原理、设计思想和新的工艺方法等。

(4)科学性原则:包含三方面含义。其一,选题必须要有依据;其二,选题要符合客观规律,实事求是;其三,科研设计必须科学,符合逻辑性。

(5)可行性原则:首先,要求科研设计方案和技术路线的科学性、可行性;其二,要求具备完成课题的研究能力和组织能力,有一定的研究工作经历;其三,具备完成课题的仪器设备,实验室条件,合格的动物和科研试剂等。

(6)效益性原则:基础研究选题必须选择有重要科学意义的;应用基础科研课题必须有重要的应用前景;应用课题选题必须围绕解决我国经济发展或社会发展中的重要科技问题,为人民健康服务。

二、科研课题的设计原则

根据课题的性质所采用的设计方案,在医学论文中要予以准确地表达,科研设计既可反映研究方法的水平,又有利于读者评价。一个好的、完整的实验设计包括专业设计和统计学设计两部分。专业设计是根据研究目标和内容,选择研究对象,拟定实验方法,决定技术路线,明确如何解决研究过程中可能遇到的问题。统计学设计是保证科研结果的真实性和可靠性的重要手段。

医学研究首先要进行科研设计。设计好比一项工程的蓝图，没有优秀的工程蓝图，绝不可能建设出质量优秀的工程。同样，没有优秀的科研设计，也不可能做出质量优秀的科研。临床科研设计是科研实施前最重要的内容。围绕研究目的，从立题到结论，始终要贯穿设计，如提出问题、确定目标、病例选择、基线测定、分组方法、干预安排、观察随访、表格制定、数据收集、统计分析、结果判定等，都要有系统、全面、科学的计划、安排和管理。

三、研究结果的评价原则

对于研究所反映出的客观结果，在论文中要进行具体的分析，从中引出某些结论，对于这些结论，必须具有公正性，实事求是地评价自己和别人的工作，不要抬高自己，也不能贬低别人。要评价研究本身的临床意义和实用价值，切忌自我吹嘘、弄虚作假、哗众取宠，否则将有可能造成害人害己、身败名裂的恶果。

四、科研论文的写作原则

有了好的研究课题，获得了可靠的资料以及相应的结果后，要以学术论文的形式进行表达。论文是用文字形式表达的。

科研论文的写作原则是：表达明确、文字通顺、论文层次清楚、问题的阐述和叙述要富有逻辑；论点明确、论证严谨、内容翔实、以理服人。决不要把科研工作中的一切都写进去，应围绕主题组织材料，对于那些可有可无，既不从正面论证论点，又不从反面否定论点的材料，要坚决删除，切忌废话或夸张性地描述，要重学术性。在论文中，对结果的描述要注意分段，不要写过长的句子，以免引起理解的障碍；要准确地使用计量单位，一定要标准化，以利于国际间的学术交流。

为了准确地表达研究结果，增强读者的理解，在论文中常采用图表和文字相结合的形式，以增强论文的科学性和可读性。在设计和应用中，一定要坚持简明和重点突出的原则，通常要求平均每一千字的内容不超过一个图表，避免使用过多，导致论文复杂。

五、论文书写中的几点注意事项

(1)写论文与写小说不同，不需要许多描述性的文字，也不要使用太多的形容词或副词。写科学论文要一针见血、精练、确切。

(2)科学论文中不应该有"世界首创"、"开创了"什么的"新纪元"等等词句。至于是否世界首创或国内首创应由别人来评述。

(3)有些文章过分渲染社会效益和经济利益，是不可取的。

(4)科学研究论文应言之确切，精确无误地用数据说明问题。切忌在文章中出现"大部分患者……"、"不少的患者……"、"有一部分患者……"表达，若文章中出现大量上述字样，其科学性肯定下降。

(5)切忌啰唆。有些工作者将自己在科研工作中作过的所有实验或统计分析数据都写进去，结果往往主题不明确或文不对题，适得其反。以"数量对质量的方法"是不可取的。

第五节　医学论文的写作步骤

一、资料的获得

医学论文质量的高低，取决于资料的质量，而资料又是根据科研项目的要求获得的。因此，要确保资料来源的科学、客观，资料处理的严密、合理。

根据论文资料的来源可以分为两大类，即直接资料和间接资料。直接资料是指通过自己调查、观察或实验所获得的资料；间接资料是指前人或他人获得的资料，也就是文献记载的资料。

（一）直接资料的来源

1. 调查

调查是人们获得信息、了解情况的重要渠道，也是人们正确认识客观世界并探求其发展途径的科学方法，它最显著的特征是在对研究对象不加任何干预的条件下进行研究，调查又可以分为现状调查、回顾性调查、前瞻性调查和追踪性调查等。

2. 观察

观察是对自然或社会所发生的现象和过程进行有计划、有目的的考察的一种研究方法，它可以为我们提供大量的第一手资料。观察法是医学科研中应用最广泛的一种方法，作为一个科研工作者，必须具有敏锐的观察能力，善于发现有价值有意义的现象或数据，这是论文资料的一个重要来源。观察形式和内容是多种多样的，包括肉眼观察、仪器观察，观察病情的微小变化、治疗效果、影像学资料等。在观察的过程中，要尊重事实，不能带有主观成分，或凭想象办事，否则会影响资料的可靠性。观察要具有系统性，对事物进行全面观察，以免从表面现象或个别事例中得出错误的结果。

在观察的过程中有可能产生错误，其原因有两个方面，一是观察中有错觉，或是观察角度和仪器有误差；二是由于实验者过于相信自己的理论，先入为主导致观察结果有误或发生偏差。

3. 实验

实验是指人们根据研究目的，利用科学仪器，人为地控制或模拟自然现象，排除干扰，突出主要因素，在有利的条件下，研究、观察事物的内部联系。实验是一种主动的、高级的科研方法。由于实验方法具有简化和纯化自然现象的作用，特别是动物实验能完成一些不能直接在人体上完成的研究课题，与观察法相比，其效率更高，所得资料更准确、明了。

实验的方法有很多种，依据受试对象的不同，可以分为直接实验和间接实验。直接实验以人为受试对象。由于不同人之间存在个体差异，并且直接实验还要涉及伦理道德等方面的一系列问题，所以实施人体实验往往比较困难，而且在多数情况下难以控制，容易给实验结果分析带来偏差。间接实验是以动物（如小白鼠、狗等）为受试对象。动物实验可以使整个实验过程处于实验者完全控制之下，按照事先设计的方案，有目的、有计划、有步骤地进行。实验误差比较小，资料更具有代表性，是医学科研中应用最多的方法。

（二）间接资料的来源

间接资料是指前人或他人获得的资料，也就是文献记载的资料。人的一生时间、精力都是有限的，不可能所有的资料都能够自己亲自实验、观察到，借鉴他人的直接资料是医学论文资料的一个来源。医学文献是医学论文写作不可少的资料来源，论文是否丰满、论据是否确凿，取决于作者对间接资料能否充分占有。

医学文献种类繁多，按存贮介质分，可以分为印刷型文献、缩微型文献、机读型文献、声像型文献及光盘型文献；按内容性质来分，可以分为一次文献、二次文献、三次文献等；按出版形式又可以分为：图书、期刊、专利文献、学位论文、标准文献、病案文献、内部资料等。

医学文献的收集和积累是科学研究和论文写作的必备条件和基本功之一，间接资料主要靠阅读文献来获得。由于查找的文献较多，为了提高效率，要有重点有计划地阅读，阅读的程序是：先综述后单篇；先教科书后期刊；先专业后边缘或相关学科；先文摘后全文；先目录、序言或内容提要后正文；先泛读后精读。重要文献要反复精读，以便写作时具体引用。

对于所收集的资料要认真阅读、分析、鉴别，对于资料失实，论证欠充分，结论不可靠的坚决摒弃，最后留下真实可靠有价值的文献。

（三）医学论文资料必须具备的几个基本要求

1. 针对性

医学文献浩如烟海，数量大，种类多，一个人不可能全部阅读、掌握。而进行科学研究及论文写作时，每次只应有一个主题，收集的资料也只能紧紧围绕主题，面面俱到的资料只会冲淡主题，让读者不知所云。这就要求医学论文的资料必须有针对性，在撰写论文前应该对资料进行筛选，确定重点，阅读有代表性和针对性强的实验数据和资料，舍弃与论文无关的资料。在查阅文献时，用主题词检索，也是去除无关资料的一个方法。在收集实验、临床观察和调查的资料时，只需将与科研有关的数据记录，如观察某一治疗方法对骨折愈合的作用时，只要记录有可能与骨折愈合有关的数据，与治疗方法和骨折愈合无关的数据则不必采用。

2. 完整性

调查、试验的对象要尽可能被调查到，所拟定的项目、指标，必须完整无损。在动物试验的观察过程中，有大量动物死亡，如对 100 只小白鼠给予处理后，在饲养观察期间，由于其他与试验无关的原因使小白鼠死亡 40 只，最后只有 60 只白鼠的实验数据，那么这种资料是不完整的，结果有偏差。在临床试验中，失访者越多，资料的完整性就越差，其价值就越低。在科研中，保证资料的完整性，对于得出正确合理的结论，提出合乎逻辑的假设是十分重要的。

3. 代表性

任何医学研究、临床观察、专题调查的对象，都只能是总体的一部分，通过对部分样本进行研究所得出的结论，来推断总体的特征和规律，所以，研究的对象必须能代表总体，这样的资料才具有研究价值。例如研究药物对胰腺炎的疗效，选择的病例必须是典型的，没有其他合并的症状，否则会由于干扰因素太多，得出的结论就会有极大的偏差。

4. 可靠性

为了写出高质量的医学论文，要求所收集的资料必须是真实的、正确的、可靠的。可靠的资料是文章的基础，如同只有质量合格的钢材、水泥才能建造优质的大厦。资料的可靠性主要取决于作者的科研态度和科研方法。少数作者为了得出有意义的结果,故意收集疗效明显的病例,剔除无效或疗效差的病例,或者隐瞒某种治疗方法或药物的副作用、并发症,更有甚者,不惜捏造、伪造数据,凭空想象,闭门造车。这种资料是不可信的,所得出的结论,写出的论文必然是不科学的,这是一种不负责任的科研态度。还有的作者,由于科研设计不合理,具体操作过程中出现偶然性和一贯性的错误,也将影响资料的可靠性。比如,样本的抽取不随机,样本量太少,所得出的结论有可能不能真实地反应整体水平。在收集资料的过程中,要做到统一性,即方法、标准、技术水平、工具、仪器、试剂、操作者及操作过程,提问方式和评定疗效的标准的统一。只有端正科研态度,掌握正确的科研方法,才能保证资料的可靠性。

5. 可比性

对照和均衡是科研工作的重要原则,要使所获得的资料具有可比性,必须设立对照组,否则难以说明问题,要想观察某一治疗方法疗效的优越性,就必须以常规疗法为对照组,两者进行比较,才能得出结论。对照是科研设计的一项基本原则,它的意义在于可鉴别处理因素及非处理因素的差异,消除和减少实验误差。对照的形式多种多样,可以根据实验研究的目的及内容加以选择。常见的有空白对照、实验对照、标准对照、自身对照及相互对照等。在设立对照时,应该同时满足"均衡"原则。均衡原则是指在设立对照时除给予的处理因素不同外,其他对实验效应有影响的因素(非处理因素)尽量均衡一致,这种一致性越好,就越能够显示出实验的处理因素,从而减少非处理因素对结果的影响。

二、论文的构思

构思,就是论文的设想和设计,也就是对观点和材料进行合理安排的思维过程。构思论文应该做到观点鲜明、重点突出、主次分明、详略得当、结构严谨、层次有序。

在动手写论文之前,应当首先确定文章的题目,也就是确定文章所要表达的主要论点或本文所要达到的目的,然后确定文章的类型,如:论著、临床病例报道、短文等。

题目和文章的类型确定以后,在动笔前要反复推敲。构思需在复习文献和课题研究的基础上进行。构思的目的是将一些数据和初步形成的科学理论组成论文的雏形,使整个文章轮廓逐渐清晰,构思的内容包括:

第一,初步确定采用研究结果中的哪些资料与数据来论证论文的观点和假设;

第二,结合文献,对论点进行阐述、推理和反驳,使所收集的资料能全面、准确地说明问题并且具有说服力;

第三,论文怎样安排材料、篇章结构才能更有吸引力,采用什么样的语言表达最为生动等。

构思是写作的一项基本功,需要在写作的实践中不断提高。平时阅读医学科研论文,就应注意他人的构思方法,以资借鉴。在学习写作时,通常采用的方法是,先拟订提纲,把文章"框架"搭好,然后,反复斟酌、思考、修改、补充,不断完善。

三、提纲的拟定

撰写论文之前,先要拟定提纲,以起到疏通思路的作用。提纲的写法并无一定规则,可以按照自己的写作习惯拟定提纲。拟定提纲,一方面可以帮助作者从全局着眼,明确层次和重点;另一方面,通过提纲的拟定,可以把作者的构思、观点,用文字固定下来,做到目标明确,主次分明。随着思路的进一步深化,会有新的问题、新的方法和新观点的发现,再对原来的构思进行修改、补充和完善。对于合作写一篇论文或一部图书的作者,提纲有助于各部分写作的衔接,可以避免重复,有利于文稿的审改。

提纲的拟写,要求项目齐全,能初步构成文章的轮廓,所以提纲应尽量详细。提纲项目包括标题、文章的宗旨、目的、中心论点、分论点和小论点,所需要的论据材料,采用的论证方法等。

提纲应层次分明,结构清晰。提纲所安排的内容层次最好不要超过四级,各层次使用小标题的字数相当,句型对称,首尾呼应。这样使人对文章内容一目了然,有利于论文的撰写。

提纲的拟定一般采用标题式和提要式两种。

（一）标题式提纲

标题式提纲,就是以简明的标题形式把文章的内容概括出来,用最简明的词语标示出某部分或某段落的主要内容,这样既简明扼要,又便于记忆。这种写法比较简洁,是医学科研工作者常用的写作方法。

论文提纲示例:

题目:……

1. 课题对象

(1)课题的提出。

(2)研究的目的。

2. 材料与方法

(1)实验目的、原理、条件、仪器和试剂。

(2)实验方法:分组情况,观察指标,记录方法。

(3)实验过程。

(4)出现问题和采取的对策。

3. 结果与分析

(1)结果。

(2)统计学处理。

(3)结果的可信度。

(4)再现性。

4. 讨论(结论)

5. 参考文献

（二）提要式提纲

提要式提纲,就是在标题式提纲的基础上,比较具体、明确、提要式地概括出各个层次的基本内容,也就是把标题式提纲中每一项内容展开,对论文的全部内容做粗线条的描述,提纲中的每个句子或短语都可以是正文中一段文字的基础,实际上可以看作是文章的缩写。

以上两种提纲形式,可根据自己的写作习惯选用,无论选择哪一种,其目的都在于启发作者写作的积极性和创造性。在实际的写作过程中,作者应做到既有纲可循,但又不拘泥于提纲,尽可能地拓宽思路,才能写出好的论文。

四、论文的起草

论文的起草,就是根据提纲,把要写的内容依次连接起来,把实验数据和资料进行归类分析。它是对论文内容和形式的再创造过程,也是论文写作最重要的阶段。论文草稿应尽量全面、丰满,不必担心篇幅太长,如果过于单薄,将会给后期的修改带来困难。

草稿的拟写方法有多种,实验研究论文的撰写多采用顺序写作法,即按照医学论文的规范体例或提纲顺序阐述自己的观点,分析实验数据。也可采用分段写作法,此种写作方法,多是作者对论文的中心论点已经明确,或提纲已形成,但对某一层次的内容没有把握或没有考虑成熟,而暂放一下,可先写好已经成熟的段落内容,待内容成熟或进一步实验后再写作,这样不受顺序的先后限制,采取分段写作,最后依次组合而形成初稿。完成全文后,需进行前后对照检查,使全文风格一致,层次清楚,衔接紧凑,这种写法最好每次完成一个完整的部分。

论文开头应直截了当,开门见山,点明主题,交代研究的目的及前人的重要发现。医学科研论文在正文前经常加一摘要(或提要),用极其简练的语言将文章的内容做概括性的介绍。科研论文有时有结语或结论,对全文进行概括性总结。医学科研论文最后部分多为讨论,提出研究工作的新发现,并上升到理性认识。

论文的草稿也要合乎文体规范,论点、论据、论证齐全,纲目分明,合乎逻辑;量的符号、单位要规范。

五、论文的修改

论文在初稿完成后都要经过一番审读、推敲、修改才能定稿。无论是初写者还是经验丰富的作者,修改论文都是写作中不可缺少的工作。

修改论文是对论文内容的认识不断深化和完善的过程,也是对表达形式不断优化的选择过程。一篇论文只有经过反复修改,才能对所论述的问题认识更加深刻,论据更加充分,语言文字表达更精练、准确。

有人认为完成初稿只是完成写作的一半工作。作者把自己的科研成果以论文的形式表达出来,并不是一件容易的事情,搞科研费心事,写作费心事,修改更费心事。

论文在经过自己修改若干次后,由于作者自己的思路有一定的局限性,可能对文章的某些问题认识不足或对初稿的偏爱,一时难以对文稿做恰当的增补和删减,为了保证质量,还要请内行专家修改或提出意见,根据专家的意见和建议,可以突破原有的框框,做较大取舍和修改,这样才能使文章质量更高。

归纳起来论文的内容经常出现的问题有:题目不贴切、结构欠合理;概念不清楚、论点不明确;数据不准确、运算有错误;推理不严密、论据无逻辑;修辞不讲究、语句不精练;分析不客观、评价不全面。论文表现形式方面的常见问题有:符号不统一、图表不美观;文字不规范、标点太混乱;款式无规则、引文项不全。

论文初稿经过多次反复修改后,才能算最后定稿。论文的格式应与拟投期刊的要求一致,以提高利用率。

六、投稿

科技成果一定要发表,特别是基础研究成果,不公开发表就得不到承认。申请省级及省以上科技进步奖的科研课题,其主要论文必须在省级以上专业杂志上公开发表。要获得论文的发表,必须选择合适的杂志进行投稿。

投稿后能否被专业杂志采用,首先取决于论文的质量,除编辑部的约稿外,论文作者在投稿前要对专业杂志的投稿范围和要求有所了解,同时再根据自己的论文内容及质量,决定投全国性杂志还是地方性杂志,是学术性杂志还是技术性杂志。

稿件投寄后,编辑部决定是否采用需要等待一定时间,如果决定采用则要按照杂志社的意见进行修改,一旦回修,要尽量按要求修改,在规定的时间内寄出。校对时要反复核对,不留错误。通常论文寄出后,如果杂志社在三个月内不予答复,则可另作处理。

第六节　医学论文的撰写格式

一、题目

(一)题目的作用

题目,又称文题、篇题,是文章的总标题,它是揭示论文主题和概括文章内容的简明词语,是整个论文的"窗口"。题目要能反映出研究的目的及其重要意义。论文检索中首先检索的是题目。因此,一个好的题目应当包括可以列入索引的一些关键词。题目的文字应当精练、科学和醒目,既不能夸张,也不能平淡;既能为文献的检索提供必要的信息,又能对读者的兴趣产生足够的吸引力。题目位于论文之首,实际上是把论文框架结构基本确定后,经过反复推敲才确定的。

题目的作用有以下几个:第一,提示作用。题目应以简洁的词语展示论文的核心内容和主要观点、论点。第二,评价作用。在发挥提示作用的同时,应该能够显示一定的评价作用,表明对某一事物的肯定或否定,体现作者的观点。第三,吸引作用。读者通常首先从题目来判断文章对自己是否有用,从而决定是否要阅读全文。第四,检索作用。给二次文献机构、数据库系统提供检索和收录,题目应尽可能多地使用主题词或关键词,以供读者检索之用。

(二)题目的要求

1. 具体确切,表达得当

医学论文的题目应能准确、恰当地表达论文的特定内容。应该能使读者通过题目即可了解到该文章的主题思想、主要思想和主要结论,能反映出论文性质、研究对象和手段。题目中一般不用含有过于笼统、夸张或不得体的华丽辞藻,少用或不用虚词,要选用简洁、专一、规范的名词术语。

2. 简洁精练,高度概括

医学科研论文的题目虽然不能像文学作品那样,用一两个字就能做到"具体确切",但也要尽量简短精练。避免繁琐冗长,与主题内容无关的词应删去。题目应是一个词组或句子,表达一个完整的意思。题目应在 20 个字以里,一般不要列副标题。

3. 用词规范,可供检索

题目是编制索引、储存收录的主要信息源,应适合学术交流和信息传递的需要。为了便于二次文献的收录和编制题录、索引,题目中的用词应注意其特异性、专指性和规范性。论文的题目必须切合内容而简明扼要、突出重点,能够明确表达论文的性质和目的。题目一般都采用主要由名词组成的词组来表达,且标题不宜过长(一般少于 20 字)。

为了便于理解,举例如下:

例一,"急性心肌梗死"。这个题目的内涵和外延太大,因为一篇论文不可能涉及急性心肌梗死的各个方面的问题,它可以作为一本专著的书名。如果是一篇"急性心肌梗死 100 例心电图分析",则比较明确,适合作为一篇论文的题目。

例二,"微波急性、亚急性和慢性辐射对大鼠血液成分和免疫功能影响的实验研究报告"该题目包括标点共计 35 个字,显然这个题目的字数太多,可以缩减为"微波辐射对大鼠血液成分和免疫功能的影响",算上标点共计 21 个字,但是并没有影响确切、准确的标准。

二、作者与单位

作者的署名为对论文负责之意。按照国际医学杂志编辑委员会对论文署名作者的基本要求,并经过中华医学杂志确认,有以下三条规定:

(1)参与研究课题的选题和设计,或资料的分析和解释者。

(2)起草或修改论文中关键性的重要理论内容者。

(3)最终同意发表论文者。

凡署名的作者均需要具备以上三条,而且对论文中涉及的任何部分的主要结论,至少有一位作者负责。每篇论文作者数目最好不超过 6 位,超过者应在投稿时向编辑部说明。第一作者要对论文负全责,通常是提出设计思想、积极组织和指导研究工作,并参与论文写作的主要科学工作者。

有的人虽然为课题研究组成员,参加了部分研究和实验工作,但由于其工作性质是辅助性的,不应列入作者署名;为研究提供资料、材料,以及经费资助者,也不以作者署名。凡对研究工作有贡献,但又不够署名条件的,可列入致谢的对象。

多位作者共同完成的论文联合署名时,署名顺序应按贡献大小依次排列,不应以职位高低、资历长短、名声大小排列。第一作者应是主要贡献和直接创作者,同时又是直接责任者,享有更多的权利,当然,也要承担更多的义务。

作者的工作单位、地址与邮政编码在论文中也应列出,以便于读者和编辑部联系。单位是表示这项工作在何处进行的。如系进修人员参加工作,则只列名字,其右上角加"＊",在该页下方注中指明其原工作单位。

三、摘要

摘要是作者经过反复思考后,精练写成的,在论文正文的前面。文献检索除了检索标题外,再进一步就是论文摘要。摘要应有实实在在的内容,既不能言之过详,把结果和结论都搬上来,也不能把作者的创新点、关键的技术或内容遗漏。我国国家级医学期刊,通常要求中、英文摘要。全文通过什么方法,得到什么结果,资料数据,提出有意义的结论(包括阳性及阴性)。具体按四要素来书写中、英文摘要:目的(Objectives)、方法(Methods)、结果(Results)、结论(Conclusions),中英文内容要一致。字数控制在 200 字左右。

（1）目的：简要说明研究的目的、定义及其重要性。

（2）方法：简述课题的设计、研究的对象、方法、研究的范围及观察的指标，资料的收集处理以及统计分析方法等。

（3）结果：简要列出主要的、有意义的或新发现的研究观察结果，指出临床与统计学的意义和价值，以及可能存在的局限性，描述要准确和具体。

（4）结论：肯定经过科学分析的研究结果及其获得的某些结论或论点，指出这些结论或论点的理论或实用价值，以及某些尚待进一步探讨的问题。

摘要要连续写出，不分段落，使用第三人称，不用第一、二人称。

四、关键词

（一）概念

关键词是从论文中提炼出来的能反映医学论文主要内容的名词、词组或短语。最早使用的关键词不是经过规范化、标准化的主词，而是选出文献题目中、正文中有实质意义而又重要的词汇作为主词，用以标引。随着检索要求的发展，使自然语言逐步向规范化、标准化方向发展，就形成了主题语言或检索语言。每篇论文标引关键词或主题词3～8个。

（二）怎样选关键词

关键词要从论文的主题、研究角度、研究范畴及具有特色的研究方法和研究对象上选定。

首先从论文的标题中选关键词，这是"题内关键词"，如果这样选定的关键词还不能反映论文的主题，可再从论文的提要或正文中选，这是"普通关键词"。

其次，查表检验从题目、提要、正文中选定的关键词是否为词表（《医学主题词注释字顺表》、《汉语主题词表》、《中医药主题词表》）上的词，如果是，说明是规范化的关键词，符合检索语言的要求；如果不是，要尽量转化成词表上的词。如果选定的关键词在词表上没有，同样可以作为自由词标引。为便于检索者或编辑进行主题词标引，可在自由词的右上角标以星号，以与规范化的关键词区别。

（三）选择关键词需要注意的事项

（1）化学分子式不可作为关键词，如果需要某些化学物质作关键词，应标其化学名称，而不用其化学分子式。如，可用"氯化钠"，而不能用"NaCl"。复杂的有机化合物一般取其基本结构名称作关键词。

（2）词表中未出现的缩写词或未被普遍采用或未被专业公认的缩写词，不可作为关键词。但已得到公认，普遍使用的缩略词可选作关键词，如，DNA、RNA等。

（3）某些无收录意义和检索意义的词，如，介词、连词、副词、形容词、代词、动词等不能作为关键词标引，如"讨论"、"研究"、"观察"、"探讨"、"分析"等。

（4）论文中提到的常规技术，内容是众所周知的，作者未加探讨和改进，不能作为关键词标引。如，某心脏病诊断的论文，提到的常规心电图就不需标引。

五、导言

导言又称引言或前言，它简要地说明进行该项研究或撰写该文的原因或目的，对正文起到提纲挈领和引起读者阅读该文兴趣的作用。引言尽可能简明扼要,开门见山地向读者介绍研究范围与目的、研究背景、国内外研究现状、本研究的设想、方法和所获得的主要成果或特点。引言不要过多评价本文的学术价值,对众所周知的知识和道理不宜赘述,禁止使用"首创"、"国内领先"或"国际一流水平"等字句。字数一般不宜超过 300 字。

六、材料与方法

这是科研的关键部分,对于要进行的研究工作,必须按照实际情况,在事先做好以下工作:① 选择好合适的即合乎一定条件的、一定数量的研究对象;② 采用一定的实验、诊断或治疗方法(包括实验步骤、方法、器材试剂、药品);③ 经过一定时期的观察,相同条件下的对照组,与他人结果比较并综合分析。这部分内容要求简明准确、材料完整及可信。

1. 对象的来源

临床研究是以临床病人、高危人群或动物为主要对象,是随机抽样的样本,抑或非随机抽样的样本。样本的数量在论文中应交代。

2. 分组方法

论文中涉及两组或多组的对照比较,应交代研究对象分组的方法。

3. 诊断标准

纳入研究的病人一定要有确切的诊断标准,利于读者了解被研究对象的具体临床状况,便于研究成果的推广。

4. 组间临床基线的比较

论文中一定要列出研究对象在实验前主要的基线状况。例如各组研究对象、数量、性别、年龄、病情轻、中、重型的分布等,并要做统计学分析,除了被研究的因素外,主要的临床特点应无显著性差异,这样才具有可比性。

5. 研究的材料

要注明所应用的试剂及其来源、质量标准批号,实验仪器的名称、来源、型号、标准,实验的操作法、精确度等。凡特殊检查的图像性资料也应注明设备的名称、来源、型号、检查的方法和结果判断,以确定资料的可靠性程度。

6. 研究的设计方案

论文中应将设计方案的内容做具体的扼要描述。必要时可采用适当的图示表示。

7. 实验药物的具体说明

应详细说明每日应用的剂量、次数、用药的途径、疗程、根据治疗反应做剂量调节或停药的指标等。

8. 测量指标及判断结果的标准

论文中应交代有关测试的指标及其结果的判断标准。如有效、无效、恶化等。对所致的疾病应有明确的诊断标准。在疾病预后的观察研究中,应有痊愈、致残、死亡等的明确指标及归因。

9. 统计学分析的方法

对论文中涉及的资料的数据处理分析方法应交代清楚。

七、结果

把全部原始资料集中起来,在处理这些原始资料时,应是随机,客观地加以分析,不应有意无意地加以挑选。对于一些阴性结果,不必一一列出。尽量组织严密,符合逻辑、进行对比观察。结果一般从观察或测量的数据得来,要求真实可靠,数据要进行统计学处理,以判断是否存在统计学意义或差异;对不能用文字描述或文字描述很累赘时,应采用图表的方式进行表达。

(一)文字叙述

通常在结果部分对实验要做一些概括性描述,给读者一个论文"梗概"。但应避免重复材料和方法部分的实验细节。要把具有代表性的实验数据写入论文,而不是数据越多越好。对于大量的实验数据,应认真分析,去粗取精,但在数据资料的取舍上不应掺入主观成分。要尊重事实,力求客观、科学、全面。研究结果,特别是定量的数据,要经过反复演算;修改或伪造数据,不仅使结果不正确、不真实,还会给他人和自己带来灾难。

(二)图表的应用

图能够形象、直观地表达论文中变量与变量之间的关系,充分显示所研究对象变化的规律性和特殊性,具有立体感,便于不同结果的比较,使之一目了然。

表是一种简明的、规范化的科学语言,比文字表达更简洁明了。它可以使大量数据系列化,表达精确,便于阅读、分析和比较。

制作图表时应简洁、明了,一般一个图表只说明一个问题,防止图与表的重复表达以及图、表与文字的重复表达。

(三)结果的记述要注意的几个问题

1. 真实性

处理原始资料时,应该实事求是。对于与研究假设有矛盾的结果要如实报告,不能任意取舍,不能违背真实性原则。

2. 客观性

在结果部分只交代实验结果,不宜过多地讨论,不要有主观倾向性的表达,严禁弄虚作假。

3. 正确选择统计方法

应根据数据类型、科学研究的目的,选用相应的统计方法。统计计算往往很费时间,但反映在论文中常是简单的几个图表或几句结论性的话。统计所获得的结果只为作者判断结果提供依据,如何用统计结果来解释医学问题,还需作者根据医学知识阐述,切忌用统计结论来代替医学结论。

八、讨论

讨论是文章的精华所在,其主要任务是探讨"结果"的意义,是把结果进行总结、提高和升华,找出事物内部的联系及有关机理的探索。在讨论中要把作者丰富的理论知识、实践经验与本课题密切结合起来。作者根据本研究结果,有什么新的学术观点或学术假设,要充分地、准确地表达出来。讨论的主要内容包括:①主要的原理和概念;②实验条件的优缺点;③本人结果与他人结果的异同,突出新发现、新发明;④解释因果关系,说明偶然性与必然性;⑤尚未定论之处,相反的理论;⑥急需研究的方向和存在的主要问题。"讨论"的内容也以精简为原则,要能讲清楚主要的论点,已经谈过的不宜在这一节里予以重复。在结论的问题中避免以假设来"证明"假设,以未知来说明未知,并依次循环推论。

讨论是论文的重要主体部分,是论文中最难写的部分,是作者学术思想的展示,其水平的高低取决于作者的理论思维、学术素养、知识的深度和广度,以及专业写作技巧。

九、致谢

任何一项研究或观察,个人的能力都是有限的,在研究或观察过程中,许多对本研究给予过指导和帮助的单位或个人,作者都要通过文字的形式表示谢意。这既是对他人贡献与责任的肯定,也是作者承认他人劳动的付出和对他人人格尊重的体现。

对为本研究作出贡献,但又不符合署名条件的人员,均应在文末以致谢的形式将有关人员的名字一一列出并致谢。致谢应是发自内心的真诚感谢,态度要诚恳,言辞要谦谨;对于确实为自己的研究或论文作出过贡献的人员,应在致谢中说明,以避免有剥夺或抄袭别人成果的嫌疑,也省却了文章发表后的一些意想不到的麻烦。但不能利用致谢来处理人际关系,否则有失论文的学术性。

十、参考文献

科学是有继承性的,今人的研究成果都是对前人研究成果的发展与继承。在科学研究或观察中,作者常常对他人获得的某些观点、数据、资料与方法等,进行鉴别、引用,以证实论文的科学性、准确性。引用时需标明文献的出处,一方面是为了便于读者查阅、参考被引用的有关文献,另一方面也是对他人研究成果的尊重。内部资料,非经正式发表者,一般不作文献引用。

列出参考文献应该注意的问题:

(1)凡引用的参考文献,应是亲自阅读过的、重要的、真实可靠的文献。

(2)文献引用要少而精,被引用的部分或观点一定要忠实于原文。

(3)不要引用文献摘要或私人提供的个人信息,不要把相关文献中的参考文献不经阅读而转引。

(4)若引用已被有关杂志接受但尚未发表的资料,应该注明。

(5)全部被引用的参考文献,均应按正文中出现的先后顺序编号,并应保持正文中的编号与参考文献的编号一致。

第七节　提高医学论文写作水平的途径

在医学写作过程中,要达到较高的写作水平,不是一日之功,也没有速成的捷径,而是要经过不懈的努力才能达到。这个过程的长短,既取决于个人的勤奋努力,也与方法的优劣有着密切的关系。怎样才能提高论文写作的能力呢? 总结起来,必须做好以下三项工作。

一、博览群书,模仿借鉴

常言道,"读书破万卷,下笔如有神",它生动地道出了"读"与"写"的关系。养成爱读书的好习惯,对于提高写作水平十分重要。

医学论文的写作是一个复杂的、精细的生产过程,有规定的格式、要求、文体形式和风格,而且每个期刊都有自己特定的要求。要想很快写出论文并能得到发表,首要的任务就是要学习专业论文写作的基本知识,了解别人是怎么写的,并弄清楚刊物或杂志的要求、文体和格式等,这样就能够少走弯路,事半功倍,使自己的论文写作水平和表达能力不断提高。

在阅读的过程中,首先,要多读与自己专业相关的医学文献,不断积累和更新专业知识,拓宽知识面,完善知识结构。其次,还要浏览与医学有关的其他专业的文献,因为当今许多新的发现与发明,都是多学科相互渗透、交叉与合作研究的成果,阅读的文献宽一些,不仅可以从学术思想上受到启发,在研究方法上得到借鉴,还可以学习别人在表达医学实践活动时的特点和写作技巧。

二、加强实践,夯实基础

医学写作离不开实践,没有医学实践,就不可能获得医学的真知灼见,医学写作也就成为无源之水,无本之木。

从事医学研究的科技人员必须亲临实验研究的第一线,从国内外文献调查、选题立项、实验设计、具体实验操作、实验记录、解决实验中出现的问题,到实验完成后的资料分析与总结,撰写研究论文,只有亲自参与整个研究过程,才能获得翔实的第一手资料,并且不断地积累实践经验。同时,对于临床医务工作者来说,询问病人的病史、对病人做认真的检查、仔细观察不同的治疗药物(或疗法),甚至同一药物的剂量方案对病情产生的影响及药物毒副作用表现,认真记录临床第一手资料,这是医学写作的物质基础和可靠保证。离开医学实践,就无从谈论医学写作,更不可能提高医学写作的水平。医学写作的源头是医学实践,只有在医学实践中发现问题,解决问题,及时收集整理写作素材,总结出带有规律性的东西,才能提高写作水平,写出高水平的好文章。

三、勤于动笔,虚心求教

在日常生活中,任何知识或技能的积累与提高,都是一个循序渐进的过程。医学论文,作为一个特殊的文体,"多练"显得尤为重要。写多了,就可以从中领悟到一些规律性的东西,并且能逐渐熟练地掌握,越写越爱写,越写越会写。养成勤于动笔的好习惯,对于提高写作水平至关重要。专业论文的写作,不经过长期、反复、刻苦的实践,不可能做到"熟能生巧"。

写作是有技巧的,专业论文的写作更是如此,因此,要想写出好的论文,除了扎扎实实进行基本功训练外,虚心向别人请教,让熟悉论文写作的人对自己的论文进行必要的指导,也是迅速提高写作水平的有效途径,别人的经验与教训会让你少走弯路。一般来说,一篇论文不经过修改是不可能得到发表的;即使已经比较完善的论文,经过别人的阅读,也能发现不足,找出文章的漏洞。

第九章　医学科普写作

第一节　医学科普概述

一、医学科普写作的含义、特点和作用

(一)医学科普写作的含义

科普是科学技术普及的简称,是指科技工作者采用公众易于理解、接受和参与的方式,普及科学知识,传播科学思想,弘扬科学精神,倡导科学方法,推广科学技术应用的活动。

医学科普作为科普的一个重要组成部分,是指医学专业人员将医学知识及其技术成果对公众进行的普及和推广活动。医学是以预防和治疗疾病、保护和增进人类健康为研究内容的科学。随着社会分工的不断发展,医学的分科越来越细,专业性越来越强,这就使得缺乏医学专业背景的普通公众难以建立起医学与自身健康的自觉联系,因而就需要医学专业人员将迄今人类已经掌握的医学知识及其技术成果,通过各种方式和途径,传播到社会的各个方面,为广大公众所了解,使他们开阔眼界、丰富知识、自觉改善生活方式、提高生命质量。

医学科普写作是医学科普的一个重要形式。它是用浅显通俗的文字将深奥难懂、单调乏味的医学专业知识为广大公众所了解和接受。

(二)医学科普写作的特点

1. 专门知识通俗化

医学科普写作不同于医学论文写作。它们之间的根本区别在于,医学论文是医学科技工作者对自己从事的研究工作及取得的研究成果所进行的学术总结,它的根本要求是创新。医学科普写作是把深奥难懂的医学专业知识转化为浅显通俗、易被公众理解和接受的文字,它的根本要求是通俗易懂。然而,需要指出的是,通俗化并不是把医学专业的一些专用名词、术语简单地译成大众化的语言就行了。医学科普写作所涉及的内容是专业性很强的医学专门知识和成果,而受众是几乎没有医学专业背景的社会公众,这就要求医学科普作品必须要做到深入浅出。因此,对于写作者来说,只有对所选的主题及其所涉及的内容理解得深、吃得透、达到融会贯通的程度,才能准确地抓住最本质的东西,一语破的,写成浅显易懂的通俗化读物。也就是说,只有理解得"深",才能表达得"浅"。否则,写出的作品要么是文不对题、自说自话,要么是佶屈聱牙、晦涩难懂。

2. 医学知识艺术化

与医学论文相比,医学科普作品面对的是广大的社会公众,所拥有的读者要多得多。而且,这些读者中的绝大多数都没有医学专业背景。因此,医学科普作品要想得到读者们的青

睐,就要求作者在写作过程中,不仅要注重作品的通俗性,而且要有一定的艺术性。应根据读者年龄、性别、文化程度、生活方式等方面的特征,充分把握他们各自的阅读兴趣和实际需求,在此基础上选取恰当的文体,在写作手法上精心设计、巧妙构思,使作品能够具有艺术的感染力,为他们所喜闻乐见。实践表明,任何一部作品,光有好的内容是不够的,还应有好的艺术形式与之相匹配,达到内容与形式的有机结合。所以,医学知识艺术化是医学科普写作的一个重要特点。

二、医学科普写作的目的

(一)传播医学保健知识

现代社会中,人们的生活愈来愈离不开医学的指导,与此同时,医学也在不断超越原有的角色而努力适应人们的这一需求。"生活医学化"与"医学生活化"双流激荡,使得医学科普的重要性愈发凸显,从而也决定了医学科普写作的目的之一,就是要让公众适时地认识某些与其生活、工作环境密切相关的医学现象,了解相关的医学知识,掌握自我保健与预防疾病的知识和方法,从而达到防病治病、保持和促进身心健康的目的。因此,向广大公众传播与他们的身心健康、生活幸福密切相关的医学保健知识是医学科普写作的首要目的。

(二)提高公众的医学素养

医学科普写作不仅要注重对实用医学知识的普及和传播,而且应从根本上提高公众的医学素养。它不仅应告诉公众"怎样做",而且应使他们明白"为什么"。2006 年颁布实施的《全民科学素质行动计划纲要》,提出了提高国民科学素养的任务。所谓科学素养,是指了解必要的科学技术知识,掌握基本的科学方法,树立科学思想,崇尚科学精神,并具有一定的应用它们处理实际问题、参与公共事务的能力。医学素养是科学素养的重要组成部分,包括具有基本的医学知识、了解基本的诊疗方法、了解医学研究过程和方法、用科学的思维方法理解医学问题、掌握正确的保健观念与方法来指导自身的行为。因此,医学科普写作不仅要传播实用性的医学保健知识,而且要重视倡导在处理医疗保健问题时的科学精神和科学方法,引导公众树立正确的健康观念和生活方式,提高公众的医学素养。

(三)推广医学新成果

医学科普写作不仅仅只是为了满足社会公众的健康需求,同时也是医学自身发展的需要。当今社会,科学技术与社会的关系愈发紧密,两者之间呈现出一种彼此依赖、相互促进的关系。一方面,社会的发展进步需要科学技术的促动;另一方面,科学技术的繁荣发展也离不开社会特别是公众的了解和支持。这对于医学来说,也是概莫能外。无论是新药问世,还是发明了新的诊疗方法,都需要首先在公众中进行宣传、普及,使他们了解这些新药物、新方法的功用,消除他们心中的疑虑,然后才能加以推广和应用。而宣传、普及的最有效手段就是医学科普作品。好的医学科普作品由于深入浅出、通俗易懂,因而吸引了众多的读者,能够获得显著的经济效益和社会效益。所以,医学科普写作的目的还在于,推广医学新成果,促进医学事业的繁荣发展。

(四)充实医学教育

医学科普作品不仅对于那些缺乏医学专业背景的社会公众来说是必需的,而且对于基层卫生工作者以及医学生而言也是不可或缺的。医学的迅猛发展,表现为其研究的领域在不断扩展,层次在不断深化,因而使那些处于低端的基层卫生工作者,以及正在接受医学教育的医学院校的学生,在了解和把握医学新进展时遇到了难以克服的困难。若要将这些新进展编入教材,不仅需要一个较长的过程,而且其时效性也不明显。若要采取医学科普的形式,对医学的这些新知识、新技术加以介绍,则能够在一定程度上缓解上述矛盾。因此,医学科普写作的目的还在于使广大的基层卫生工作者和医学生开阔视野,增长知识,从而不断充实医学教育。

三、医学科普写作的作用

(一)防病治病,提高全民族的健康素质

医学科普写作的任务就是要将医学知识和技术成果以言简意赅、生动传神、通俗易懂的形式传输给社会公众,让他们能够理解和接受这些知识成果,自觉养成科学、文明和健康的生活方式。

人的一生,虽然生老病死是无法抗拒的自然规律,但医学科普能够为人们提供防病治病、延年益寿的良方。例如,普及某些常见病的致病原因、发病机理、诊治方法及康复等方面的知识,可以唤起公众对自身健康的关注,从而起到有效预防和加强自身保健的作用;普及某些突发病救治方面的知识,能够使公众在这些疾病突然出现的时候,展开积极而有效的自救或互救;普及计划生育和优生优育知识,既可控制人口数量增长,又能防止遗传性和非遗传性先天病残儿出生,提高全民族的健康素质。

1988年,有关部门对我国30个省、市、自治区的124万多例围产儿开展了调查。统计结果显示,肉眼可见的出生缺陷平均为13‰,有的省份竟高达20.5‰。造成人口素质低劣的原因,除了遗传病、妊娠期致病和地方病外,不良生活方式则是一个重要的原因。还有一个不容忽视的原因就是近亲联姻这种落后的传统观念。在农村尤其是边远山区,娶亲不出村、亲戚结亲、"亲上加亲"的观念一直影响着人们的择偶意识和婚姻习俗。如果出生缺陷按20‰计算,那么我国每年将会有约40万先天性残疾儿出生,这对于家庭和社会的影响是显而易见的。要避免这种现象的发生,就应从多方面入手,采取全方位的措施加以防治,如制定和实行《优生法》,利用最先进的医疗技术设备和方法进行产前检查等,但这些措施的作用显然是很有限的。要从根本上杜绝先天性残疾儿出生,就应运用医学科普这一卓有成效的手段对广大公众,特别是对农村偏远地区的人们宣传优生优育知识,让公众深刻认识到导致新生儿先天缺陷的原因,及其给家庭和社会带来的严重影响,使他们能够彻底消除愚昧落后的婚育观念,树立科学的婚育观,采取正确的婚育行为。如果这样,每年仅以减少一半的新生残疾儿计算,那么我国每年就可减少约20万新生残疾儿。这无论是对于家庭还是对于社会来说,都无疑是一个巨大的福音。

由此观之,医学科普写作能够通过普及、宣传医学知识,使人们从根本上扭转落后的思想观念,消除各种陈规陋习,自觉养成健康、文明的生活方式,从而起到防病治病、提高自身健康素质的作用。

(二)破除迷信,提高全民族的科学素质

医学科普的目的绝不仅仅是要向公众宣传和普及医学的知识及其技术成果,而且更应将

这些知识和成果中所蕴含的科学思想、方法等传播给公众,使他们能够自觉识别各种各样打着医学科学的幌子而骗人的迷信活动,提高自身的科学素质。

尽管现在医学正日新月异地飞速发展,医疗技术成果和先进诊疗设备层出不穷,但有些地区特别是农村,封建迷信、巫医神汉十分盛行,各种反科学、伪科学的活动频频发生,令人触目惊心。有些人有病不去医院诊治,却不惜重金烧香拜佛、"跳大神"。江湖骗子打着"偏方"、"验方"的幌子,利用各种手段欺骗、愚弄那些迷信者。有病乱投医导致危及生命健康的现象,仍然屡见诸报端。

为此,医学科普作为是科学技术普及中的一个重要组成部分,能够在向公众宣传和普及医学知识和成果的同时,传播科学思想,弘扬科学精神,倡导科学方法,从而起到引导教育社会公众,净化社会环境,提高全民族的科学文化水平和素质的作用。

(三)强化医学的群众基础,推动医学事业的发展

任何一项事业,要想得到繁荣和发展,都离不开社会公众的需要。这对于医学事业而言,尤为如此。然而,由于社会分工的不同,使得社会上绝大多数成员并不具备医学的专业知识和技能。他们虽然明白自己的身心健康与医学有着密切的联系,但限于医学知识的贫乏,使得他们对于这种联系的认识仅仅停留在抽象、表浅的层面,无法实现具体化,因而造成了他们对于医学的需求度大大地降低,这显然不利于医学事业的发展和繁荣。

同时,医学的服务对象是人,它的根本任务是要保障和促进人民的健康。无论是新药问世,还是新的诊疗方法手段的发明创造,首先都要公布于世,在群众中宣传、普及,然后才能得到推广应用。并且,在充分把握群众反馈意见的基础上及时加以修正,逐步使之更科学、完善、有效。医学发展的一般规律,是从人们的实际需求出发进行选题,经过一系列的研究实验,形成新技术、新成果,继而通过医学科普将这些新技术、新成果加以宣传、推广和应用,然后根据人们的需求反馈进行再研究,最终推动自身的发展。

因此,医学事业的发展离不开医学科普。医学科普作品由于具有通俗易懂、读者面广、影响大、效益显著等诸多优势,常被用作宣传和普及医学新成果的首选方式。在公众中普及医学知识和推广医学技术成果,能够强化医学的群众基础,进而促进医学事业的发展。

第二节　医学科普文体的种类

一、医学科普说明文

说明文,顾名思义就是以说明为主要表达方式来解说事物、阐明事理而给人以知识的一种文体。它通过对实体事物的解说,或对抽象理论的阐释,使人们对事物的形态、构造、性质、种类、成因、功能、关系或对事理的概念、特点、来源、演变、异同等有所认识,从而获得有关的知识。

医学科普说明文是以"说明"为主要表达方式,以传授医学科学知识为根本任务。它的主要目的是向大众传播各种医学科学理论、技术方法和卫生保健知识,具有平实、简明、通俗的特点。

医学科普说明文又可以大体上分为以下几类:

(一)知识性医学科普作品

知识性医学科普作品也称讲述体,这是一种通过大众化的语言、通俗化的解释来传播医学基础理论和基础知识的文体。例如普及医学护理知识的作品,就可以采用这种文体来向公众介绍医学救护方面的知识,包括基础护理知识、应用护理知识、特殊护理知识以及护理管理知识等。

(二)技术性医学科普作品

技术性医学科普作品主要介绍医学实践中或日常生活中经常遇到的各种疾病的诊治、抢救、监护以及预防的方法与技术。技术性医学科普作品的着眼点,在于推广医学新技术,开展医学基本技能的教育和训练。它的根本目的是要提高人民群众同疾病作斗争的本领。技术性医学科普作品一般具有针对性、实用性和专业性的特点。

(三)医学科普问答

医学科普问答主要是通过提出一些预先设计好的有针对性的问题,并由作者加以解答的一种写作方式。它也是医学科普写作中经常被采用的一种形式。在写作过程中需要特别注意的是,一是提问应该问到关键之处,要有意义;二是回答语言要通俗易懂,分析问题时要深入浅出,用词简洁、切题、生动,能激发读者的阅读兴趣。

二、医学小品

小品又称小品文、随笔,取其"兴之所至,信笔而写"的意思,是一种短小、精悍,结构灵活、自由的文体。医学小品是指用文学笔法将医学知识生动、形象地表达出来。它是突出特点是寓科学性、知识性、趣味性、娱乐性为一体,使读者在文学欣赏中获得医学知识。由于它的形式生动活泼,语言丰富多彩,通俗易懂,能够比较好地把医学科学的新发现、新技术和新知识及时地介绍给广大读者,使他们不仅能够丰富知识,而且能够开阔视野、启发思维,因此深受广大读者的喜爱。

在写作中需要注意把握的是,医学小品的字数不应求多(一般在1千字左右),而应给读者留下印象深刻。文中不一定要求处处都有隽永的语句,但一定要有精悍而富于艺术感染力、引人入胜、撩人情思的本领。

随着医学的飞速发展和医学知识的普及,医学小品的社会需求正日益增大,其所带来的社会效益也愈发显著。医学小品已成为作者和读者双方都认可且乐于接受的文体之一。

三、医学科幻小说

科幻小说是科学幻想小说的简称,它主要是描写想象的科学或技术对社会和个人影响的一种虚构性的文学体裁。虽然科幻小说的情节不可能发生在人们已知的世界上,但它的基础则是关于人类或宇宙的某种设想,以及有关科技领域(包括假设性的科技领域)某种虚构出来的新发现。科幻小说是最受当代人们欢迎的通俗读物之一,其影响和销售量,仅次于惊险小说和侦探小说。

医学科幻小说是运用文学手法上的假设或设想,运用人们对医学未来发展的美好向往,构造出形象、具体、曲折、动人的故事,像小说创作一样,创造出一个个典型的人物形象。尽管它所描写的是人们尚未经历过的、假设的事情,但却是与医学密切有关的故事,同样能够抓住读者的注意力。

需要强调指出的是,在医学科幻小说的写作过程中,应该注意将医学的幻想建立在对现代医学严密观察与思考的基础上,内容方面必须保证科学性和逻辑性的有机统一,结论不仅是明确的,而且应该是新颖的,出人意料的。

四、医学科学童话

童话是儿童文学体裁之一,它一般是借助于一些具有浓厚幻想色彩的虚构故事,通过丰富的想象、夸张、象征等手段来塑造形象,反映生活,对儿童进行启蒙教育。其突出特点是语言通俗生动,故事情节离奇曲折、引人入胜。

医学科学童话是以童话的形式给小读者们讲述医学科学知识。它以一定的医学知识为创作背景,根据儿童读者的心理要求,运用拟人、联想和夸张等创作手法,给他们讲述一些生动有趣的故事,从而实现寓教于乐。

医学科普童话一般具有如下特点:一是科学的、丰富的幻想,且这种幻想与儿童的阅读心理相吻合,是他们最喜欢,也是最容易接受的;二是虚构的情节,儿童生性天真活泼,求知欲强,喜欢听奇妙、美丽、动人的故事,这就使得医学科普童话一定要把医学知识渗透于奇妙的故事情节中;三是拟人化的创作手法,在儿童的心目中,山川草木、花鸟虫鱼都是会说话的,且都能听懂人所说的话,因而医学科普童话必然会把人以外的一切对象都描写为人,具有人的情感和特征;四是形象化的医学知识,就是将医学知识转变成一些具体、可感的形象,传授给广大儿童。

总之,医学科普作品种类繁多,除了上述所涉及的之外,还有诗歌、儿歌、谜语、故事、相声、快板,以及医学报告文学和医学家传记等。因此,要想进行医学科普创作,首先就要不断积累素材,然后选定阅读对象,明确写作题目,运用写作技巧和语言,创作出既有丰富内容又为读者喜闻乐见的作品。医学科普写作虽有一定的规律可循,但又没有固定的惯用格式,对同一题材从不同角度去发掘,同样能够创作出风格各异的好作品。

第三节　医学科普写作的一般过程和要求

一、医学科普写作的一般过程

医学科普写作是为完成一定的医学科普任务而进行的创作活动。这一活动过程大体经历了选题、搜集材料、构思布局、写作和修改五个阶段。

（一）选题

医学科普写作从根本上说无非是要完成两件事:一是写什么,二是怎么写。俗话说,万事开头难。因此,相比较而言,首先决定写什么即确定一个好的选题是一篇医学科普作品成功的前提和关键。为此,在选题的过程中应注重以下原则和方法。

1. 选题原则

（1）针对性:众所周知,疾病的发生、发展、蔓延和流行与时令、地域、人群及其它环境要素有着密切关系,并且呈现出一定的规律性。这就决定了医学科普作品应针对不同性别、年龄、职业、文化层次以及不同地区的群众在不同季节的实际需求,只有这样才能真正发挥作用,收到实效。例如,针对不同年龄的人群,应重点普及各年龄段常见病、疑难病的防治知识;针对不同职业的人群,应重点普及各种职业病的防治知识;针对不同地区的人群,应重点普及各种地方病的防治知识;针对不同季节,应重点普及各种季节多发病、流行病的防治知识。再如,从文化层次和心理需求上看,医学科普作品的读者大体可以分为三个层次。一是以了解科研信息为主要目的的高层次读者,针对他们应主要介绍前沿性医学理论知识和技术成果;二是以探求新知识为主要目的的中层次读者,针对他们应主要介绍新颖有趣的医学知识;三是以关注自身和他人健康为主要目的的初层次读者,针对他们应主要介绍一些易懂、易学、易行的医学实用知识和技术。

此外,选题还可以针对作者自身工作和生活的实际问题,既可以是成功的经验,也可以是失败的教训,因为越是亲历的事情,写出来就越有真情实感,也越能够打动读者。

(2)实用性:医学科普写作的任务是将医学理论知识和技术成果传播给公众,使其为人民群众的健康服务,以产生一定的经济效益和社会效益。医学科普写作的这一社会功能自然决定了它具有很强的实用性。

从读者角度看,其阅读医学科普作品的主要目的就是为了获取各种实用的知识和技能,以解决工作和生活中的各种实际问题,这是他们共同的阅读心理。医学科普作品的实用程度一般取决于作品的针对性、科学性、普及性和群众性。因此,在医学科普写作的选题方面,必须选取广大群众关心的、与他们的工作和生活密切相关的健康问题,所介绍的知识和技术必须真实有效,通俗易懂,一学会,一用就灵,能够发挥普及、释疑、指导、培训、启示等方面的作用。

(3)新颖性:医学科学的发展突飞猛进、日新月异,由此导致了医学的知识体系和结构也在不断更新。同时,人们工作和生活的环境在不断改变,也使得人类的疾病谱也随之发生相应的变化,新的健康问题层出不穷。这就要求医学科普写作要及时准确地跟踪这些变化,紧紧抓住现实生活与医学研究领域出现的新现象、新问题和新热点,反映医学研究、医疗技术的新进展、新成果、新动向,介绍营养、卫生、康复、保健等方面的新知识、新观点、新方法、新措施,以满足广大读求新、求异、求奇的心理。

医学科普写作应力避选题陈旧老套,如"饭后百步走,活到九十九"之类的选题已很难再写出新意。即使选择别人写过的题材,也应当去除原作品中的那些过时的、陈旧的内容,及时补充新的材料,选取新的视角,采用新的手法来表达。只有这样,才能写出新意,激发读者的阅读兴趣。

2. 选题方法

(1)从社会热点中捕捉:所谓社会热点指的是一段时间内人们比较关注并集中谈论的一些事件。医学科普写作如果能够从中提炼出一些恰当的选题,肯定会引起广大读者的关注,从而激发出他们浓厚的阅读兴趣。这里所说的社会热点,既可以指某些突发事件尤其是震惊世界的大事件,又可以指某些关系到国计民生的时政问题,还可以指某些生活中的"谈资"。例如,关于第一个层面,既可以围绕俄罗斯"库尔斯克号"核潜艇沉没事件及其打捞行动,选取诸如"人在水下的生存条件"、"水下如何逃生"、"潜水与减压病"等为主题;也可以围绕美国"9.11"恐怖事件、汶川大地震、舟曲泥石流等事件,选取诸如"大楼倒塌后的生存"、"烧伤的最新治疗方法"、"大灾之后的心理疏导"等为主题。关于第二个层面,可以围绕奥运会、世界杯足球赛等世界大型体育盛会,选取有关兴奋剂、运动伤病防治、集体饮食的卫生等方面的主题;还可以围绕西部大开发这一重大的战略决策,选取"西部地区常见病防治"、"人到高原的生理反应释疑"等为主题。关于第三个层面,可以围绕男排国手朱刚因马方综合征而猝死以及其他一些运动员的赛场猝死,选取诸如"马方综合征等先天性心脏病的防治"、"猝死的现场急救"、"如何把握好你的运动量"等为主题;也可以围绕北京体育大学教师张健横渡渤海湾和英吉利海峡,选取诸如"怎样在海水中长时间漂游"、"长距离游泳的饮食与营养"、"人在冰冷水中的防寒措施"等为主题。此外,还可以围绕世界卫生组织(WHO)规定的世界"高血压日"、"艾滋病日"、"爱牙日"、"糖尿病日"等各种卫生日,以此为选题撰写针对性较强的医学科普作品。

(2)从临床实践中捕捉:在临床工作中,只要留心观察、着意思索,就能够捕捉到许许多多的医学科普选题。

首先,在门诊接诊过程中,就诊病人生动的病史描述,加上医生科学的分析、正确的处理,往往就可以提炼出一些可读性较强的医学科普选题。如最近一段时期北京、上海等大都市中出现了十六七岁少女,由于精神紧张、节食减肥等原因而导致闭经的就诊病例一度增多的现象。在此情况下,就可以根据少女闭经的常见原因及解决方法,将"精神因素与闭经"、"原发性闭经与继发性闭经"、"节食为何会造成闭经"、"怎样调节心情"、"精神紧张的自我放松法"、"不宜盲目减肥"、"科学减肥方法"等定为选题。

其次,在诊疗过程中,同样可以发掘出很多有意义的选题。如有一血尿待查患者,经过体检、化验检查及实验室辅助检查后诊断为因慢性扁桃体炎引起的血尿,后经控制扁桃体炎症等治疗,血尿终于消失。针对这一病例,就可以围绕"血尿"选取诸如"血尿的原因有哪些"、"出现血尿应做哪些检查"、"什么是肉眼血尿与镜下血尿"等一系列的主题;再如,一位因患风湿性心脏病住院的青年女性,她喜欢用紫色化妆品打扮眼袋、口唇,有一天病情突然加重,但由于医护人员被她的化妆效果所迷惑而未能及时对其进行抢救,这位女青年最终不幸死亡。于是,就可以据此将"看病就诊不宜浓妆艳抹"作为一个选题来加以宣传和普及。

最后,从辅助检查的过程中,也能够捕捉到一些选题。如从乙肝病毒患者的化验结果中,可以围绕对各项化验结果的分析,提炼出诸如"乙肝与转阴"、"乙肝的预防"、"乙肝病毒携带者的日常生活"等系列选题;再如,围绕献血与输血,可以选取诸如"适量献血对人体的益处"、"义务献血者的身体条件"、"献血前后的饮食与营养"、"输血与配型"、"O型血真是万能的吗"等一系列主题。因此,从某种意义上说,医疗机构中的辅助科室(如化验室、B超室、血库、放射科、CT室等),同样是产生医学科普选题的理想之处。

(3)从科研成果中捕捉:把医学科研成果转化为科普作品,是医学科普选题的重要来源。医务工作者需要经常总结工作经验,提交科研报告,撰写学术论文。如果他们能在撰写医学论文的同时,考虑到用科普的形式来加以表达,那么就会大大丰富医学科普选题的内容。例如,许多心血管病专科的医生都写过高血压病方面的论文,有此基础完全可以写出诸如"高血压的现代诱因"、"高血压的易发人群"、"控制血压的有效方法"、"高血压患者的饮食"、"高血压患者的运动忌宜"、"治疗高血压的新药"等方面选题的作品。再如,在人群中开展糖尿病、龋齿、肿瘤、流行病学等普查课题时,可以根据普查结果,将其中相关因素、数据融入医学科普作品中,使读者能切身感受到发生在自己身边的事情,拉近与读者的距离。这样的医学科普选题,肯定会受到读者的欢迎。

需要提醒的是，在确定医学科普选题时，切不可把尚未证实的结论、动物实验的结果或仅是推测的结果等内容作为写作的题材。那样不仅可能会误导读者，而且也与科普精神背道而驰。

（二）搜集材料

俗话说"巧妇难为无米之炊"。要想写出医学科普的佳作，就必须广泛搜集方方面面与选题相关的材料。这里所谓的材料，主要是指写作中所需要的各种事实、数据和观点等。对于写作者来说，材料都是浩如烟海，且鱼龙混杂。因此，在搜集的过程中，在紧紧围绕选题的同时，还应把握好以下一些原则。

1. 真实准确

真实是要求材料中不能含有虚假的成分；准确则是指材料中所涉及的人物、事件、时间、地点、数量等与实际情况完全吻合。这就要求作者在搜集材料的时候应尽量获取直接材料，以免横生枝节，无法证实；即使要用到的间接材料，也应首先进行认真分析、仔细核对，然后在全面理解的基础上对之进行合理的取舍，绝不能断章取义，更不能随意编造或杜撰。

2. 典型新颖

典型是指材料具有较强的代表性，能够反映事物的本质，恰当地说明主题；新颖是指的是材料新鲜、不陈旧。俗话说："吃别人嚼过的馍，没有滋味。"因此，搜集材料时最忌讳的就是一般化，缺乏特色和新意。要做到这些，就要求写作者在广泛深入调研的基础上，善于将各种纷繁复杂的材料进行归类、比较，从中选定那些既能够充分表达主题，又能够反映医学发展水平的典型材料，从而使读者不仅可以理解作品的主题，而且更让他们感到耳目一新。

3. 充足精炼

充足是指材料的数量非常丰富，能够充分、有力地来说明主题；精炼是指材料的质量非常高，能够恰当、贴切地论证主题。实践表明，好的主题要靠好的材料来体现。主题统帅材料，材料表现主题。材料是作品成功的基础和保证。只有材料充足，才能在写作时做到旁征博引，妙笔生花；只有材料精炼，才能使作品入木三分，令人读来手不释卷。

（三）构思布局

构思布局指的是对于作品结构、形式和内容方面的思考和安排。思路清晰、结构合理、形式和内容高度统一，是那些好的医学科普作品的共同特征。为此，在写作过程中应注重以下几点：

1. 思路要开阔、敏锐

思路，一般是指是思想的线索或脉络，从字义上理解就是表示思而有"路"，即在思考的时候有着清晰的条理性、逻辑性和规律性。思路是结构的基础。思路不清则文理不顺。因此，要想对文章进行巧妙、合理的布局，首先就要求作者在写作思路上必须开阔、敏锐。应从微观到宏观、从横向到纵向、从局部到全局等多角度、全方位地思考问题，并且善于从中捕捉那些符合广大读者实际需求，能够让他们喜闻乐见的内容和形式。只有这样，才能使写出来的作品立意新颖、独到，结构简洁、流畅，内容充实，文情并茂。

2. 结构完整、和谐

结构是作品的内部构造即"骨骼"，是对主题具体、恰当的组织和安排。它主要包括标题、开头、结尾和层次、段落等内容。结构安排不仅仅是一个写作技巧的问题,更是一个写作思路的问题。也就是说,作品的结构与其作者对事物的认识、理解及其思路密切相关。因此,这就要求写作者在结构安排上必须遵循的根本指导思想,是结构安排必须服从主题的需要。具体来说,就是作品的标题、开头、结尾以及层次段落等应通篇谋划、精心布局,力求做到完整、和谐。

首先,确定标题。标题题目是结构的重要部分,是读者对作品的第一印象,往往是读者能否展开阅读之关键,因此要做到简明醒目,观点鲜明,贴切新颖,出奇制胜。

其次,安排层次、划分段落。层次是主题内容表现的先后顺序,段落是表示思路发展中的停顿和间歇,能够起到转折、强调、过渡等作用。无论是层次的安排还是段落的划分,都应根据内容的需要,以及读者的阅读习惯来合理布局,着力突出主题。

最后,重视开头、结尾与过渡。好的开头和巧妙的结尾,更有利于作品的传播。好的开头,既有利于作品的进一步展开,同时又能够迅速吸引读者。结尾是内容发展的必然结果,要做到耐人寻味,能够给读者留下深刻的印象,引发他们的联想和思考,使他们能够在获取知识的同时,增强意识,变革观念、改善行为。过渡要做到自然、连续、使作品能够前后呼应。

(四)写作

写作是在充分准备的基础上加以落实的过程。为了避免思路的中断,在写作时最好一气呵成地快速写出第一稿。此外,还应注意对引文、名词术语、古语等进行准确取舍。特别是对于名词术语,不应随意缩写,要全篇表达一致;对涉及的判断、推理和论证等,必须要符合思维逻辑;对那些表示数量、程度、范围等内容,应尽量精确,假若不能精确化,也要掌握好分寸,如许多、部分、少数、个别、也许等词语的使用,应做到恰如其分。

(五)修改

俗话说"百炼才能成钢"。任何一部作品都不可能一蹴而就,必须要反复进行推敲、修改。这种修改是全方位的,既包括对作品主题的修改,也包括对素材、结构、语言等方面的修改。一般而言,对主题的修改,主要是为了使它能够更鲜明、更充分、更深刻;对素材的修改,主要表现为用更典型、新颖的素材去替换原有的素材,使之更贴切地表达内容;对结构的修改主要是调整结构,使之更加完整、清晰、紧凑;对语言的修改则是要对语言进行推敲,一方面使原来的某些概念和提法更准确、更科学,另一方面,使作品更加生动活泼、优美精炼,更形象、传神地表达内容。

二、医学科普写作的基本要求

医学科普写作虽然体裁不拘、内容丰富、形式多样、创作灵活,似乎尽可以纵横驰骋、天马行空,然而在具体创作过程中,看似无法,实则有矩。俗话说"没有规矩,不成方圆"。因此,医学科普写作的规矩即基本要求主要体现在以下四个方面。

(一)科学性

科学性是医学科普作品的灵魂和生命。离开了严谨的科学性,就不能称其为科普。科普作品不仅要有充实的科学知识内容,而且要求这些内容必须是严密和准确的。医学科普作品不同于一般的文学作品,因为如果它的内容中出现了不科学的内容,那么轻则伤身,重则毙命,后果十分严重。而且,一篇医学科普作品若出现差错,那么其受害者很可能会成千上万。为此,在写作过程中必须要保证科学性,做到真实、准确、成熟、全面。

1. 真实

真实是指医学科普作品所介绍的内容必须是可靠的;所阐述的理论必须经过实践验证,并且是先进、可行的,对那些伪科学的或陈旧、过时、落后的理论应加以淘汰;所推荐的方法必须真实可行,且疗效显著。例如,历史上曾经盛行一时的"甩手疗法"、"凉水疗法"、"鸡血疗法"以及"红茶菌治百病"等都给公众严重的误导。更有甚者,有些邪教以防病治病为幌子,让病人不打针不吃药,最终延误病情,导致极端后果。对此,必须坚决予以杜绝和批判。

2. 准确

准确是指医学科普作品所阐述的概念、定义、原理、事实、数据、公式、用语等方面,都必须要准确,严禁夸大、歪曲。例如,对于医学新理论、新成果、治疗方法、用药剂量等都必须概念清楚,数据准确、可靠。有些人喜欢对一些医学科研成果、治病方法以及药物疗效等,冠之以"世界先进水平"、"国内领先"、"最新突破"、"效果最佳"等字眼,这种做法不仅模糊不清,而且也不恰当。因此,评价一定要恰如其分,不能讲过头话。否则介绍的内容不准确,就不能给群众正确的知识和指导,就无法倡导和建立科学、健康、文明的生活方式和行为。

3. 成熟

成熟是指医学科普作品所介绍的内容在理论上已经成熟,技术上已经过关,经得起实践检验,得到社会公认,经得起重复,而不是偶尔一次成功,或还处于探索阶段。如气功治病问题,气功对强身健体、辅助治疗某些疾病有一定的帮助,但是否对许多疾病都有效果,能不能作为一种方法治病,都还存在许多争议,必须要有大量的临床试验,有一定的科学数据,才能宣传推广,否则就不是科学的态度,甚至会贻误病情,造成不良后果。

4. 全面

全面是指医学科普作品的内容、观点要客观,所推荐的医学知识要全面、完整、系统。比如,介绍一项新疗法、一种新药品,在宣传其疗效好的同时,又要谈到其局限性、副作用,切不可只报喜不报忧。又比如介绍某种验方、秘方,不能只讲组成,不介绍具体配制和使用方法,造成读者盲目配用,招致不测。

(二)通俗性

通俗性是指让要宣传普及的医学知识,从医学专家的书斋,从大学的讲坛上,从科学家的实验室里走出来,深入千家万户,为广大群众所掌握,让他们看得懂,学得会,用得上。所以,医学科普作品必须深入浅出,通俗易懂。

1. 内容深入浅出

所谓"深入",是指要对宣传的问题有透彻的理解,高瞻远瞩,厚积薄发;所谓"浅出",则是指从群众的知识水平和接受能力出发,用群众自己的语言和为群众所喜爱的形式表达出来。从某种意义上说,科普写作是专门和外行人打交道的,也就是说,它主要是向那些不懂医学的人传播医学知识,因此一定要隔行看得懂,读后增知识。要写作的医学科普作品,在内容上要适应读者的阅读和理解能力,否则绝不会受到读者的欢迎。

2. 形式多种多样

医学科普作品的创作形式要富于变化,机动灵活,尽量避免单调。要多采用启发式,少用灌输式。医学理论知识往往是枯燥的,但是要通过一个富有吸引力的故事,一种能够引起读者兴趣的手法,把知识告诉读者,让他们喜闻乐见,抓住他们的心。所以不妨多引进文学手法,应用多种体裁,有意地设置一些情节,读起来像读一篇故事。对有些知识,还可以适当运用图片加以表示,以便更容易让读者理解。

3. 文字言简意赅

医学科普作品的语言要力求简洁明快,尽量少用或不用难懂的名词和术语、外文。切忌空话、套话。要多用群众自己的语言,使其口语化。此外,还可多用生动形象的比喻,让人感到具体直观,容易掌握。

(三)趣味性

趣味性是指医学科普作品要富有可读性。医学科普作品不同于教科书。教科书都有一定的格式,富有系统性,如讲某种疾病,一般要讲病因、发病机理、症状、体征、治疗、预防等等,有一套固定格式,而且名词术语多,一般不学医的人根本读不下去。而医学科普作品要让读者在短时间内掌握所介绍的医学知识,很重要的一点就是要想方设法吸引读者的阅读兴趣,使他们能够一直读下去。医学科普作品不仅要通俗易懂,而且要讲究艺术性和可读性,这样才能使读者愿意读,喜欢读。实践表明,趣味性越强,读者就越多,作品传播也就越远。那么,提高趣味性又应做到哪些要求呢?

1. 求新

求新求异是人的天性。人们总是对新奇的事情感兴趣。同样,在医学科普作品的写作中也应求新,尽量做到内容新颖,角度新颖。内容新即指所介绍的医学理论、成果、方法等要新,或者是在旧内容的基础上有新发展。譬如,过去人们只知道唾液具有消化功能,而随着科学的发展,医学专家逐渐发现,唾液还有杀菌、防癌、美容等作用。新鲜的内容本身就很有趣,能够激发起读者的阅读欲。

但在实际写作中,如果一味追求内容新是比较困难的。其实很多知识也需要反复宣传,这就需要我们对待这样的内容,尽量选取新的角度,从不同的侧面,选取不同的重点,做到立意新,不给人以雷同感。

2. 文采

众所周知,文采飞扬的作品,往往特别吸引人。例如余秋雨的作品,叙述的大多是历史典故,很多事情人们都知道,可为什么还能那么吸引人呢? 其中很重要的一点,就是他的作品有文采,给人以美的感受。医学科普作品也需要讲究辞章文采,否则"言之无文,行而不远"。科普文章是科学与文艺相结合的产物,作品没有文采,就不能抓住读者。语言生动活泼,遣词造句讲究文采,增强文章的活力和趣味,引起读者的想象和联想,引人入胜。

3. 情节

人们对有故事情节的东西,往往乐意读下去。所以在写作时,不妨多运用讲故事形式,寓科学性、道理于故事中,娓娓道来,常常能收到意想不到效果。例如,用"望梅止渴"的故事来讲解神经系统的条件反射,用"杞人忧天"来说明神经过敏病态,往往能吸引读者。

(四)情感性

情感性是指医学科普作品要有浓厚的思想感情。医学科普作品是有感情的人写的,同时也是写给有感情的人看的。艺术创作,特别反对冷漠无情,无动于衷。医学科普作品写作中的"情"主要体现在以下方面。

1. 正确的思想

医学科普作品要体现一定的思想。它提倡什么,反对什么,往往都能在字里行间反映出来,有的明显些,有的隐晦些。医学科普作品的目的在于向群众普及医学卫生知识,提高人们的自我保健意识和自我保健能力,增进身心健康。所以,在创作中要具有正确的思想,符合国家的方针政策,适合我国的国情,要启发人们相信科学,破除迷信,自觉和各种反社会、反科学、反人类的邪教作斗争,倡导科学、文明、健康的生活方式。这是对读者负责的精神,也是对读者应有的情感。

2. 科学的态度

医学是科学,是一门实践性很强的科学。为确保医学科普作品的科学性,创作者必须要有渊博的医学知识,严肃的创作态度,严谨的治学精神。应该写自己熟悉的东西,有把握的东西,对于模棱两可、把握不准的事情,不要轻易下笔,更不要随便定论。人体科学至今有许多奥秘尚未被完全解开,像气功、特异功能等等。既不应宣传过分,也不能轻易否定,应留待后人研究、探讨。所以,应采取科学、严肃、慎重的态度,不夸大、不缩小、不歪曲,不掺杂个人的偏见。这才是对科学负责,对读者负责,才是对科学的爱,对读者的情。

3. 寓情于文

没有感情的语言,必然是大话、废话、空话,必然是苍白无力的。医学科普作品的写作特别要反对言不由衷,虚情假意。应当将对读者的情,融入作品中,反映在字里行间,使读者感受到作者的真诚和热情。只有这样的文章,才能真正做到"动之以情,晓之以理",才能引起读者强烈的阅读兴趣,才能在广大读者中引起良好的反响,起到应有的作用。

第四节　医学科普写作的基本原则与手法

一、医学科普的写作原则

(一)实用性

实用性是医学科普写作的首要原则,这是医学科普作品自身的社会价值所决定的。因为医学科普作品只有具备较高的实用性,即让读者读后体会到其用途,才能为读者认同和接受,也才能表明其存在的价值。

生老病死是人生的必然过程,是任何人都逃避不了的。医学知识与人们日常生活息息相关,一个人可以没有深奥的知识,但不能没有一点医学基本知识。因为人的一生会涉及各种各样的卫生保健问题,或多或少地伴随着这种或那种疾病的困扰。人不可能长生不老,但可活得更为健康,相对的长寿。尤其是在当今时代,随着医学科学技术的进步和物质生活水平的提高,人们对卫生保健和防病治病的问题尤为关注。

为了达到这一目的,人们除了接受医生的日常卫生保健和对疾病的治疗外,还迫切需要掌握一些医学基本知识,以达到自我保健和增强身体素质,提高防病意识和掌握一些简易的治病方法的目的。对于一个普通老百姓来说,他们不可能从那些深奥的医学专业书籍中获得这方面的知识,而只有通过阅读一些通俗的医学科普作品来达到这一目的。由此可见,在众多的医学科普宣传形式中,医学科普写作将独当一面,起着举足轻重的作用,而医学科普写作能否完成这一重任,其关键就在于作品的实用性。所以,是否具有实用性对于医学科普写而言是至关重要的。

(二)体现人文关怀

人文关怀作为医学的终极取向,同时必然决定了医学科普写作的终极取向,并进而成为医学科普写作的又一个基本原则。

人文关怀不同于以追求知识为目的的知识关怀,它以人为本,体现的是对人生存和发展、命运和前途的关心,提倡的是一种关注人生和世界存在的精神。医学从本质上讲是人学,因为它关注的是在病痛中挣扎的、最需要关怀和帮助的人。中国古代将医学称为"仁术",医生被誉为"仁爱之士"。西方医学之父希波克拉底认为,"医术是一切技术中最美和最高尚的",并指出"医生应当具有优秀哲学家的一切品质:利他主义、热心、谦虚、冷静的判断……"如果说人类文明的根本上是从"人"与"文"的双向互动中得到解释的,那么这种双向互动中始终存在着一个不可忽略的事实:历史性的人文取向。

现代医学模式在实践中的转化有赖于医学对人们心理和社会因素的关怀,而传统生物医学模式下形成的技术至上观念妨碍了这种关怀的实现,进而也给现代医学模式的转化造成了困难。因此,在医学科普写作中倡导人文关怀原则是十分必要的,从知识、技术至上走向人文关怀,将成为现代医学模式在实践中转化的必要条件,而医学科普写作无疑是实现这种转变的重要一环。

二、医学科普的写作手法

(一)拟人法

拟人是指把物(包括物体、动物、思想或抽象概念)拟作人,使其具有人的外表、个性或情感等特征。拟人法是文学创作上经常使用的一种修辞手法,主要是采用虚拟的方式将事物人格化,目的是要使内容更加生动、形象,同时借物抒情,表达出作者自己的情感态度。

由于医学科普写作的目的是要将医学知识传播给社会公众,然而对于绝大多数人来说,医学知识都是既抽象又生疏的,因此在写作过程中,如何把这些抽象、生疏的医学知识变得形象、通俗,以便于广大读者阅读和理解,应该说是个关键。实践表明,拟人法是解决这一矛盾的有效方法之一。

拟人法能够让作者精心设计和构造出一种虚拟的环境,给人之外的所有事物都赋予人的语言行为能力和思想情感,从而使这些事物进入人的世界,与人展开对话和交流,拉近了彼此之间的距离,最终达到了生动、形象地普及医学知识的目的。例如《SARS的自述》、《漫游细菌世界》等采用的都是拟人的手法。

(二)悬念法

悬念是指作者为了激活读者的"紧张与期待的心情",在艺术处理上采取的一种积极手段。它包括"设悬"和"释悬"两个方面。它们彼此互为前提,相互依赖。前有"设悬",后必有"释悬"。通俗地说,它指的是在情节发展的中间只亮开谜面,藏起谜底,在适当的时候再予点破,使读者的期待心理得到满足。

悬念法是医学科普创作中经常使用的表现手法。因为,如果医学科普作品写得太直白,让人一览无余,会使读者失去新鲜感与神秘感,也就失去了读下去的愿望,因而也就失去了广大读者。所以在医学科普作品的创作中,应该精心设置疑窦,使读者能够在阅读的时候,产生兴趣,从而达到医学科普创作的目的。

一般来说,"设悬"总是出现在文章开头部分,目的是先将疑问悬在那儿,让读者念念不忘,并对答案进行各种猜想。在蓄积了长时间后,一般在结尾部分,再进行"释悬",写出结局。这种悬念式的组合方式,可以造成情节的曲折有致,牢牢地吸引读者,取得出奇制胜的效果。

(三)比喻法

比喻用某些有类似点的事物来比拟想要说明的事物,它一般由本体、喻体和喻词三个要素组成。本体指的是被比喻的事物,喻体指的是打比方的事物,喻词则是指表示比喻关系的词语。比喻法就是用打比方的方法将所要阐明的观点或看法表达出来。

用比喻的方法来对某事物的特征进行描绘和渲染,可使这一事物变得生动形象、具体可感,引发读者的联想和想象,从而令他们形成鲜明深刻的印象,增强作品的感染力。此外,若对道理进行比喻,即用浅显易见的事物对深奥的道理加以描述,则能够化抽象为具体,化繁为简,使道理变得通俗易懂,从而有助读者更好地理解其中的深意。

在医学科普写作的过程中,采用比喻法时应注意把握如下要求:首先是喻体要常见、易懂,即应该是读者熟知的事物,否则就达不到比喻的目的;其次是比喻要贴切,即必须对喻体和本体的共同点作认真的分析概括,切忌胡编乱造、信手拈来;最后是比喻要注意思想感情,感情色彩不得体,语言表达就失去了光彩,无法打动读者。

总之,巧妙、贴切的比喻能够极大地有助于广大读者正确理解医学知识,从而起到事半功倍的作用。例如,把人体免疫细胞比喻为"人体健康的卫士";把某些对人体有用的微量元素比喻为"人类健康的女神";把对人体有害的致癌物质比作"人类死亡的杀手"等等,都不失为这方面的成功典范。

(四)设问法

为了引起读者的注意,故意先提出问题,然后再作自答,这种修辞手法就叫做设问。例如,安全期避孕安全吗,肉眼真的有透视功能吗,你知道克隆是怎么回事吗等等。

设问中的提问,既可以是有疑而问,也可以是无疑而问;问题的答案,既可以是肯定的,也可以是否定的。然而,无论采取什么形式,其目的都是要在故意提出问题的基础上,引起读者关注,启发读者思考和领悟作品的关键内容,把握作品的精髓。

恰当、合理地运用设问,除了能够引起读者注意,启发其思考外,还有助于作品的层次愈加分明,结构愈加紧凑,从而提高作品的艺术品位,使其能够吸引更多的读者,更好地实现医学科普写作的目的。

例文一

矫治"尴尬微笑"　恢复自信生活

小王是位年轻、活泼、开朗的女孩,可最近突然变得有些沉闷、忧郁。经好友询问才知道:

小王新交的男友说她笑起来总让人觉得有些"别扭",小王自己对着镜子笑也觉得有些"别扭",可自己也不明白为什么？后来经朋友介绍,来到了市口腔医院进行咨询、检查。

经过医生检查发现,造成小王这种所谓"别扭"微笑的原因主要有两种:一是唇系带过短,造成上嘴唇轻度外翻,对牙齿的覆盖不充分;二是牙齿的萌出不足,牙龈覆盖牙齿过多,因而微笑的时候牙龈暴露太多,而牙冠显得过于短小,这也是医学上通常所说的"尴尬微笑"。针对小王的病因,医生对她进行了唇系带修整、牙冠延长术,以及术后的唇功能练习。一个月后,自信,开朗的微笑又回到了小王的脸上。

据市口腔医院口腔内科副主任路吉坤介绍:牙龈作为口腔的重要组成部分,其色、形、质的改变,都会对人的面貌产生影响,从而导致"尴尬微笑",比如说常见的青春期和妊娠期妇女牙龈增生、牙龈退缩以及错𬌗畸形和面瘫等,这都需要找出病因再具体施治。对于临床牙冠过短的患者,可以采用牙冠延长术进行矫治;唇系带过短者,可以行唇系带延长术,同时配合功能练习;对于错𬌗畸形要通过正畸或者外科手术进行矫治;面瘫的患者可采用药物或手术的方法进行治疗。现代社会,随着生活水平的提高以及人们社会交往活动的增多,人们对自我仪表仪态的要求也越来越多,如果采取有效的治疗手段,是完全可以避免"尴尬微笑"的。

（文章来源:大众网；作者:何萍

http://health.dzwww.com/jkzjt/201004/t20100413_5487647.htm）

例文二

小小眼药水　使用大学问

有的人平时常滴眼药水护眼,可一段时间后,总感觉眼睛干涩、发红,到医院一检查才知道,原来已经患上了干眼症。

为此专家提示,眼药水中大多含有冰片和血管收缩药物,可让充血的眼睛立刻恢复正常,且感觉凉爽、舒服。但长时间使用眼药水会破坏眼表微环境,造成干眼症及药物性角膜炎、结膜炎。

使用眼药水,应采用正确的方法。首先,洗净双手,采取坐姿或卧姿,头向后仰,用拇指和食指轻轻将下眼睑向下拉,使其呈"沟状"。此时眼睛向上看,并尽量使瓶口靠近眼睑"沟",但不要接触,然后按规定量将眼药水滴入眼睑"沟"中,再轻轻闭上眼睛,尽量不要眨眼。最后用手指轻轻按压鼻侧眼角1～2分钟,用干净的纸巾将多余的药液擦去。

值得注意的是,眼药水不要长期使用。眼药水短期使用时每次用量为1滴～2滴,每日用量不要超过3～4次;若同时使用几种滴眼剂,滴不同药液的时间间隔至少为5分钟;使用滴眼剂时可能产生灼烧感,但一般不会超过几分钟,若灼烧感持续时间过长,应及时咨询医师或药师;大部分眼药水保质期在1年左右,但这是指未开封状态下保存,开封后建议放在冰箱冷藏保存并在1个月内用完。

文章来源:《健康报》2010－09－16

附　　录

附录一　　　　　　　国家行政机关公文处理办法

（2000 年 8 月 24 日国务院发布）

第一章　总　则

第一条　为使国家行政机关（以下简称行政机关）的公文处理工作规范化、制度化、科学化，制定本办法。

第二条　行政机关的公文（包括电报，下同），是行政机关在行政管理过程中形成的具有法定效力和规范体式的文书，是依法行政和进行公务活动的重要工具。

第三条　公文处理指公文的办理、管理、整理（立卷）、归档等一系列相互关联、衔接有序的工作。

第四条　公文处理应当坚持实事求是、精简、高效的原则，做到及时、准确、安全。

第五条　公文处理必须严格执行国家保密法律、法规和其他有关规定，确保国家秘密的安全。

第六条　各级行政机关的负责人应当高度重视公文处理工作，模范遵守本办法并加强对本机关公文处理工作的领导和检查。

第七条　各级行政机关的办公厅（室）是公文处理的管理机构，主管本机关的公文处理工作并指导下级机关的公文处理工作。

第八条　各级行政机关的办公厅（室）应当设立文秘部门或者配备专职人员负责公文处理工作。

第二章　公文种类

第九条　行政机关的公文种类主要有：

（一）命令（令）

适用于依照有关法律公布行政法规和规章；宣布施行重大强制性行政措施；嘉奖有关单位及人员。

（二）决定

适用于对重要事项或者重大行动做出安排，奖惩有关单位及人员，变更或者撤销下级机关不适当的决定事项。

（三）公告

适用于向国内外宣布重要事项或者法定事项。

（四）通告

适用于公布社会各有关方面应当遵守或者周知的事项。

（五）通知

适用于批转下级机关的公文，转发上级机关和不相隶属机关的公文，传达要求下级机关办理和需要有关单位周知或者执行的事项，任免人员。

（六）通报

适用于表彰先进，批评错误，传达重要精神或者情况。

（七）议案

适用于各级人民政府按照法律程序向同级人民代表大会或人民代表大会常务委员会提请审议事项。

（八）报告

适用于向上级机关汇报工作，反映情况，答复上级机关的询问。

（九）请示

适用于向上级机关请求指示、批准。

（十）批复

适用于答复下级机关的请示事项。

（十一）意见

适用于对重要问题提出见解和处理办法。

（十二）函

适用于不相隶属机关之间商洽工作，询问和答复问题，请求批准和答复审批事项。

（十三）会议纪要

适用于记载、传达会议情况和议定事项。

第三章　公文格式

第十条　公文一般由秘密等级和保密期限、紧急程度、发文机关标志、发文字号、签发人、标题、主送机关、正文、附件说明、成文日期、印章、附注、附件、主题词、抄送机关、印发机关和印发日期等部分组成。

（一）涉及国家秘密的公文应当标明密级和保密期限，其中，"绝密"、"机密"级公文还应当标明份数序号。

（二）紧急公文应当根据紧急程序分别标明"特急"、"急件"。其中电报应当分别标明"特提"、"特急"、"加急"、"平急"。

（三）发文机关标志应当使用发文机关全称或者规范化简称；联合行文，主办机关排列在前。

（四）发文字号应当包括机关代字、年份、序号。联合行文，只标明主办机关发文字号。

（五）上行文应当注明签发人、会签人姓名。其中，"请示"应当在附注处注明联系人的姓名和电话。

（六）公文标题应当准确简要地概括公文的主要内容并标明公文种类，一般应当标明发文机关。公文标题中除法规、规章名称加书名号外，一般不用标点符号。

（七）主送机关指公文的主要受理机关，应当使用全称或者规范化简称、统称。

（八）公文如有附件,应当注明附件顺序和名称。

（九）公文除"会议纪要"和以电报形式发出的以外,应当加盖印章。联合上报的公文,由主办机关加盖印章;联合下发的公文,发文机关都应当加盖印章。

（十）成文日期以负责人签发的日期为准,联合行文以最后签发机关负责人的签发日期为准。电报以发出日期为准。

（十一）公文如有附注（需要说明的其他事项）,应当加括号标注。

（十二）公文应当标注主题词。上行文按照上级机关的要求标注主题词。

（十三）抄送机关指除主送机关外需要执行或知晓公文的其他机关,应当使用全称或者规范化简称、统称。

（十四）文字从左至右横写、横排。在民族自治地方,可以并用汉字和通用的少数民族文字（按其习惯书写、排版）。

第十一条　公文中各组成部分的标志规则,参照《国家行政机关公文格式》国家标准执行。

第十二条　公文用纸一般采用国际标准 a4 型（210mm×297mm）,左侧装订。张贴的公文用纸大小,根据实际需要确定。

第四章　行文规则

第十三条　行文应当确有必要,注重效用。

第十四条　行文关系根据隶属关系和职权范围确定,一般不得越级请示和报告。

第十五条　政府各部门依据部门职权可以相互行文和向下一级政府的相关业务部门行文;除以函的形式商洽工作、询问和答复问题、审批事项外,一般不得向下一级政府正式行文。

部门内设机构除办公厅（室）外不得对外正式行文。

第十六条　同级政府、同级政府各部门、上级政府部门与下一级政府可以联合行文;政府与同级党委和军队机关可以联合行文;政府部门与相应的党组织和军队机关可以联合行文;政府部门与同级人民团体和具有行政职能的事业单位也可以联合行文。

第十七条　属于部门职权范围内的事务,应当由部门自行行文或联合行文。联合行文应当明确主办部门。须经政府审批的事项,经政府同意也可以由部门行文,文中应当注明经政府同意。

第十八条　属于主管部门职务范围内的具体问题,应当直接报送主管部门处理。

第十九条　部门之间对有关问题未经协商一致,不得各自向下行文。如擅自行文,上级机关应当责令纠正或撤销。

第二十条　向下级机关或者本系统的重要行文,应当同时抄送直接上级机关。

第二十一条　"请示"应当一文一事;一般只写一个主送机关,需要同时送其他机关的,应当用抄送形式,但不得抄送其下级机关。

"报告"不得夹带请示事项。

第二十二条　除上级机关负责人直接交办的事项外,不得以机关名义向上级机关负责人报送"请示"、"意见"和"报告"。

第二十三条　受双重领导的机关向上级机关行文,应当写明主送机关和抄送机关。上级机关向受双重领导的下级机关行文,必要时应当抄送其另一上级机关。

第五章　发文办理

第二十四条　发文办理指以本机关名义制发公文的过程,包括草拟、审核、签发、复核、缮印、用印、登记、分发等程序。

第二十五条　草拟公文应当做到:

(一)符合国家的法律、法规及其他有关规定。如提出新的政策、规定等,要切实可行并加以说明。

(二)情况确实,观点明确,表述准确,结构严谨,条理清楚,直述不曲,字词规范,标点正确,篇幅力求简短。

(三)公文的文种应根据行文目的、发文机关的职权和与主送机关的行文关系确定。

(四)拟制紧急公文,应当体现紧急的原因,并根据实际需要确定紧急程度。

(五)人名、地名、数字、引文准确。引用公文应当先引标题,后引发文字号。引用外文应当注明中文含义。日期应当写明具体的年、月、日。

(六)结构层次序数,第一层为"一、",第二层为"(一)",第三层为"1.",第四层为"(1)"。

(七)应当使用国家法定计量单位。

(八)文内使用非规范化简称,应当先用全称并注明简称。使用国际组织外文名称或其缩写形式,应当在第一次出现时注明准确的中文译名。

(九)公文中的数字,除成文日期、部分结构层次序数和在词、词组、惯用语、缩略语、具有修辞色彩语句中作为词素的数字必须使用汉字外,应当使用阿拉伯数字。

第二十六条　拟制公文,对涉及其他部门职权范围内的事项,主办部门应当主动与有关部门协商,取得一致意见后方可行文;如有分歧,主办部门的主要负责人应当出面协调,仍不能取得一致时,主办部门可以列明各方理据,提出建设性意见,并与有关部门会签后报请上级机关协调或裁定。

第二十七条　公文送负责人签发前,应当由办公厅(室)进行审核,审核的重点是:是否确需行文,行文方式是否妥当,是否符合行文规则和拟制公文的有关要求,公文格式是否符合本办法的规定等。

第二十八条　以本机关名义制发的上行文,由主要负责人或者主持工作的负责人签发;以本机关名义制发的下行文或平行文,由主要负责人或者由主要负责人授权的其他负责人签发。

第二十九条　公文正式印制前,文秘部门应当进行复核,重点是:审批、签发手续是否完备,附件材料是否齐全,格式是否统一、规范等。

经复核需要对文稿进行实质性修改的,应按程序复审。

第六章　收文办理

第三十条　收文办理指对收到公文的办理过程,包括签收、登记、审核、拟办、承办、催办等程序。

第三十一条　收到下级机关上报的需要办理的公文,文秘部门应当进行审核。审核的重点是:是否应由本机关办理;是否符合行文规则;内容是否符合国家法律、法规及其他有关规定;涉及其他部门或地区职权的事项是否已协商、会签;文种使用、公文格式是否规范。

第三十二条 经审核,对符合本办法规定的公文,文秘部门应当及时提出拟办意见送负责人批示或者交有关部门办理,需要两个以上部门办理的应当明确主办部门。紧急公文,应当明确办理时限。对不符合本办法规定的公文,经办公厅(室)负责人批准后,可以退回呈报单位并说明理由。

第三十三条 承办部门收到交办的公文后应当及时办理,不得延误、推诿。紧急公文应当按时限要求办理,确有困难的,应当及时予以说明。对不属于本单位职权范围或者不宜由本单位办理的,应当及时退回交办的文秘部门并说明理由。

第三十四条 收到上级机关下发或交办的公文,由文秘部门提出拟办意见,送负责人批示后办理。

第三十五条 公文办理中遇有涉及其他部门职权的事项,主办部门应当主动与有关部门协商;如有分歧,主办部门主要负责人要出面协调,如仍不能取得一致,可以报请上级机关协调或裁定。

第三十六条 审批公文时,对有具体请示事项的,主批人应当明确签署意见、姓名和审批日期,其他审批人圈阅视为同意;没有请示事项的,圈阅表示已阅知。

第三十七条 送负责人批示或者交有关部门办理的公文,文秘部门要负责催办,做到紧急公文跟踪催办,重要公文重点催办,一般公文定期催办。

第七章　公文归档

第三十八条 公文办理完毕后,应当根据《中华人民共和国档案法》和其他有关规定,及时整理(立卷)、归档。

个人不得保存应当归档的公文。

第三十九条 归档范围内的公文,应当根据其相互联系、特征和保存价值等整理(立卷),要保证归档公文齐全、完整,能正确反映本机关的主要工作情况,便于保管和利用。

第四十条 联合办理的公文,原件由主办机关整理(立卷)、归档,其他机关保存复制件或其他形式的公文副本。

第四十一条 本机关负责人兼任其他机关职务,在履行所兼职务职责过程中形成的公文,由其兼职机关整理(立卷)、归档。

第四十二条 归档范围内的公文应当确定保管期限,按照有关规定定期向档案部门移交。

第四十三条 拟制、修改和签批公文,书写及所用纸张和字迹材料必须符合存档要求。

第八章　公文管理

第四十四条 公文由文秘部门或专职人员统一收发、审核、用印、归档和销毁。

第四十五条 文秘部门应当建立健全本机关公文处理的有关制度。

第四十六条 上级机关的公文,除绝密级和注明不准翻印的以外,下一级机关经负责人或者办公厅(室)主任批准,可以翻印。翻印时,应当注明翻印的机关、日期、份数和印发范围。

第四十七条 公开发布行政机关公文,必须经发文机关批准。经批准公开发布的公文,同发文机关正式印发的公文具有同等效力。

第四十八条 公文复印件作为正式公文使用时,应当加盖复印机关证明章。

第四十九条 公文被撤销,视作自始不产生效力;公文被废止,视作自废止之日起不产生效力。

第五十条 不具备归档和存查价值的公文,经过鉴别并经办公厅(室)负责人批准,可以销毁。

第五十一条 销毁秘密公文应当到指定场所由二人以上监销,保证不丢失、不漏销。其中,销毁绝密公文(含密码电报)应当进行登记。

第五十二条 机关合并时,全部公文应当随之合并管理。机关撤销时,需要归档的公文整理(立卷)后按有关规定移交档案部门。

工作人员调离工作岗位时,应当将本人暂存、借用的公文按照有关规定移交、清退。

第五十三条 密码电报的使用和管理,按照有关规定执行。

第九章 附 则

第五十四条 行政法规、规章方面的公文,依照有关规定处理。外事方面的公文,按照外交部的有关规定处理。

第五十五条 公文处理中涉及电子文件的有关规定另行制定。统一规定发布之前,各级行政机关可以制定本机关或者本地区、本系统的试行规定。

第五十六条 各级行政机关的办公厅(室)对上级机关和本机关下发公文的贯彻落实情况应当进行督促检查并建立督查制度。有关规定另行制定。

第五十七条 本办法自 2001 年 1 月 1 日起施行。1993 年 11 月 21 日国务院办公厅发布,1994 年 1 月 1 日起施行的《国家行政机关公文处理办法》同时废止。

附录二   中国共产党机关公文处理条例

(经中共中央批准,中共中央办公厅 1996 年 5 月 3 日印发)

第一章 总 则

第一条 为适应中国共产党机关(以下简称党的机关)工作的需要,实现党的机关公文处理工作的科学化、制度化、规范化,制定本条例。

第二条 党的机关的公文,是党的机关实施领导、处理公务的具有特定效力和规范格式的文书,是传达贯彻党的路线、方针、政策,指导、布置和商洽工作,请示和答复问题,报告和交流情况的工具。

第三条 公文处理是包括公文拟制、办理、管理、立卷归档在内的一系列衔接有序的工作。

第四条 公文处理应当坚持实事求是、按照行文机关要求和公文处理规定进行的原则,做到准确、及时、安全、保密。

第五条 党的机关的办公厅(室)主管本机关的公文处理工作,并对下级机关的公文处理工作进行业务指导。

第六条　党的机关的办公厅(室)应当设立秘书部门或者配备秘书人员具体负责公文处理工作,并逐步改办公手段,努力提高工作效率和质量。秘书人员应当具有较高的政治和业务素质,工作积极,作风严谨,遵守纪律,恪尽职守。

第二章　公文种类

第七条　党的机关公文种类主要有:

(一)决议　用于经会议讨论通过的重要决策事项。

(二)决定　用于对重要事项作出决策和安排。

(三)指示　用于对下级机关布置工作,提出开展工作的原则和要求。

(四)意见　用于对重要问题提出见解和处理办法。

(五)通知　用于发布党内法规、任免干部、传达上级机关的指示、转发上级机关和不相隶属机关的公文、批转下级机关的公文、发布要求下级机关办理和有关单位共同执和或者周知的事项。

(六)通报　用于表彰先进、批评错误、传达重要精神、交流重要情况。

(七)公报　用于公开发布重要决定或者重大事件。

(八)报告　用于向上级机关汇报工作、反映情况、提出建议,答复上级机关的询问。

(九)请示　用于向上级机关请示指示、批准。

(十)批复　用于答复下级机关的请示。

(十一)条例　用于党的中央组织制定规范党组织的工作、活动和党员行为的规章制度。

(十二)规定　用于对特定范围内的工作和事务制定具有约束力的行为规范。

(十三)函　用于机关之间商洽工作、询问和答复问题,向无隶属关系的有关主管部门请求批准等。

(十四)会议纪要　用于记载会议主要精神和议定事项。

第三章　公文格式

第八条　党的机关公文由版头、份号、密级、紧急程度、发文字号、签发人、标题、主送机关、正文、附件、发文机关署名、成文日期、印章、印发传达范围、主题词、抄送机关、印制版记组成。

(一)版头　由发文机关全称或者规范化简称加"文件"二字或者加括号标明文种组成,用套红大字居中印在公文首页上部。联合行文,版头可以用主办机关名称,也可以并用联署机关名称。在民族自治地方,发文机关名称可以并用自治民族的文字和汉字印制。

(二)份号　公文印制份数的顺序号,标注于公文首页左上角。秘密公文应当标明份号。

(三)密级　公文的秘密等级,标注于份号下方。

(四)紧密程度　对公文送达和办理的时间要求。紧急文件应当分别标明"特急"、"加急",紧急电报应当分别标明"特提"、"特急"、"加急"、"平急"。

(五)发文字号　由发文机关代字、发文年度和发文顺序号组成,标注于版头下方居中或者左下方。联合行文,一般只标明主办机关的发文字号。

(六)签发人　上报公文应当在发文字号右侧标注"签发人","签发人"后面标注签发人姓名。

（七）标题　由发文机关名称、公文主题和文种组成,位于发文字号下方。

（八）主送机关　主要受理公文的机关。主送机关名称应当用全称或者规范化简称或者同类型机关的统称,位于正文止方,顶格排印。

（九）正文　公文的主体,用来表述公文的内容,位于标题或者主送机关下方。

（十）附件　公文附件,应当置于主件之后,与主件装订在一起,并在正文之后、发文机关署名之前注明附件的名称。

（十一）发文机关署名　应当用全称或者规范化简称,位于正文的右下方。

（十二）成文日期　一般署会议通过或者领导人签发日期;联合行文,署最后签发机关领导人的签发日期;特殊情况署印发日期。成文日期应当写明年、月、日,位于发文机关署名右下方。决议、决定、条例、规定等不标明主送机关的公文,成文日期加括号标注于档题下方居中位置。

（十三）印章　除会议纪要和印制的有特定版头的普发性公文外,公文应当加盖发文机关印章。

（十四）印发传达范围　加括号标注于成文日期左下方。

（十五）主题词　按上级机关的要求和《公文主题词表》标注,位于抄送机关上方。

（十六）抄送机关　指除主送机关以外的其他需要告知公文内容的上级、下级和不相隶属机关。抄送机关名称标注于印制版记上方。

（十七）印制版记　由公文印发机关名称、印发日期和份数组成,位于公文末页下端。

第九条　公文的汉字从左至右横排;少数民族文字按其书写习惯排印。公文用纸幅面规格可采用 16 开型(长 260 毫米,宽 184 毫米),也可采用国际标准 A4 型(长 297 毫米,宽 210 毫米)。左侧装订。

第十条　党的机关公文版头的主要形式及适用范围:

（一）《中共 ×× 文件》用于各级党委发布、传达贯彻党的方针、政策,作出重要工作部署,转发上级机关的文件,批转下级机关的重要报告、请示。

（二）《中国共产党 ×× 委员会（××）》用于各级党委通知重要事项、任免干部、批复下级机关的请示,向上级机关报告、请示工作。

（三）《中共 ×× 办公厅(室)文件》、《中共 ×× 办公厅(室)（××）》用于各级党委办公厅(室)根据授权,传达党委的指示,答复下级党委的请示,转发上级机关的文件,批转下级机关的报告、请示,发布有关事项,向上级机关转告、请示工作。

（四）《中共 ×× 部文件》、《中共 ×× 部（××）》用于除办公厅(室)以外的党委各部门发布本部门职权范围内的事项,向上级机关报告、请示工作。

第四章　行文规则

第十一条　行文应当确有需要,注重实效,坚持少而精。可发可不发的公文不发,可长可短的公文要短。

第十二条　党的机关的行文关系,根据各自的隶属关系和职权范围确定。

（一）向上级机关行文,应当主送一个上级机关;如需其他相关的上级机关阅知,可以抄送。不得越级向上级机关行文,尤其不得越级请示问题;因特殊情况必须越级行文时,应当同时抄送被越过的上级机关。

（二）向下级机关的重要行文，应当同时抄送发文机关的直接上级相关。

（三）党委各部门在各自职权范围内可以向下级党委的机关部门行文。党委办公厅（室）根据党委授权，可以向下级党委行文；党委的其他部门，不得对下级党委发布指示性公文。部门之间对有关问题未经协商一致，不得各自向下行文。

（四）同级党的机关、党的机关与其他同级机关之间必要时可以联合行文。

（五）不相隶属机关之间一般用函行文。

第十三条　受双重领导的机关向上级机关行文，应当写明主送机关和抄送机关，由主送机关负责答复其请示事项。上级机关向受双重领导的下级机关行文，应当抄送其另一上级机关。

第十四条　向上级机关请示问题，应当一文一事，不应当在非请示公文中夹带请示事项。

请示事项涉及其他部门业务范围时，应当经过协商并取得一致意见后上报；经过协商未能取得一致意见时，应当在请示中写明。除特殊情况外，请示应当送上级机关的办公厅（室）按规定程序处理，不应直接送领导者个人。党委各部门应当向本级党委请示问题。未经本级党委同意或授权，不得超过本级党委向上级党委主管部门请示重大问题。

第十五条　对不符合行文规则的上报公文，上级机关的秘书部门可退回下级呈报机关。

第五章　公文起草

第十六条　起草公文应当做到：

（一）符合党的路线、方针、政策和国家的法律、法规及上级机关的指示，完整、准确地体现发文机关的意图，并同现行有关公文相衔接。

（二）全面、准确在反映客观实际情况，提出的政策、措施切实可行。

（三）观点明确，条理清查，内容充实，结构严谨，表述准确。

（四）开门见山，文字精练，用语准确，篇幅简短，文风端正。

（五）人名、地名、时间、数字、引文准确。公文中汉字和标点符号的用法符合国家发布的标准方案，计量单位和数字用法符合国家主管部门的规定。

（六）文种、格式使用正确。

（七）杜绝形式主义和繁琐哲学。

第十七条　起草重要公文应当由领导人亲自动手或亲自主持、指导，进行调查研究和充分论证，征求有关部门意见。

第六章　公文校核

第十八条　公文文稿送领导人审批之前，应当由办公厅（室）进行校核。公文校核的基本任务是协助机关领导人保证公文的质量。公文校核的内容是：

（一）报批程序是否符合规定；

（二）是否确需行文；

（三）内容是否符合党的路线、方针、政策和国家的法律、法规及上级机关的指示精神，是否完整、准确地体现发文机关的意图，并同现行有关公文相衔接；

（四）涉及有关部门业务的事项是否经过协调并取得一致意见；

（五）所提措施和办法是否切实可行；

（六）人名、地名、时间、数字、引文和文字表述、密级、印发传达范围、主题词是否准确、恰当，汉字、标点符号、计量单位、数字的用法及文种使用、公文格式是否符合本条例的规定。

第十九条　文稿如需作较大修改，应当与原起草部门协商或请其修改。

第二十条　已经领导人审批过的文稿，在印发之前应再作校核。校核的内容同第十八条（六）款。经过校核如需作涉及内容的实质性修改，须报原审批领导人复审。

第七章　公文签发

第二十一条　公文须经本机关领导人审批签发。重要公文应当由机关主要领导人签发。联合发文，须经所有联署机关的领导人会签。党委办公厅（室）根据党委授权发布的公文，由被授权者签发或者按照有关规定签发。领导人签发公文，应当明确签署意见，并写上姓名和时间。若圈阅，则视为同意。

第八章　公文办理和传递

第二十二条　公文办理公为收文办理和发文办理。收文办理包括公文的签收、登记、拟办、请办、公发、传阅、承办和催办等程序。公文经起草、校核和领导审批签发后转入发文办理，发文办理包括公文的核发、登记、印制和分发等程序。

（一）签收　收到有关公文并以签字或盖章的方式给发文方以凭据。签收公文应当逐件清点，如发现问题，应当及时向发文机关查询，并采取相应的处理措施。急件应当注明签收的具体时间。

（二）登记　公文办理过程中就公文的特征和办理情况进行记载。登记应当将公文标题、密级、收文字号、发文机关、成文日期、主送机关、份数、收发文日期及办理情况逐项填写清楚。

（三）拟办　秘书部门对需要办理的公文提出办理意见，并提供必要的背景材料，送领导人批示。

（四）请办　办公厅（室）根据授权或有关规定将需要办理的公文注请主管领导人批示或者主管部门研办。对需要两个以上部门办理的，应当指明主办部门。

（五）分发　秘书部门根据有关规定或者领导人批示将公文分送有关领导人和部门。

（六）传阅　秘书部门根据领导人批示或者授权，按照一定的程序将公文送有关领导人阅知或者批示。办理办公传阅应当随时掌握公文去向，避免漏传、误传和延误。

（七）承办　主管部门对需要办理的公文进行办理。凡属承办部门职权范围内可以答复的事项，承办部门应当直接答复呈文机关；凡涉及其他部门业务范围的事项，承办部门应当主动与有关部门协商办理；凡须报请上级机关审批的事项，承办部门应当提出处理意见并代拟文稿，一并送请上级机关审批。

（八）催办　秘书部门对公文的承办情况进行督促检查。催办贯穿于公文处理的各个环节。对紧急或者重要公文应当及时催办，对一般公文应当定期催办，并随时或者定期向领导人反馈办理情况。

（九）核发　秘书部门在公文正式印发前，对公文的审批手续、文种、格式等进行复核，确定发文字号、分送单位和印制份数。

（十）印制　应当做到准确、及时、规范、安全、保密。秘密公文应当由机要印制厂（或一般印制厂的保密车间）印制。

第二十三条　公文处理过程中，应当使用符合存档要求的书写材料。需要送请领导人阅批的传真件，应当复制后办理。

第二十四条　秘密公文应当通过机要交通（或机要通信）传递、密电传输或者计算机网络加密传输，不得密电明传、明电密电混用。

第九章　公文管理

第二十五条　党的机关公文应当发给组织，由秘书部门统一管理，一般不发给个人。秘书部门应当切实做好公文的管理工作，既发挥公文效用，又有利于公文保密。

第二十六条　党的机关秘密公文的印发传达范围应当按照发文机关的要求执行，下级机关、不相隶属机关如需变更，须经发文机关批准。

第二十七条　公开发布党的机关公文，须经发文机关批准。经批准公布发布的公文，同发文机关正式印发的公文具有同等效力。

第二十八条　复制上级党的机关的秘密公文，须经发文机关批准或者授权。翻印件应当注明翻印机关名称、翻印日期和份数；复印件应当加盖复印机关戳记。复制的公文应当与正式印发的公文同样管理。

第二十九条　汇编上级党的机关的秘密公文，须经发文机关批准或者授权。公文汇编本的密级按照编入公文的最高密级标注并进行管理。

第三十条　绝密级公文应当由秘书部门指定专人管理，并采取严格的保密措施。

第三十一条　秘书部门应当按照规定对秘密公文进行清理、清退和销毁，并向主管机关报告公文管理情况。

毁秘密公文，必须严格履行登记手续，经主管领导人批准后，由二人监销，保证不丢失、不漏销。个人不得擅自销毁公文。

第三十二条　机关合并时，全部公文应当随之合并管理。机关撤销时，需要归档的公文立卷后按照有关规定移交档案部门，其他公文按照有关规定登记销毁。工作人员调离工作岗位时，应当将本人保管、借用的公文按照有关规定移交、清退。

第十章　公文立卷归档

第二十三条　公文办理完毕后，秘书部门应当按照有关规定将公文的定稿、正本和有关材料收集齐全，进行立卷归档。。个人不得保存就当归档的公文。

第三十四条　两个以上机关联合办理的公文，原件由主办机关立卷归档相关机关保存复制件。机关领导人兼任其他机关职务的，在履行其所兼职务过程中形成的公文，由其兼职的机关立卷归档。

第十一章　公文保密

第三十五条　公文处理必须严格遵守《中华人民共和国保守国家秘密法》及有关保密法规，遵守党的保密纪律，确保党和国家秘密的安全。

凡泄露或出卖党和国家秘密公文的,依照有关法律、法规的规定进行处理。

第三十六条　党内秘密公文的密级按其内容及如泄露可能对党和国家利益造成危害的程度划分为"绝密"、"机密"、"秘密"。不公开发表又未标注密级的公文,按内部公文管理。

第三十七条　发文机关在拟制公文时,应当根据公文的内容和工作需要,严格划分密与非密的界限;对于需要保密的公文,要准确标注其密级。公文密级的变更和解除由发文机关或其上级机关决定。

第十二章　附　则

第三十八条　本条例适用于中国共产党各级机关。

第三十九条　本条例由中共中央办公厅负责解释。

第四十条　本条例自发布之日起施行。

附录三　　　　国务院公文主题词表
（国务院办公厅秘书局一九九七年十二月修订）

使用说明

为适应办公现代化的要求,便于计算机检索和管理公文,特编制《国务院公文主题词表》(以下简称词表)。词表主要用于标引国务院、国务院办公厅印发的文件和各地区、各部门上报国务院及其办公厅的文件。

一、编制原则

(一)词表结构务求合乎逻辑,具有较宽的涵盖面,便于使用。

(二)词表体现文档管理一体化的原则,即词表中主题词的区域分类别词可分别作为档案分类中的大类和属类。

二、体系结构

(一)词表共由 15 类 1049 个主题,分为主表和附表两大部分,主表有 13 类 751 个主题词,附表有 2 类 298 个主题词。词表分为三个层次。第一层是对主题词区域的分类,如"综合经济"、"财政、金融"类等。第二层是类别词,即对主题词的具体分类,如"工交、能源、邮电"类中的"工业"、"交通"、"能源"和"邮电"等。第三层是类属词,如"体制"、"职能"、"编制"等。第二层和第三层统称为主题词,用于文件的标引。

(二)1988 年 12 月和 1994 年 4 月修订的词表中曾列入本词表中而不再继续用作标引的主题词,用黑体单列在区域分类的最后部分。

三、标引方法

(一)一份文件的标引,除类别词外最多不超过 5 个主题词。主题词标在文件的抄送栏之上,顶格写。

（二）标引顺序是先标类别词,再标类属词。在标类属词时,先标反映文件内容的词,最后标反映文件形式的词,如《国务院关于加强水土保持工作的通知》,先标类别词"农业",再标类属词"水土保持",最后标上"通知"。

（三）一份文件如有两个以上的主题内容,先集中对一个主题内容进行标引;再对第二个主题内容进行标引。如《国务院关于在若干城市试行国有企业兼并破产和职工再就业有关问题的通知》,先标反映第一个主题内容的类别词"经济管理",再标类属词"企业"、"破产";然后标反映第二个主题内容的类别词"劳动",再标类属词"就业";最后标"通知"。

（四）根据需要,可将不同类的主题词进行组配标引。如《国务院关于"九五"期间深化科学技术体制改革的决定》,可标"科技、体制、改革、决定"。

（五）当词表中找不出准确反映文件主题内容的类属词时,可以在类别中选择适当的词标引。同时将能够准确反映文件内容的词标在类属词的后面,并在该词的后面加"△"以便区别。

（六）列在区域分类最后,用黑体标出的主题词只供检索用,不再用作标引。

（七）附表中的主题词与主表中的主题词具有同等效力,标引方法相同,不同的是,如果附表中所列的国家、地区的实际名称发生了变化,使用本表的各单位可先按照变化后的标准名称进行修改和使用。国务院办公厅秘书局将定期修订附表。

四、词表管理

（一）本词表由国务院办公厅秘书局负责管理和解释,具体工作由档案数据处承办。

（二）本词表自1998年2月1日起执行,1994年4月修订的词表同时废止。

国务院公文主题词表

01　综合经济（77个）

01A　计划

规划 统计 指标 分配 统配 调拨

01B　经济管理

经济 管理 调整 调控 控制 结构 制度 所有制 股份制 责任制 流通 产业 行业 改革 改造 竞争 兼并 开放 开发 协作 资源 土地 资产 资料 产权 物价 价格 投资 招标 经营 生产 转产 项目 产品 质量 承包 租赁 合同 包干 国有 国营 私营 集体 个体 企业 公司 集团 合作社 普查 工商 商标 注册 广告 监督 增产 效益 节约 浪费 破产 亏损 特区 开发区 保税区 展销 展览 商品化 横向联系 第三产业 生产资料

02　工交、能源、邮电（69个）

02A　工业

冶金 钢铁 地矿 机械 汽车 电子 电器 仪器 仪表 化工 航天 航空 核工 船舶 兵器 军区 轻工 有色金属 盐业 食品 印刷 包装 手工业 纺织 服装 丝绸 设备 原料 材料 加工

02B　交通

铁路 公路 桥梁 民航 机场 航线 航道 空中管制 飞机 港口 码头 口岸 车站 车辆 运输 旅客

02C　能源

石油 煤炭 电力 燃料 天然气 煤气 沼气

02D　邮电

通信 电信 邮政 网络 数据 民品 厂矿 空运 三线 通讯 水运 运费

03　旅游、城乡建设、环保(42个)

03A　旅游

03B　服务业

饮食业 宾馆

03C　城乡建设

城市 乡镇 基建 建设 建筑 建材 勘察 测绘 设计 市政 公用事业 监理 环卫 征地 工程 房地产 房屋 住宅 装修 设施 出让 转让 风景名胜 园林 岛屿

03D　环保

保护区 植物 动物 污染 生态 生物 风景 饭店 城乡 国土 沿

04　农业、林业、水利、气象(56个)

04A　农业

农村 农民 农民负担 农场 农垦 粮食 棉花 油料 生猪 蔬菜 糖料 烟草 水产 渔业 水果 经济作物 农副产品 副业 畜牧业 乡镇企业 农膜 种子 化肥 农药 饲料 灾害 以工代赈 扶贫

04B　林业

绿化 木材 森林 草原 防沙治沙

04C　水利

河流 湖泊 滩涂 水库 水域 流域　水土保持 节水 防汛 抗旱 三峡

04D　气象

气候 预报 预测 烟酒 土特产 有机肥 多种经营 牧业

05　财政、金融(57个)

05A　财政

预算 决算 核算 收支 财务 会计 税务 税率 审计 债务 积累 经费 集资 收费

资金 基金 租金 拨款 利润 补贴 折旧费 附加费 固定资产

05B　金融

银行 货币 黄金 白银 存款 贷款 信贷 贴现 通货膨胀 交易 期货 利率 利息 贴息 外汇 外币 汇率 债券 证券 股票 彩票 信托 保险 赔偿 信用社 现金 留成 流动资金 储蓄 费用 侨汇 折旧率

06　贸易(62个)

06A　商业

商品 物资 收购 定购 购置 市场 集贸 酒类 副食品 日用品 销售 消费 批发 供应 零售 拍卖 专卖 订货 营业 仓库 储备 储运 货物

06B　外贸

对外援助 军贸 进口 出口 引进 海关 缉私 仲裁 商检 外商 外资 合资 合作 关贸 许可证 驻外企业 贸易 倒卖 外向型 议购 议售 垄断 经贸 贩运 票证 外经 交易会

07　外事(42个)

07A　外交

对外政策 对外关系 领土 领空 领海 外交人员 建交 公约 大使 领事 条约 协定 协议 议定书 备忘录 照会 国际 涉外事务 抗议

07B　外事

国际会议 国际组织 对外宣传 出访 出国 出入境 签证 护照 邀请 来访 谈判 会谈 会见 接见 招待会 宴会 外国人 外宾 对外友协 外国专家 涉外

08　公安、司法、监察(46个)

08A　公安

警察 武警 警衔 治安 非法组织 安全 保卫 禁毒 消防 防火 检查 扫黄 案件 处罚 户口 证件 事件 危险品 游行 海防 边防 边界 边境

08B　司法

政法 法制 法律 法院 律师 检察 程序 公证 劳改 劳教 监狱

08C　监察

廉政建设 审查 纪检 执法 行贿 受贿 贪污 处分 侦破

09　民政、劳动人事(85个)

09A　民政

基层政权 选举 行政区划 地名 人口 双拥工作 社会保障 社团 救灾 救济 募捐 婚姻 移民 抚恤 慰问 调解 老龄问题 烈士 纠纷 残疾人 基地 殡费 社区服务

09B　机构

驻外机构 体制 职能 编制 精简 更名

09C　人事

行政人员 干部 公务员 考核 录用 职工 家属 子女 知识分子 专家 参事 院士 文史馆员 履历 聘任 任免 辞退 退职 职称 待遇 离休 退休 交流 安置 调配 模范 表彰 奖励

09D　劳动

就业 失业 招聘 合同制 工人 保护 劳务 第二职业 事故

09E　工资

津贴 奖金 福利 收入 老年 简历 劳资 人才 招工 待业 补助 拥军优属 丧葬 奖惩

10　科、教、文、卫、体(73个)

10A　科技

科学 技术 科普 科研 鉴定 标准 计量 专利 发明 实验 情报 计算机 自动化 信息 卫星 地震 海洋

10B　教育

学校 教师 招生 学生 培训 毕业 学位 留学 教材 校办企业

10C　文化

文字 文史 文学 语言 艺术 古籍 图书 宣传 广播 电视 电影 出版 版权 报刊 新闻 音像 文物 古迹 纪念物 电子出版物

10D　卫生

医院 中医 医疗 医药 药材 防疫 疾病 计划生育 妇幼保健 检验 检疫

10E　体育

运动员 教练员 运动会 比赛 馆所 院校 校舍 地方志 软科学 社科

11　国防(24个)

11A　军事

军队 国防 空军 海军 征兵 服役 转业 民兵 预备役 军衔 复员 文职 后勤 装备 战备 作战 训练 防空 军需 武器 弹药 人武 退伍

12　秘书、行政(74个)

12A　文秘工作

机关 国旗 国徽 机要 印章 信访 督察 保密 公文 档案 会议 文件 秘书 电报 提案 议案 谈话 讲话 总结 批示 汇报 建议 意见 文章 题词 章程 条例 办法 细则 规定 方案 布告 决议 命令 决定 指示 公告 通告 通知 通报 报告 请示 批复 函 会议纪要

12B　行政事务

行政 工作制度 纪念活动 庆典活动 休假 节假日 着装 参观 接待 措施 调查 视察 考察 礼品 馈赠 服务 出席 发言 转发 名单 批准 审批 信函 事务 活动 纪要 督察

13　综合党团(54个)

13A　党派团体

共产党 民主党派 共青团 团体 工会 协会学会 民间组织 文联 学联 妇女 儿童 基金会

13B　统战

政协 民主人士 爱国人士

13C　民族

民族区域自治 民主事务

13D　宗教

寺庙

13E　侨务

外籍华人 归侨 侨乡

13F　港澳台

香港问题 澳门问题 台湾问题

13G　综合

整顿 形势 社会 精神文明 法人 发展 其他 试点 推广 青年 政治 范围 党派 组织 领导 方针 政策 党风 事业 咨询 中心 清除

(以下省略主题词附表)